JN183662

ぼくらが原子の集まりなら、なぜ痛みや悲しみを感じるのだろう

意識のハード・プロブレムに挑む

鈴木貴之

勁草書房

まえがき

奇妙なタイトルに興味をひかれてこの本を手に取った人のために、この本がどのような本かを、まずはっきりさせておこう。

この本は哲学書だ。哲学書といっても、人生の目的はなにかというような問題を論じる本ではない。この本で論じられるのは、意識のハード・プロブレムという、それなりに専門的な哲学的問題だ。だから、あなたがすごく変な人でないかぎり、残念ながら、この本を読んでも、ワクワクドキドキする体験をしたり、人生に役立つ知恵を手にしたりすることはないだろう。

この本の主題である意識のハード・プロブレムがどのような問題かは、本のタイトルからも、なんとなくわかるかもしれない。とはいえ、もうすこし具体的に内容をイメージできるように、この本の主題に密接に関連する問いを、いくつか挙げてみよう。

①自然科学的な見方によれば、イスも、ネコも、人間も、みな原子の集まりにすぎない。しかし、イスを蹴飛ばしても、イスは痛みを感じないが、ネコや人間を蹴飛ばせば、ネコや人間は痛みを感じる。いずれも原子の集まりでしかない三者のあいだに、なぜこのような違いがあるのだろうか。

②ゾウリムシ、ネコ、人間は、みな生物だ。しかし、ゾウリムシは痛みを感じるようには見えないのにたいして、ネコや人間は痛みを感じる（と多くの人は考えている）。おなじ生物のあいだに、なぜこのような違いがあるのだろうか。ミミズやカブトムシはどうだろうか。
③人間の受精卵は痛みを感じるようには見えないが、赤ちゃんは痛みを感じる。なぜこのような違いがあるのだろうか。生まれるまでのどの段階で、人間は、痛みを感じたり、音を聞いたりできるようになるのだろうか。
④わたしが虫歯の痛みを感じているときと、おいしいコーヒーを味わっているときに、わたしのなかで生じていることは、基本的には、どちらの場合も神経細胞の興奮だ。神経細胞が興奮すると、なぜこれらの経験が生じるのだろうか。また、おなじような神経細胞の興奮が、なぜあるときには痛みの経験となり、別のときにはコーヒーの味の経験となるのだろうか。

この本の目的は、これらの問いに答えることだ。

この本の目標と構成

もうすこし具体的に言えば、この本の目標は以下の4点だ。
①意識のハード・プロブレムとはどのような問題かを明らかにする。
②意識のハード・プロブレムにかんする主要な理論を紹介する。

③それらの理論を批判的に検討する。
④意識のハード・プロブレムを解決する。

①から③は、意識のハード・プロブレムにかんする概説書としての、この本の目標だ。③までを達成できれば、意識のハード・プロブレムがきわめてやっかいな問題だということが、読者にも明らかになるはずだ。これが、この本の前半部分（第4章まで）の課題だ。

これにたいして、④ははるかに困難な課題だ。この本の後半部分（第5章以降）は、この目標を達成するための、現時点でわたしにできる最善の試みだ。わたし自身、ここに書いたことによって、意識のハード・プロブレムを完全に解決できたとは思っていない。しかし、ここで提案している理論は、基本的には正しい方向性に向かっており、いくつかの重要な洞察を含んでいるはずだと、わたしは考えている。

この本の具体的な構成は、以下の通りだ。

まず、序論と第1章では、意識のハード・プロブレムとはどのような問題かを明らかにする。そこでわかることは、意識のハード・プロブレムとは、意識という現象を自然科学的な枠組のもとで理解するという問題だということと、これは特別にやっかいな問題らしいということだ。

第2章では、意識のハード・プロブレムに正面から解答することを回避する、いくつかの試みを検討する。意識は自然科学的な枠組では理解できないと考える立場や、この問題は一種の疑似問題だと考える立場だ。しかし、これらの立場はいずれも満足のいくものではないことがわかる。

第3章では、意識を自然科学的に理解するという試みに取りかかる。ここで明らかになるのは、意識経験は本質的にはすべて知覚経験だということだ。このような見方をとることで、意識を自然科学的に理解するための戦略が明らかになる。

第4章では、残念ながら、この戦略もさまざまな問題に直面することが明らかになる。意識を自然科学的に理解しようという試みも、それを否定しようという試みも、どちらもうまくいかないのだ。

後半部分では、この袋小路からの脱出を試みる。まず、第5章では、解決の手がかりとして、表象というものの本性について考える。そこで明らかになるのは、二種類の表象を区別することが重要であり、意識は、その一方と密接な関係にあるということだ。

第6章では、第5章の考察をもとに、ミニマルな表象理論という理論を提案する。この理論を採用することで、第4章で直面したいくつかの問題に対処できるようになる。さらに、この理論からは、意識の本性についてさまざまな興味深い知見が得られる。

第7章では、このような説明が与えられてもなお、意識の謎が解明されたように思えないのはなぜかを考察する。そこで明らかになるのは、意識の理論になにを期待すべきで、なにを期待すべきでないかだ。

この本の方針

この本の基本方針は、「玉砕上等」だ。

意識のハード・プロブレムはきわめて難しい問題だ。これまでに、世界中の優秀な哲学者や科学者が、この問題にたいして、さまざまな説明を試みてきた。しかし、第4章までの議論が正しいとすれば、それらはすべて失敗に終わっている。そのような難しい問題を、そう簡単に解決できるはずはない。だから、この本の後半でわたしが試みている説明が失敗に終わるとしても、なんの不思議もない。しかし、そうだとしても、この試みは無意味ではないはずだ。わたしの理論がいかなる点で間違っているのかが明らかになれば、この問題にかんする理解が、多少なりとも深まるからだ。未登頂の山に挑むときには、可能性のある登頂ルートをすべて試して、有望なルートを絞り込む作業が不可欠だ。その過程では、敗退登山も無意味ではない。これが、「玉砕上等」ということの意味だ。

この本の二番目の基本方針は、**できるだけ明快に**、ということだ。

哲学の問題は難しい。意識のハード・プロブレムは、そのなかでもとくに難しい問題の1つだ。ただでさえ難しい問題を考えるときに、必要以上に小難しい語り方をしていたら、すぐに話が理解不能になってしまう。したがって、この本では、できるだけ明快な記述を心がけた。また、それぞれの議論が何をしようとしているのかがよくわかるように、現在地点を明らかにしたり、それぞれの議論の意図を明らかにしたりすることも、できるだけ心がけた。いずれの努力も十分ではないかもしれないが、この点にかんしても、これが現時点でわたしにできる最善の試みだ。

三番目の基本方針は、**奇をてらわない**、ということだ。

哲学的な問題を論じるとき、われわれは、必要以上に奇をてらった主張をしがちだ。常識に反するような主張や、どう見ても間違っているように思える主張のほうが、インパクトがあるし、深遠な感じがするからだ。しかし、このような理由で学説を評価するのは間違いだ。ある主張がどんなに平凡だとしても、その主張を受け入れるべき明確な根拠があるならば、われわれはそれを受け入れるべきだ。意識のハード・プロブレムのような難しい問題を考える際には、このことも重要だ。難しい問題を、それ以上に難解な道具立てによって説明されると、われわれは、なんとなく説明された気になってしまいがちだ。しかし、そのような説明が本当の解決をもたらしてくれることは、まずない。われわれは、そのようなはったりに惑わされないよう、注意しなければならない。（じつは、この本の後半でわたしが提案する理論は、意識の理論としてはかなり奇妙なものだ。しかし、わたしはそれが奇抜な理論だから支持しているのではなく、本当に正しいと思うから支持しているのだ。）

このように、見た目の派手さに惑わされることなく、できるだけ明快な議論によって、行けるところまで行ってみようというのが、この本の基本姿勢だ。

あと3つほど言っておくべきことがある。意識の問題を考えはじめると、さまざまな派生的な問題に直面する。物理主義の定義、思考可能性とはなにか、現象的概念とはなにか、思考の本性とはなにか、といった問題だ。それらの問題は、哲学的には、それ自体としてとても興味深いものだ。しかし、派生的な問題に気をとられすぎると、話の本筋を見失うことになる。そこで、この本では、派生的な問題はあえて深追いせず、意識のハード・プロブレムという本筋を最後まで見失わないよう心がけた。

また、おなじく本筋をはっきりさせるために、細かな論点はなるべく注に収めることにした。本文だけを読んでいくと、さまざまな疑問や反論が思い浮かぶだろうが、そのうちのいくつかは、注で検討されているはずだ。そのほか、補足的な文献情報や、議論の背景にかんする情報なども、注にまわすことにした。

最後に、この本のおもな読者として想定しているのは、哲学に関心はあるが、意識の問題を専門に勉強しているわけではない学部生や大学院生だ。したがって、この本では、なるべくこの問題にかんする前提知識を必要としない書き方を心がけた。とはいえ、哲学の本をまったく読んだことがない人には、この本の内容も、十分難しく感じられるだろう。そのような人は、心の哲学の入門書（たとえば金杉 2007など）を読んだうえで、この本の前半部分を読んでみるとよいだろう。

前置きはこのくらいにして、さっそく本題に入ろう。

ぼくらが原子の集まりなら、なぜ痛みや悲しみを感じるのだろう

意識のハード・プロブレムに挑む

目次

ぼくらが原子の集まりなら、なぜ痛みや悲しみを感じるのだろう

意識のハード・プロブレムに挑む

序　論

不可能なものをすべて除去してしまえば、あとに残ったものが、たとえいかに不合理に見えても、それこそ真実に違いない。

コナン・ドイル「白面の兵士」『シャーロック・ホームズの事件簿』延原謙訳（新潮文庫）

意識の謎

自然科学は、われわれが住む世界にかんして、数多くのことを明らかにしてきた。世界の物質的な成り立ちは、ミクロなレベルからマクロなレベルまで、かなりの程度まで明らかになった。ビッグバンにはじまる宇宙の歴史にかんしても、その全貌が解明されつつある。自然科学による人間理解も進んできた。人体の生理的なメカニズムは詳細まで明らかになり、進化的な歴史の解明も進んでいる。今日では、われわれは、われわれ自身とわれわれを取り巻く世界にかんして、かつてない多くの知識を手にしている。

しかし、われわれにとってもっとも身近な現象の1つは、いまなお未解明のままに残されている。それは**意識経験**（conscious experience）だ。

まず、すこし言葉の説明をしておこう。この本で意識経験と呼ぶものには、ものを見る、音を聞く、味を味わうといった知覚経験、自分の四肢の位置などにかんする身体感覚、痛みやかゆみなどの感覚、怒りや悲しみといった感情、より漠然とした雰囲気、意識的な思考、イメージや夢といったものが、すべて含まれる。言いかえれば、**意識経験とは、われわれが生きていくうえで経験するものの総体だ。**この本では、これらすべてをひとくくりにして、意識経験と呼ぶ。とくにことわりがなければ、たんに意識または経験という言葉を用いるときも、意味は同じだ[1]。

われわれの生は、多種多様な意識経験から成りたっている。いま、わたしには、モニターに表示されたさまざまな文字が見え、ラジオからは音楽が、部屋の外からは自動車の通り過ぎる音が聞こえる。そのほかにも、飲みかけのコーヒーの香り、背中に触れる椅子の感触、慢性的な腰の痛みなど、さまざまな意識経験が、現在のわたしの生を構成している。

しかし、この世界に存在するすべてのものが意識経験を持つわけではない。机やイスなどの無生物や植物は、そもそもいかなる意識経験も持たないように思われる。イヌやネコなどの動物は、なんらかの意識経験を持つように思われるが、それがわれわれの意識経験とおなじようなものであるかどうかは、明らかでない。昆虫など、われわれと大きく異なる生物は、そもそも意識経験を持つかどうか明らかでないし、なんらかの意識経験を持つとしても、それは、われわれの意識経験とは大きく異なるものであるように思われる。

ここでいくつかの疑問が生じる。なぜ、あるものだけが、味を味わったり、痛みを感じたりといった意識経験を持つのだろうか。なぜ、あるものは他のものよりも豊かな意識経験を持つのだろうか。なぜ、コーヒーの味はある味として経験され、オレンジジュースの味は別の味として経験されるのだろうか。

意識と脳

これらの問いに答える手がかりは、おそらく脳にある。今日では、意識経験の基盤は脳の活動だということには、さまざまな証拠があるからだ(2)。

第一に、近年の神経科学研究では、意識経験の変化に応じて、脳の活動にさまざまな変化が生じることが知られている。意識経験と脳の活動のあいだには、規則的な対応関係が見られるのだ。たとえば、微妙に傾きの異なる線分を見ているときには、後頭部にある視覚皮質のわずかに異なる場所が活動する。また、形、色、動きの視覚経験には、視覚皮質のなかの異なる領域の活動が対応していることも知られている。

第二に、脳に損傷が生じると、損傷部位に応じて、さまざまな仕方で意識経験が変化することも知られている。たとえば、視覚皮質のある領域に損傷が生じると、眼そのものの働きは正常であっても、ものの色が判別できなくなる(cf. Sacks 1995)。

第三に、脳内の神経細胞を電気的または磁気的に刺激することで、なんらかの意識経験を生みだすことができる。たとえば、経頭蓋磁気刺激装置(TMS)を用いて視覚皮質を刺激すると、閃光などの視覚経験が生じる。これらの事実は、脳の活動が意識経験の基盤だということを示唆している。

しかし、これらの事実だけからは、脳の活動と意識経験の関係が厳密に言ってどのようなものかは、まだわからない。第一に、視覚皮質の神経細胞を脳から取り出して、その神経細胞に電気的な刺激を加えても、そこになんらかの視覚経験が生じるとは思えない。したがって、神経細胞の活動が意識経験を生み出すという説明は、単純すぎる。第二に、赤い色の視覚経験も、虫歯の痛みの感覚経験も、神経細胞の電気的な活動という点では同様だ。したがって、神経細胞の活動を持ちだすだけでは、これらの意識経験の違いを説明できない。右に挙げたいくつかの事実は、意識経験と脳の活動のあいだに密接な関係があることを示唆しているが、両者の関係の内実を明らかにしてくれるわけではないのだ。

その内実を明らかにするには、2つの問いに答える必要がある。第一の問いは、**意識経験を持つものと持たないものの違いをもたらすものはなにか**、というものだ。人間やネコは、蹴飛ばされれば痛みを感じるが、机やイスのような無生物や植物は、蹴飛ばされても痛みを感じない（と多くの人は考える）。両者のあいだには、この点で、根本的な違いがある。では、なにがこの違いをもたらすのだろうか。違いをもたらすのは、おそらく脳の活動だろう。しかし、脳のどのような活動が、どのようにして意識経験を生じさせるのだろうか。これは、意識経験と脳の活動の一般的な関係にかんする問いだ。

第二の問いは、**ある主体があるときにある特定の意識経験を持つのはなぜか**、というものだ。たとえば、わたしがコーヒーを飲むときには、なぜある特定の味の経験が生じ、オレンジジュースを飲むときやビールを飲むときに生じるのとおなじ経験は生じないのだろうか。ここでもやはり、違いは脳の活動に由来すると考えられる。おそらく、コーヒーを飲むときとオレンジジュースを飲むときでは、脳の活動になんらかの違いがあるのだろう。しかし、脳の活動の微妙な違いが、なぜこれほど大きな意識経験の違いをもたらすのだろうか。これは、個々の意識経験と個々の脳の活動の関係にかんする問いだ。

意識経験と脳の活動がどのような関係にあるかを理解するには、これら2つの問いに答えなければならないのだ。

意識経験にかんしては、そのほかにも、さまざまな興味深い問いを考えることができる。

◎われわれは、動物は意識経験を持ち、植物は意識経験を持たないと考えている。では、魚介類、昆虫、爬虫類、鳥類は、意識経験を持つのだろうか。プランクトンなどのより単純な生物はどうだろうか。

◎われわれは、机やイスなどの無生物は意識経験を持たないと考えている。では、ロボットやコンピュータはどうだろうか。また、現在あるものよりもはるかに高性能なロボットやコンピュータならば、どうだろうか。

◎人間の受精卵は意識経験を持たないように思われる。では、個体発生のどの段階で、人間は意識経験を持つようになるのだろうか。

◎われわれの遠い祖先である単純なタンパク質は、意識経験を持たなかったはずだ。では、進化のどの段階で、われわれは意識経験を獲得したのだろうか。

意識とはどのようなものかを明らかにするには、これらの問いにたいしても、体系的な仕方で答えを与える必要がある。もちろん、これらの問いに満足のいく解答を与えるためには、さまざまな事実を解明する必要があるだろう。しかし、意識の謎を解き明かす理論は、すくなくとも、どのような事実を解明すればこれらの問いに答えることができるかを説明できなければならないのだ。

以下では、意識経験と脳の活動の関係をめぐるこれら一連の問題を、意識の問題と呼ぶことにしよう[3]。

意識の問題とその他の哲学的問題

意識の問題とはなにかを理解するためには、意識の問題を他の哲学的な問題から区別しておくことも有益だ。意識の問題を論じた文献のなかには、この問題と他の問題をきちんと区別せずに論じているものも、すくなくないからだ。

まず、意識の問題は、より一般的な**自己をめぐる問題**と区別する必要がある。「わたしとはなにか」という問題は、哲学の根本問題の1つだと言われることがある。これが正確に言ってどのような問題なのかは、明らかではない。とはいえ、これが意識の問題よりも一般的な問題であることは間違いない。意識経験は自己の重要な要素だが、自己は意識経験につきるものではないからだ。たとえば、他者との社会的な関係も、自己を考えるうえで不可欠な要素だ。自分の人生が全体としてどのようなものであるかということもまた、自己を理解するうえでは重要な要素かもしれない。意識の問題は、自己の問題の一部かもしれないが、そのすべてではない。意識の問題を解決できたとしても、より一般的な、「わたしとはなにか」という問いに答えられるとはかぎらないのだ[4]。

意識の問題は、**自由意志の問題**とも区別が必要だ。現代哲学で自由意志の問題と呼ばれるのは、われわれの行動がわれわれの脳の活動の産物であり、かつ、われわれの脳の活動が、われわれの遺伝子、生育環境、現在の環境からの刺激などによって因果的に決定されているのだとしたら、それでもなお、われわれは自由意志を持つと言えるだろうか、という問いだ。これはつまり、因果的決定論と自由意志は両立可能かという問いだ。これは、われわれの行動を生み出す脳の活動が意識的かどうかにかかわらず成り立つ問題だ。たとえば、わたしが意識的に水を飲もうと決心して、実際に水を飲んだとしよう。因果的決定論が正しいとすれば、水を飲むというわたしの行動は、水を飲もうという意識的な決定であるところのある脳の活動によって、決まった仕方で引き起こされたはずだ。そして、この脳の活動もまた、別の脳の活動や、のどの渇きという身体状態によって、決まった仕方で引き起こされたはずだ。このように、われわれがあることをしようと意識的に決定した場合でも、因果的決定論は自由意志にたいする脅威となる。意識は自由意志の問題を解決しないのだ[5]。

意識の問題は、いわゆる**心身問題**(mind-body problem)とも区別すべきだ。心身問題とは、心的なものと物的なものとの関係にかんする一般的な問いだ。そして、意識の問題は、心身問題を構成する主要な問題の1つだ。しかし、われわれの心的状態のなかには、意識経験に分類されないものも数多くある。たとえば、わたしは、地球は丸いと意識的に考えていないときにも、地球は丸いという知識(信念)を持っている。また、先月に京都に旅行に行ったことを想起していないときにも、先月に京都に行ったという記憶を持っている。これらの心的状態の本性はどのようなものであり、それらが脳の状態とどのような関係にあるのかということは、意識の問題とは独立に考えなければならない問題

だ。(6)

意識の問題とこれらの問題をきちんと区別しなければ、なにが問題になっているのかが曖昧になり、問題の解決は遠のいてしまう。意識の問題を論じる際には、この点に注意が必要だ。

序論のまとめ：

◎意識にかんして問題になるのは、意識経験を持つものと持たないものの違いを生みだすものはなにかということと、ある主体があるときにある特定の意識経験を持つのはなぜかということだ。
◎いくつかの理由から、意識経験の基盤は脳の活動だと考えられる。
◎しかし、ある脳の活動が生じるときに、なぜ、そしてどのようにしてある意識経験が生じるのかは、明らかではない。

第1章　意識のハード・プロブレム：特別な難問

序論で見たように、意識経験と脳の活動はどのような関係にあるかというのが、意識の問題の中核をなす問いだ。

ここで、これはそれほど特別な問題なのだろうか、という疑問を抱く人がいるかもしれない。世の中には、まだ解明されていないことが数多くある。物質には究極の構成要素は存在するのか。存在するとしたらそれはどのようなものなのか。宇宙はどのようにしてはじまったのか。宇宙の果てはどうなっているのか。ヒトはどのような進化の歴史を経て現在のような姿になったのか。こういった問いだ。

また、意識の問題に哲学は関係あるのか、という疑問を抱く人もいるかもしれない。意識経験は心的な現象であり、われわれの脳の活動と密接に関係している。そうだとしたら、意識経験について探求すべきなのは、心理学者や神経科学者であり、哲学者ではないのではないか。じっさい、近年の神経科学研究では、意識経験と関係する脳の活動にかんして、日々、新たな知見が得られているではないか。このような疑問が生じるからだ。

これら2つの疑問にたいする答えは、じつは密接に関係している。意識の問題がとくに興味深い問題なのは、それがたんなる未解決の問題ではないように思われるからだ。たしかに、物質の究極的な構成要素、宇宙の起源、ヒトの進化の歴史といった問題にたいして、われわれは、いまのところよい答えを持ちあわせていない。しかしその理由は、これらの問題に答えるのに必要なデータをわれわれがまだ手にしていないから、あるいは、問題がきわめて複雑であるために、すでに手元にあるデータを説明できる理論をまだ発見できていないからだ。これらの問題にたいするよい答えをわれわれが現在持ち合わせていない理由は、技術的または時間的な制約にあるのだ。科学技術が十分に進歩すれば、われわれは、問題の解決に必要なデータをすべて手に入れることができるだろう。そして、十分な時間をかけてそれらのデータを分析すれば、これらの深遠な問題にたいしても、いつかは答えを見つけることができるはずだ。これらの問題には、原理的に解答を不可能にするような事情は、存在しないように思われるのだ。

これにたいして、意識の問題にかんしては事情が異なると考える人々がいる。彼らによれば、意識の問題が難問であるのは、われわれが十分なデータを持っていないからでも、意識の問題が非常に複雑な問題だからでもなく、この問題が他の問題とおなじようなやり方では解決できない問題だからだ。**意識の問題は、たんなる未解決の科学的問題とは次元の違う難問だ**というのだ。

では、意識の問題とたんなる未解決の科学的問題は、具体的にどう異なるのだろうか。この点を明らかにするためには、まず、ある現象を科学的に理解するとはどのような作業なのかを明らかにする必要がある。これが第1節の課題だ。第2節では、第1節の議論をふまえて、意識経験を科学的に理解することが、なぜ特別に困難な課題なのかを明らかにしよう。

＊第1節の議論は、意識のハード・プロブレムと呼ばれる問題をきちんと定式化するためには、重要な準備作業だ。とはいえ、その内容は、意識に直接関係するものではない。細かい話はいいから早く本題に入れという人は、第1節を飛ばして第2節に進んでもらってもかまわない。

第1節　物理主義：問題の背景

過去数百年のあいだ、さまざまな現象が、自然科学的な枠組のもとで理解可能となってきた。そのなかには、生命現象や人類の誕生など、はじめは科学的な枠組のもとでは理解できないと考えられていたが、自然科学の進展によって理解可能となった現象も数多くある。このような経緯をふまえて、現在では、すべての現象は自然科学的な枠組のもとで理解可能だと考える人も少なくない。このような考え方は、**自然主義**（naturalism）と呼ばれる(7)。これが、意識の問題の前提となる考え方だ。

存在論にかんする自然主義としての物理主義

では、自然主義とは、具体的にはどのような考え方なのだろうか。この問題を考えるために、つぎのような考察から出発しよう。すべてのものは自然科学的な枠組のもとで理解できるという見方をきちんと定式化するには、自然科学的な枠組に含まれる要素として、われわれの身のまわりにあるものをただ列挙するだけでは不十分だ。自然科学的な枠組に含まれるものとして、机やイス、イヌやネコ、台風、ブラックホール等々をただ列挙するだけでは、なぜそれらが自然科学的な枠組に含まれるのかがわからないし、幽霊や超能力がそこに含まれるかどうかもわからないからだ。自然主義を実質のある立場とするためには、この枠組になにが含まれ、なにが含まれないかにかんする、なんらかの原則が必要なのだ。では、どのような原則を立てればよいだろうか。

ここで手がかりとなるのは、**ミクロなレベルで見れば、右に挙げた事物はすべて共通の構成要素から成り立っていて、それらの構成要素は共通の法則に支配されている**ということだ。机やイスといった人工物も、イヌやネコといった生物も、ミクロなレベルで見れば、炭素や酸素など100種類ほどの元素から成り立っている。そして、それらの元素のふるまいを支配する基本法則も同一だ。幽霊や超能力が自然科学的な枠組に含まれないことも、これらの事実との関連で説明できる。幽霊が実在し、一般に言われるような性質を実際に持っているとしたら、それはたんなる元素の集まりとしては理解できないように思われるし、超能力が実在するとしたら、それは元素間の化学反応の一種としては理解できないように思われるのだ。

このように考えると、自然主義を定式化するには、**ミクロなレベルにかんする自然科学との関係にうったえる戦略**が有望そうだ。その基本的な発想は、つぎのようなものだ。世界はさまざまなレベルで記述できる。そして、あるレベルにおける世界のあり方は、よりミクロなレベルにおける世界のあり方によって決定される。そうだとすれば、世界を構成するミクロな構成要素（たとえば原子）の種類とそれらの配置が決定されれば、世界のどの場所にどのような生物が存在するか、どの場所の天気がどのようであるか、どの国の景気がよいかといったことが、すべて決定されることになる。このような見方は、自然科学のなかでも、ミクロなレベルにかんする物理学に優位性を認めることから、**物理主義**（physicalism）と呼ばれる。物理主義の主張は、つぎのように定式化できる。

物理主義（1）：物理主義が正しい⇕世界のミクロ物理的なあり方が決まれば、世界のあり方がすべて決まる。(8)

ここで、ミクロ物理的なものとはいったいなんなのか、と疑問に思う人がいるかもしれない。哲学者のなかには、これをきちんと定式化することはできないのではないか、と考える人もいる（cf. Crane and Mellor 1990）。その理由はつぎのようなことだ。一方で、ミクロ物理的なものを、ミクロレベルにかんする現在の物理学に含まれるものと考えれば、将来、物理学理論が変化したときには、そのように定義された物理主義は誤りだということになってしまう。他方で、ミクロ物理的なものを、われわれがまだ手にしていない、ミクロレベルにかんする理想的な物理学理論に含まれるものと考えれば、われわれは、そこになにが含まれるかを知らないため、物理主義は空疎な主張となってしまう。

このような批判にたいしては、2つの仕方で応答できる。第一に、意識の問題において問われているのは、意識経験を、遺伝や燃焼といった他の自然現象と同一の枠組のもとで理解できるかどうかだ。したがって、意識の問題を論じる際には、ミクロレベルをたとえば原子のレベルと考えておけば、物理主義の定式化としては十分だ。

第二に、物理主義を定式化する際に、ミクロ物理的なものの内実をあらかじめ明示化する必要は、そもそもないように思われる。物理主義を動機づけているのは、自然科学的な見方によれば、**よりミクロなレベルに進むにしたがって、より多くの現象が統一的に理解できる**という事実だ。物理主義の本質は、なにを基礎的な存在者と考えるかにではなく、未解明の現象は、すでに自然科学で用いられている道具立てだけを用いて理解できるという、ある程度抽象的なリサーチ・プログラムにあると考えられるのだ。[9]

物理主義には説明が必要

では、物理主義が正しいかどうかは、どうすればわかるのだろうか。

あるマクロレベルの現象がミクロレベルの世界のあり方によって決定されていると言うためには、前者を後者によってなんらかの形で説明する必要がある。このような説明としては、具体的には2種類のものが考えられる。

第一に、ある現象のミクロレベルにおける組成や構造を明らかにすることによって、それがミクロ物理的なものにもとづくものであることを明らかにできる。たとえば、あるコップの質量が100gであることは、そのコップが炭素やケイ素などの原子によって構成されていることを明らかにし、コップを構成する原子の質量の合計がコップ全体の質量に一致することを示すことで説明できる。このような説明を、**構成による説明**と呼ぶことにしよう（図1-1）。

しかし、このような説明ですべての現象が説明できるわけではない。たとえば、乾電池が持つ、電池であるという性質もまた、マクロ物理的な性質だ。しかし、このことは、構成による説明では説明できない。電池を構成する原子は電池であるという性質を持たないので、それらをいくら足し合わせても、電池であるという性質は得られないからだ。

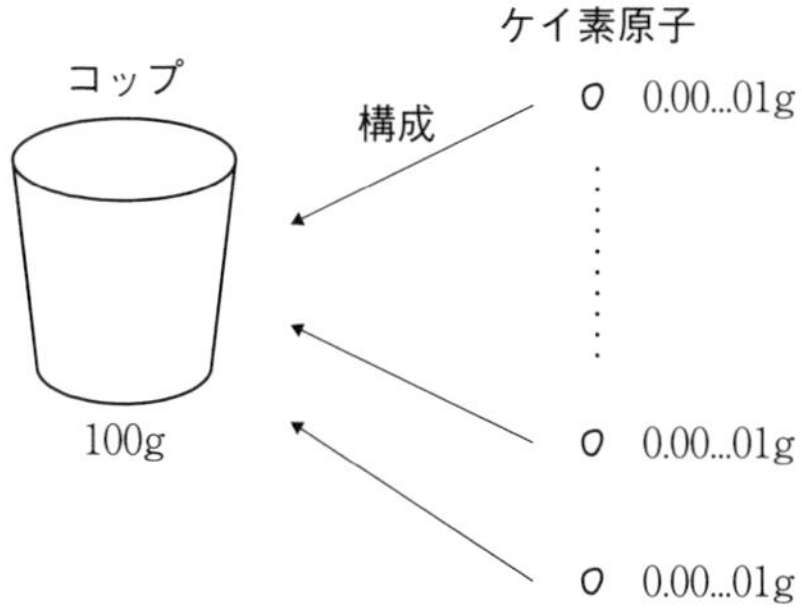

図 1-1　構成による説明

ここで説明の鍵となるのは、電池であるという性質は、一定の因果的な機能、すなわち、電力を発生させることをその本質とするということだ。ある物体がこの機能を持つならば、それは電池だと言えるのだ。ある乾電池について考えてみよう。この乾電池は、亜鉛原子やマンガン原子からできている。ここで、しかるべきミクロ物理法則によれば、亜鉛とマンガンのあいだには一定の化学反応が生じ、その結果、電池の両端を金属線でつなぐと、電子の流れが生じることがわかる。亜鉛やマンガンを構成要素とするしかるべき構成を持つ物体は、電力を発生させるという因果的機能を持ち、それゆえ、それは電池なのだ。このような説明を、**実現による説明**と呼ぶことにしよう。これが実現による説明と呼ばれるのは、このような説明が成り立つとき、問題の因果的機能は、一群のミクロ物理的な存在者によって構成されたマクロ物理的な存在者によって実現されると言われるからだ（図１－２）。

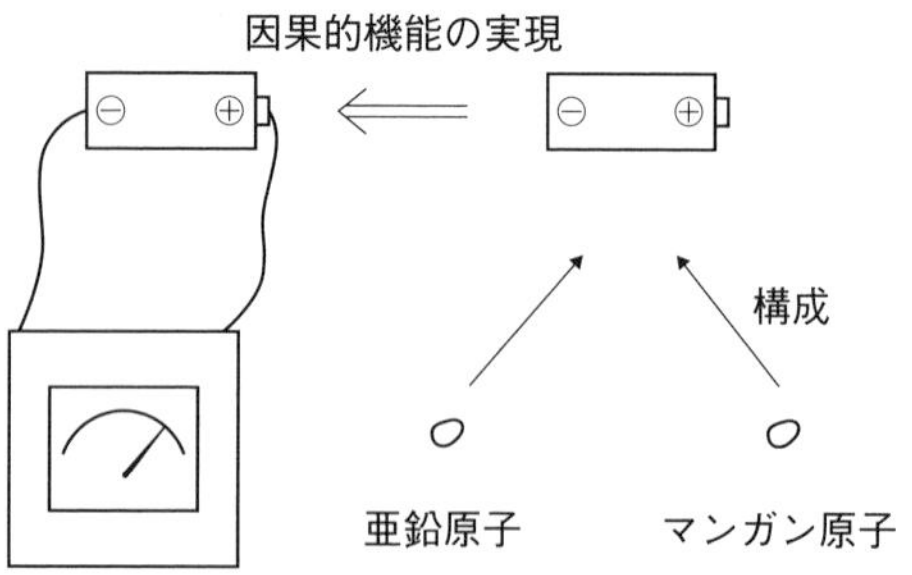

図 1-2　実現による説明

構成による説明と実現による説明の本質的な違いはなんだろうか。重要な違いは、後者には**多重実現の可能性**（multiple realizability）があることだ。たとえば、電力を発生させるという機能を持つかぎり、亜鉛とマンガンからできている物体も、ニッケルとカドミウムからできている物体も、電池であるという性質を持つことができる。このように、複数の異なる組成を持つ存在者が同一の性質を持つことは、多重実現と呼ばれる[10]。

これら2つの説明を駆使すれば、現在では物理主義的な説明が与えられていない複雑な現象についても、原理的には説明を与えることができるはずだ。たとえば、景気が悪いという経済学的な性質を考えてみよう。ある国の景気が悪いというマクロレベルの性質は、その国のＧＤＰ、株価、物価、平均所得といった、他の経済学的な性質によって定義できる。そして、平均所得は、個人の所得という、より基本的な経済学的性質によって定義できる。さらに、ある個人の所得は、現金の授受や給与の振り込みという、物理的に特定可能な出来事によって定義できる。したがって、ある国の景気が悪いという性質は、他の経済学的性質や物理的性質を介して、最終的には物理的に理解できることになる。もちろん、実際にこのような説明を与えようとすれば、それはきわめて複雑なものとなるだろう。完全な説明を与えることは、現実には不可能かもしれない。しかし、このような説明を与えることに、原理的な困難は存在しないのだ。
以上の考察をふまえれば、説明という観点からは、物理主義は以下のように定式化できる。

物理主義（2）：物理主義が正しい⇔この世界に存在するものは、すべて、ミクロ物理的な存在者か、ミクロ物理的な存在者によって構成された存在者か、ミクロ物理的な存在者によって構成されたマクロ物理的な存在者によって実現された存在者のいずれかである。(11)

ある現象に、構成による説明や実現による説明を与え、その現象が自然科学的な枠組のもとで理解可能であることを示すことは、**自然化**（naturalization）と呼ばれる。(12) この言葉を用いれば、物理主義とは、すべての現象は自然化可能だと考える立場だということになる。

この節で明らかになったことをまとめよう。物理主義によれば、すべての現象は、単一の理論的枠組のもとで理解できる。そして、ある現象を理解するには、2つの方法がある。その現象がミクロ物理的な存在者によって構成されていることを示すことと、その現象はある因果的機能を本質とすることを明らかにし、その機能がなんらかのマクロ物理的な存在者によって実現されていることを示すことだ。物理主義の基本的な主張は、**原理的にはすべての現象にいずれかの説明を与えることができる**、ということだ。(13)

以上の考察をふまえれば、意識の問題とは、意識にかんしても物理主義は成り立つか、言いかえれば、**意識は自然化できるか**、という問題だということになる。[14]

第2節　なぜ意識の問題は特別な難問なのか

この章のはじめに述べたように、意識の自然化という問題はたんなる未解決の問題ではないと考える人々がいる。これが事実だとすれば、意識の自然化という問題は、経済現象を自然化するというような問題とは、根本的に異質な問題だということになる。では、なぜ彼らはそのように考えるのだろうか。

クオリア

そこには、意識経験が持つある重要な特徴が関係する。それは**クオリア**（qualia）だ。

意識経験には、独特の感じがともなう。たとえば、テーブルの上の赤いリンゴを見るという視覚経験は、「テーブルの上に赤いリンゴがある」という言語報告を可能にしたり、そのリンゴに手を伸ばすという行動を可能にしたりする。しかし、この視覚経験は、そのような働きにつきるものではないように思われる。この経験においては、独特の赤さを持つなにかが、わたしの眼前に立ち現れる。この独特の感じは、クオリアと呼ばれる。[15]このことは、この経験にとって本質的であるように思われる。

クオリアは、それぞれの意識経験に固有のものだ。たとえば、夕焼けを見る経験と、コーヒーを味わう経験は、まったく異なる感じをともなう経験だ。また、おなじ味覚経験でも、コーヒーを味わう経験と、ビールを味わう経験は、やはりそれぞれに異なる感じをともなう。クオリアこそが、ある意識経験をその意識経験とするものなのだ。

意識経験にはクオリアがともなうということからは、いくつかのことが帰結する。第一に、意識経験は無限に近い豊かさを持つことになる。コーヒーを味わうという味覚経験においても、コーヒー豆の種類によって、さらには、1回1回のドリップの仕方によって、経験にともなうクオリアは微妙に変化するからだ。われわれが一生のあいだに経験することのできない味覚経験のクオリアも、無数にあるはずだ。

第二に、意識経験は言葉にしがたい（ineffable）ものとなる。たとえば、ラムレーズン味のアイスクリームを食べるという経験について考えてみよう。われわれは、この経験がアイスクリームを食べる経験であることや、辛さではなく甘さの経験であること、この経験が快いものであることなどについて、語ることができる。しかし、この意識経験のクオリアそのものについては、このようなやり方では、十分に説明できないように思われる。ラムレーズン味のアイスクリームを食べたことがない人に、その意識経験がどのようなものであるかを言葉によって伝えることは、きわめて困難だ。それは不可能なことかもしれない。意識経験は、そのクオリアゆえに、言葉にしがたいものとなるのだ。(16)

2つの論証

さて、意識の自然化は不可能だと主張する人々は、2つの論証を提示している。いずれもクオリアに関係するものだ。

第一の論証は、**思考可能性論証**（conceivability argument）だ。ある人がテーブルの上の赤いリンゴを見ている状況を考えてみよう。この状況で生じるのは、あるクオリアをともなう意識経験で、それは、トマトや夕日を見るときの意識経験にともなうクオリアと似たクオリア（赤クオリア）をともなう意識経験だ。おなじ状況で、この人とまったく同一の脳状態にある別の人の意識経験には、われわれがキュウリや芝生を見るときの意識経験にともなうクオリアとおなじクオリア（緑クオリア）がともなうとしよう。彼は、リンゴを見て、「このリンゴは赤い」と発話し、リンゴをトマトや夕日とおなじ色を持つものとして分類する。しかし、彼の意識経験にともなうクオリアは、われわれがキュウリや芝生を見るときの視覚経験にともなうクオリアと似たものなのだ。このような状況が現実に生じることはありそうにない。しかし、純粋な可能性としてこのような状況を想定することには、とくに不整合はないように思われる。このような状況は、**クオリア逆転**（qualia inversion）と呼ばれる。

さらに、ある人がリンゴを見たときに、われわれとまったくおなじ脳状態を持ちながら、クオリアをともなう意識経験を一切持たないという状況も、想像できるように思われる。このように、われわれとまったく同一の脳状態を持つが、クオリアをともなう意識経験を持たない存在は、（哲学的な）**ゾンビ**と呼ばれる。

では、クオリア逆転やゾンビが思考可能であることは、なにを示しているのだろうか。ここで重要なのは、物理主義的に理解できる現象にかんしては、似たような事態は思考不可能だということだ。乾電池を例に考えてみよう。ある物体が、テーブルの上にある乾電池と同一の分子組成を持つとしよう。この物体が電池であるという性質を持たないことは思考可能だろうか。この物体がある分子組成を持つときには、しかるべき因果的機能も持つはずだ。このとき、この物体は電池であるという性質も持つはずだ。「電池ゾンビ」は思考不可能なのだ。その理由は、電池であるという性質は、その本質である因果的機能によって分析できることだ。逆に言えば、ゾンビが思考可能だということは、意識経験は因果的機能によっては分析できないことを示唆している。ゾンビが思考可能だとすれば、意識経験は、物理主義者が通常用いる戦略では自然化できないことになるのだ。[17]

意識経験の自然化を否定する第二の論証は、**知識論証**（knowledge argument）だ。トーマス・ネーゲル（Nagel 1974）は、コウモリを例として、つぎのように論じている。コウモリは、真っ暗な洞窟のなかを飛び回るさいに、みずから超音波を発し、岩壁などに反射したその超音波を聴覚器官で受信することで、周囲の物体の位置を同定する。これは、空港や潜水艦のソナーと基本的におなじメカニズムだ。われわれは、このコウモリの知覚システムについて、ある程度の知識を持っている。さらに研究を続ければ、このシステムの因果的な機能やその生理学的な基盤にかんして、完全な知識を手に入れることもできるだろう。しかし、コウモリの知覚システムにかんする物理的な事実をすべて学んだとしても、われわれは、コウモリであるとはどのようなことか（what it is like to be a bat）を知ることはできないように思われる。コウモリの意識経験がどのようなものかを知るには、実際にコウモリになって、コウモリの視点から、コウモリの意識経験にともなうクオリアを体験するほかないように思われるのだ。

フランク・ジャクソン（Jackson 1982; 1986）も、類似の議論を展開している。ジャクソンの議論の主人公は、メアリーという架空の人物だ。なんらかの特殊な事情で、メアリーは、生まれたときから無彩色（白・黒・グレー）のものしかない部屋のなかで育てられてきた。自分自身の身体も無彩色に塗られているため、彼女は、赤や緑といった色のついたものを見たことがない。しかし、彼女の脳の色知覚に関係する部位は、損なわれずに保持されている。さらに、メアリーは天才的な科学者で、部屋のなかで勉強を続けた結果、いまでは、人間の色知覚にかんするすべての物理的事実を知っている。彼女は、光の物理的な特性、網膜の構造、視覚皮質における情報処理のメカニズム等々について、知りうることをすべて知っているのだ。しかし、これらの知識があるにもかかわらず、メアリーは赤いものを見るとはどのようなことかを知らない、とジャクソンは主張する。ある日、メアリーが無彩色の部屋から解放されたとしよう。そして、部屋の外にはテーブルがあり、その上には赤いリンゴが1つ置いてあるとしよう。赤いリンゴを初めて目にして、赤いものを見る意識経験を持ったとき、メアリーは、赤いものを見るとはどのようなことかを初めて理解するように思われるのだ。

自然化が可能な現象にかんしては、この論証も成り立たない。たとえば、メアリーが部屋に閉じ込められているあいだ、電池を実際に見たり使用したりしたことがなかったとしても、電池についての物理学的な知識をすべて学んでいたとすれば、部屋を出て初めて実際に電池を目にしたときに、電池について新たに知ることは、なにもないように思われる。ここでもまた、違いをもたらしているのはクオリアだと考えられる。部屋を出たあとでメアリーが獲得するのは、赤いものを見る意識経験のクオリアにかんする知識だと考えられるからだ。

ネーゲルとジャクソンの議論が示しているのは、意識経験にかんする知識は、意識経験の基盤である脳状態にかんする知識につきるものではない、ということだ。そして、このことのもっとも単純な説明は、意識経験は脳状態につきるものではない、というものだ。知識にギャップが存在するのは、知識の対象にギャップが存在するからなのだ。知識論証は、**意識経験にかんする知識**のあり方から、**意識経験そのもの**にかんする重要な事実を明らかにしているのだ。

意識のハード・プロブレム

これら2つの論証は、意識の自然化は他の現象の自然化よりも困難だということを示すものだ。では、なぜ意識の自然化は特別に困難なのだろうか。デイヴィッド・チャルマーズ（Chalmers 1996）は、その理由をつぎのように説明している。

チャルマーズは、意識の問題について考える際には、2つの意識概念を区別することが重要だと言う。われわれの意識経験は、さまざまな因果的機能を持つ。たとえば、自動車が自分に向かって近づいてくるのを見るという意識経験は、自動車が自分に近づいてくるという信念を引き起こしたり、道路の端に移動するという行動を引き起こしたりする。このような、因果的機能から理解されるかぎりでの意識を、チャルマーズは、**心理学的意識**（psychological consciousness）と呼ぶ。

しかし、われわれの意識経験は、因果的機能につきるものではないように思われる。近づいてくる自動車が赤色をしていれば、この視覚経験は、赤の視覚経験に独特なクオリアをともなうはずだ。それが1960年代に製造されたフェラーリだとすれば、その経験は、独特の色合いと独特の質感のクオリアをともなうはずだ。チャルマーズは、クオリアを本質とする意識を、心理学的意識と区別して、**現象的意識**（phenomenal consciousness）と呼ぶ。[18]

これら2種類の意識概念に対応して、意識の自然化にも、2つの問題があることになる。チャルマーズは、それらを**意識のイージー・プロブレムとハード・プロブレム**と呼ぶ。

意識のイージー・プロブレムとは、心理学的意識を自然化するという問題だ。この問題には、特別な困難は存在しない。心理学的意識は、その定義からして、因果的機能を本質とする心的状態であり、電池であるという性質を説明するのとおなじ仕方で、実現による説明を与えることができるはずだからだ。たとえば、自動車が自分に近づいてくるとき、そしてそのときだけに生じ、自動車が自分に近づいてくるという信念を引き起こしたり、自動車をよける行動を引き起こしたりする脳状態を見つけることができれば、その脳状態こそが、自動車が近づくのを見るという心理学的意識状態を実現するものだということになる。これが、この問題がイージー・プロブレムと呼ばれる理由だ。

これにたいして、意識のハード・プロブレムは、現象的意識を自然化するという問題だ。この問題は、イージー・プロブレムのようには容易に解決できない。現象的意識は、クオリアを本質とするために、因果的機能では分析できないと考えられるからだ。**現象的意識には、物理主義者の標準的な説明戦略は適用できない**のだ。これが、この問題がハード・プロブレムと呼ばれる理由だ。

イージー・プロブレムとハード・プロブレムの違いは、つぎのように説明することもできる。序論でも見たように、意識経験を経験的に探求するうえでまず問題になるのは、意識経験を持つ存在者と持たない存在者のあいだにはどのような脳の構造の違いがあるのかという問題や、ある意識経験と他の意識経験の違いにはどのような脳の活動の違いが対応しているのかという問題だ。これらは、意識経験と脳の活動の対応関係を明らかにするという課題であり、**意識の神経相関物**（neural correlates of consciousness）を特定するという課題だ。

しかし、意識の神経相関物を特定するだけでは、意識の問題は解決しない。意識経験に神経相関物があることは、その名が示すとおり、ある意識経験とある脳の活動のあいだに相関関係があることを示すにすぎない。それだけでは、両者の関係がどのようなものであるかは、まだわからない。意識経験と脳の活動は同一なのだろうか。後者は前者を実現するのだろうか。あるいは、両者は別個の現象で、なんらかの理由で、つねに同時に生じるだけなのだろうか。この点を明らかにしないかぎり、意識経験と脳の活動の関係は、十分に解明されたとは言えない。意識経験の神経相関物を特定し、イージー・プロブレムを解決したとしても、意識経験と脳の活動の関係の内実は、依然として不明なままなのだ。ジョセフ・レヴィン（Levine 1983）は、この空白を、**説明上のギャップ**（explanatory gap）と呼んでいる。物理主義者の標準的な説明戦略は、心理学的意識を説明できるだけで、心理学的意識と現象的意識のあいだには、説明上のギャップが残されてしまうのだ。

以上の議論によれば、**意識のハード・プロブレムが解決困難な問題であるのは、意識経験はクオリアをその本質とするため、物理主義者の標準的な説明戦略が適用できないように思われるからだ**(19)。

*

第2節で紹介した議論が正しいとすれば、**意識の自然化という問題は、たんに未解決なだけでなく、原理的に解決不可能な問題だ**ということになる。しかも、これは、**意識にかんする科学的探究の失敗**

からではなく、哲学的な議論から導き出される結論なのだ。

われわれは、本当にこのような結論を受け入れなければならないのだろうか。物理主義者は、意識の自然化に取り組むまえから、失敗を運命づけられているのだろうか。

この本の目的は、そうではないということを示すことだ。そのためには、2つの課題に取り組まなければならない。第一に、物理主義者は、意識の自然化は不可能だという論証を退けなければならない。意識の自然化には、すくなくとも成功の余地が残されていることを示さなければならないのだ。これが第2章の課題だ。この課題が達成できたら、第二の課題は、実際に意識を自然化することだ。これが第3章以降の課題だ[20]。

第1章のまとめ：

◎物理主義は、すべての現象は自然科学的な枠組のもとで理解できると考える立場だ。

◎物理主義が正しいことを示す標準的な方法は、ある現象に、構成による説明または実現による説明を与えることだ。

◎意識経験は、独特の感じであるクオリアを本質とする。このことが、意識の自然化を特別に困難なものにする。それゆえ、意識を自然化するという課題は、意識のハード・プロブレムと呼ばれる。

第2章　意識のハード・プロブレムは解決不可能か

第1章で見たように、意識のハード・プロブレムは原理的に解決不可能な問題だと言われる。これは本当だろうか。

第1章の最後でも述べたように、そうではない、というのがこの本の立場だ。この本の最終的な目標は、意識を自然化することだ。そのためにまずすべきことは、意識の自然化は不可能なわけではない、ということを示すことだ。意識の自然化は、試みるに値する課題だということを示すのだ。

そのためにすべきことは、意識の自然化は不可能だ、という主張を退けることだ。本章では、そのように主張する立場として、具体的には2つの立場を検討する。第一の立場は、意識の自然化は不可能であり、そう考えるべき根拠もある、という立場だ。第二の立場は、意識の自然化は原理的には可能かもしれないが、われわれ人間はその内実を理解できない、という立場だ。本章ではさらに、意識のハード・プロブレムは一種の疑似問題だという立場も検討する。これら3つの立場の具体的な主張は、それぞれ異なる。しかし、**標準的なやり方で意識を自然化することは不可能だ**と考える点で、3つの立場は共通している。本章の目的は、これらの立場はいずれも説得的ではないことを示すことだ。

第1節　思考可能性論証：ハード・プロブレムは解決不可能？

物理主義にたいする批判者のなかには、意識の自然化は、試みるまでもなく失敗が運命づけられていると考える人がいる。その最大の論拠は、第1章第2節で紹介した思考可能性論証だ。意識の自然化に取り組むためには、まず、この論証を退けなければならない。これがこの節の目標だ(21)。

なぜ思考可能性が重要なのか

物理主義が正しいとすれば、意識経験は脳状態（より正確に言えば、脳状態によって実現された機能的状態）にほかならない。そうだとすれば、ある脳状態にある人は、みなおなじ意識経験を有するはずだ。しかし、第1章第2節で問題になったように、われわれがリンゴや郵便ポストを見たときに生じる脳状態にある人が、キュウリや芝生を見たときに生じる意識経験とおなじクオリアをともなう意識経験を持つことや、クオリアをともなう意識経験を一切持たないことも、考えることができるように思われる。そして、物理主義にたいする批判者によれば、クオリア逆転やゾンビの思考可能性からは、意識の自然化が不可能だということが帰結するのだ。

クオリア逆転やゾンビの思考可能性は、なぜこのような重大な帰結をもたらすのだろうか。それは、思考可能性は、形而上学的可能性（metaphysical possibility）、すなわち、世界そのものがどのようでありうるかを知るための手がかりだと考えられるからだ。われわれは、世界が実際とは異なるあり方をしていたらどうだろうかということを、日常的に考える。たとえば、わたしは、目の前にある赤いリンゴが緑色であるという状況について考えてみることができる。この状況は、思考可能なだけでなく、世界のあり方としても可能、すなわち、形而上学的にも可能だろう。これにたいして、別の状況、たとえば、目の前のリンゴが赤色であると同時に緑色であるという状況は、思考不可能なだけでなく、形而上学的にも不可能だと考えられる。このような関係を一般化すれば、**ある状況が思考可能であるとき、そしてそのときにのみ、その状況は形而上学的にも可能である**、という原則が得られる。考えることのできる状況は、実際に成り立っているとはかぎらないが、成り立ちうると言ってよいだろう、ということだ。

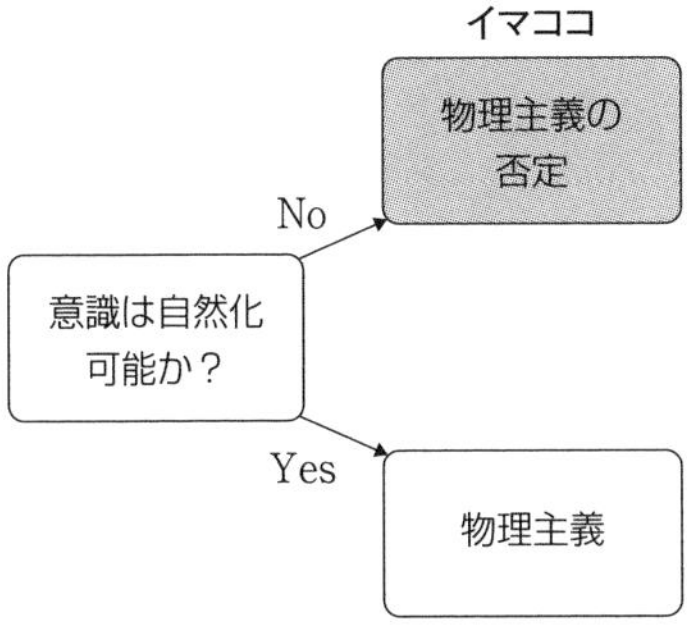

図 2-1　現在地点（第 2 章第 1 節）

このような原則を受け入れることには、しかるべき理由もある。世界のあり方として、どのようなことが可能であり、どのようなことが不可能であるかをわれわれが知るには、さまざまな状況の思考可能性を通じて知るほかないように思われるのだ。われわれは、世界の可能なあり方、とくに、現実化されることがないあり方を、直接見たり聞いたりすることはできない。したがって、われわれが形而上学的可能性について有意味に語るためには、形而上学的可能性を思考可能性と関連づけるほかないように思われるのだ（cf. Chalmers 2002）。

しかし、この原則を受け入れるならば、ゾンビが思考可能であることからは、ゾンビが形而上学的にも可能であることが帰結することになる。そして、ゾンビが形而上学的に可能だということは、ある人が、われわれがリンゴや郵便ポストを見ているときの脳状態と同一の脳状態にありながら、赤クオリアをともなう視覚経験を持たないということが、現実世界では起こらないとしても、世界のあり方としては可能だということだ。そうだとすれば、われわれの脳状態は意識経験のあり方を決定しないことになる。

ある現象を物理主義的に理解できる場合には、このようなことは生じない。第1章第1節で見たように、そのようなときには、被説明項である問題の現象と、説明項である物理的な存在者のあいだには、概念的な関係が成り立つ。このとき、物理的状態が同一でありながら、ある場合にはある現象が生じ、別の場合にはその現象が生じないということは、そもそも思考不可能だ。ゾンビが思考可能だということは、物理主義的な説明が可能な現象において一般に成り立つ関係が、意識経験と脳状態のあいだには成り立たないことを示しているのだ。

このように、思考可能性論証は、きわめて強力な論証だ。物理主義者は、この論証にどう応答できるだろうか。

ア・ポステリオリな必然性による反論

思考可能性論証にたいする応答としてまず考えられるのは、**思考可能性からは形而上学的可能性が帰結するという原則に、具体的な反例を示す**ことだ。ここでしばしば持ち出されるのは、ア・ポステリオリな必然性と呼ばれる事例だ。たとえば、水が水素を含まないという状況を考えてみよう。一見したところ、このような状況は思考可能であるように思われる。われわれが水と呼ぶ、われわれの身の回りにある、無色透明、無味無臭な液体が水素を含まないという状況は、思考可能であるように思われるからだ。しかし、われわれが現在知るところによれば、水とは、H_2Oという特定の分子構造を持つ物質にほかならない。ある物質が無色透明等々の性質を持つとしても、それがH_2Oと異なる分子構造を持つならば、それはもはや水とは言えないのだ。[22] したがって、水が水素を含まないことは、じつは形而上学的には不可能なのだ。このような事例は、思考可能性から形而上学的可能性が帰結するという原則にたいする反例となるように思われる。

しかし、チャルマーズ（Chalmers 1996, Ch.2）は、このような事例はよい反例ではないと主張する。問題は、右の議論では、水という概念が多義的に用いられているということだ。チャルマーズによれば、われわれは、水概念を2通りの仕方で用いることができる。すなわち、無色透明、無味無臭等々の性質を持つ物質という内容の概念と、現実の世界でこれらの性質を持つある特定の物質という内容の概念だ。前者の意味では、しかるべき性質を持つかぎりにおいて、水はどのような分子構造を持っていてもかまわない。これにたいして、後者の意味では、現実世界ではH_2Oだけが水だということになる。チャルマーズによれば、これら2つの概念を明確に区別すれば、右の事例においても問題の原則は成り立つ。水を第一の意味で理解すれば、「水は水素を含まない」という言明は、無色透明で無味無臭の液体は水素を含まないという意味になる。この状況は思考可能であり、かつ、形而上学的にも可能だ。これにたいして、水を第二の意味で理解すれば、「水は水素を含まない」という言明は、

H_2Oは水素を含まないという意味になる。これは思考不可能な状況であり、かつ、形而上学的にも不可能な状況だ。したがって、この事例は、問題の原則にたいするよい反例ではないのだ。[23]

見かけの思考可能性による反論

しかし、物理主義者は別種の反例を持ち出すこともできる。それはつぎのような事例だ。数学の命題、たとえば、「4以上のすべての偶数は2つの素数の和で表すことができる」というゴールドバッハの予想にかんして、現在われわれは、それが正しいことの証明も、それが誤りであることの証明も持っていない。それゆえ、われわれにとっては、この予想が真であることも、偽であることも思考可能であるように思われる。しかし、数学的な真理にかんする素朴な直観にしたがえば、数学的な命題の真偽は、われわれの知識とは独立に決まっているはずだ。たとえば、ピタゴラスの定理は、それが真であることをピタゴラスが証明する以前から真であったはずだ。そうだとすれば、ゴールドバッハの予想が真であるとすれば、それが偽であることは、形而上学的に不可能であるにもかかわらず思考可能であることになり、予想が偽であるとすれば、それが真であることは、形而上学的に不可能であるにもかかわらず思考可能だということになる。どちらが真相であるにせよ、この事例は、問題の原則にたいする反例となるのだ。

これにたいして、チャルマーズ（Chalmers 2002）は、このような事例もよい反例ではないと応答している。このことを示すために、彼は、**消極的な思考可能性**と**積極的な思考可能性**という区別を導入する。あることが消極的に思考可能であるのは、それが思考不可能であることが示されていないときであり、あることが積極的に思考可能であるのは、必要に応じて細部をいくらでも具体的に思考できるときだ。彼はまた、**一応の思考可能性**（*prima facie* conceivability）と**理想的な思考可能性**という区別も導入する。あることが一応思考可能であるのは、われわれが有しているさまざまな認知的制約のもとでそれが思考可能なときであり、あることが理想的に思考可能であるのは、理想的な認知能力を持つ主体によってそれが思考可能なときだ。

これらの区別にもとづいて、チャルマーズは、形而上学的可能性の手がかりとして信頼できるのは、積極的で理想的な思考可能性だけだと主張する。ある時点である状況の思考不可能性が示されていないとしても、その状況が思考不可能であることがのちに明らかになるかもしれないし、われわれにはある状況が思考可能であるように思われたとしても、より優れた認知能力を持つ存在者には、その状況が思考不可能であることは明らかかもしれないからだ。

これらの区別をふまえれば、ゴールドバッハの予想にかんする思考可能性は、消極的な一応の思考可能性でしかないことになる。われわれは、この予想の真偽にかんする証明を手にしていないため、予想が真あるいは偽であるという状況について、その詳細を具体的に思い描くことはできない。また、われわれには予想が真である（偽である）ことが思考可能だとしても、われわれよりも高度な数学的知性を持つ存在者には、それは思考不可能であるかもしれない。チャルマーズによれば、この種の思考可能性は、形而上学的可能性のよい手がかりではない。したがって、この事例もまた、問題の原則にたいするよい反例とは言えないのだ。

ゾンビ概念の整合性

しかし、チャルマーズのこの応答は、思考可能性論証そのものにも不利に働くように思われる。**ゾンビの思考可能性もまた、消極的な一応の思考可能性でしかない**ように思われるからだ。ゾンビの思考可能性が積極的で理想的な思考可能性だとすれば、われわれは、必要に応じて細部を具体的に思い描くことができるはずだ。しかし、ゾンビの想定の細部について考えようとすると、さまざまな内的不整合が明らかになるのだ。

たとえば、ダニエル・デネット（Dennett 1991）は、さまざまな思考実験を通じて、ゾンビ概念の整合性に疑問を投げかけている。「スーパー盲視（superblindsight）」にかんする議論は、その一例だ。ゾンビの思考可能性にもっともらしさを与える実在の事例に、盲視（blindsight）と呼ばれる現象がある。一次視覚野に損傷のある人々は、目の機能が正常だとしても、損傷部位に対応した視野の視力を失う。しかし、そのような人々のごく一部は、視力の失われた範囲に光点を提示して光の有無についてたずねたり、光を動かして動きの方向についてたずねたりすると、偶然以上の確率で正解できる。ところが、本人は、光は見えていないと主張する。彼らは、見えていない光にたいして適切に反応できるのだ。これが盲視だ。チャルマーズの言葉遣いで言えば、盲視は、現象的意識と心理学的意識が乖離しうることを示しているように思われる。盲視患者は、後者を持つが前者を欠いているからだ。

盲視は、ゾンビの想定がもっともらしいものであることを示唆しているように思われる。しかし、デネットは、ゾンビを盲視と類比的に考えることは不適切だと主張する。そのことを明らかにするために、彼は、スーパー盲視という現象を想像してみるよう、読者に呼びかける。盲視患者とスーパー盲視患者のあいだには、いくつかの違いがある。たとえば、盲視患者は刺激の内容をつねに正しく同定できるわけではないのにたいして、スーパー盲視患者は、刺激の内容を100％正確に同定できる。また、実際の盲視患者は、実験者の質問に促されてはじめて刺激を推測できるのにたいして、スーパー盲視患者は、刺激にたいする自発的な行動や発話も可能だ。さらに、スーパー盲視患者は、みずからが意識経験を欠いていることも否定する。このような状況を想定したうえで、デネットは、スーパー盲視患者が一種の盲視患者だと考えるべき理由はあるだろうか、と問いかける。このように具体的に想像を進めたとき、スーパー盲視患者が意識経験を欠くということは、それほど自明ではなくなる。ところが、デネットがスーパー盲視と呼ぶ状況は、じつはゾンビ状況にほかならない。このように具体的に考えると、盲視を根拠としてゾンビは思考可能だと主張することは、それほど説得的ではないことがわかる。

クオリア逆転にかんしても、その内的整合性を疑うべき理由がある。クオリアのあいだには、さまざまな本質的な関係があるように思われるのだ。たとえば、色の知覚経験においては、赤クオリアと緑クオリアは対照的であり、橙クオリアは赤クオリアと黄クオリアの中間に位置するといった関係が成り立つ。このような関係は、それぞれのクオリアにとって本質的であるように思われる(24)。

このような事実があるために、色にかんする多くのクオリア逆転は思考不可能となる。たとえば、さまざまな色クオリアがランダムに入れ替わるという変化の仕方は、思考不可能だ。たとえば、赤クオリアと緑クオリアが逆転する一方で、オレンジクオリアは変化しないという状況を考えてみよう。このような変化ののちも、経験主体は、オレンジを見る意識経験は、キュウリを見る意識経験よりも、リンゴを見る意識経験に類似していると主張するはずだ。もしわれわれが彼の主張を額面通りに受け取るならば、彼はみずからの意識経験にかんして誤っていることになる。

したがって、クオリア逆転は、より体系的でなければならないはずだ。たとえば、赤クオリアと緑クオリアが逆転し、黄クオリアと青クオリアが逆転するというような逆転だ。しかし、このような逆転でも問題が生じる。われわれの経験する色において、青には明るい色合いも暗い色合いも存在するが、黄色には暗い色合いは存在しない。黄の色相に属する暗い色合いは、茶として経験されるからだ。このような非対称性もまた、われわれの色クオリアにとって本質的だと考えられる。体系的なクオリア逆転においても、このような非対称性については、主体の経験と言語報告に食い違いが生じることになる。このように、クオリア逆転が真に整合的な想定であるかどうかも、それほど自明なことではないのだ[25]。

以上のような考察からは、**ゾンビやクオリア逆転の想定にはなんらかの内的な不整合があるのではないか**、という疑いが生じる。類比のために、つぎのような事例を考えてみよう。ある人々にとっては、人が死んで肉体が消滅したあとに心が存在することは、思考可能だろう。しかし、このような思考可能性から、心が物的なものとは別個の存在者であるとただちに結論づけるのは不適切だ。このような人々は、そのように考えたときに生じるさまざまな問題、たとえば、肉体の死後に心はどこに位置づけられることになるのか、記憶は保持されるのか、心は永遠に存在し続けるのかといった問題に、気づいていないだけかもしれないからだ。これらの問題を自覚すれば、彼らは、心についての考えをあらためるかもしれない。そして、心概念を修正した結果、新たな心概念のもとでは、肉体の死後に心が存続することは思考不可能となるかもしれないのだ。

問題は、**われわれの意識概念は、彼らの心概念と同様に混乱したものなのかもしれない**ということだ。そうだとすれば、われわれが意識概念をより適切なものに修正すれば、それまで思考可能であったクオリア逆転やゾンビは、思考不可能となるかもしれない。このような余地が残されている以上、ゾンビの思考可能性は、ゾンビの形而上学的可能性の信頼できる手がかりとは言えないのだ。[26]

なぜゾンビは思考可能に思えるのか

このような説明が正しいとしたら、なぜゾンビは思考可能に思えるのだろうか。物理主義者は、このこともいくつかのやり方で説明できる。

たとえば、ネーゲル（Nagel 1974, n.11）は、クオリア逆転やゾンビが思考可能だと主張する人は、じつは、問題の状況を思考することとは別のことをしているだけかもしれないと示唆している。たとえば、クオリア逆転について思考しているとされる人は、リンゴやポストを見たときに生じる脳状態にある人があることを言語的に思考し、それと同時に、緑色のものをイメージ的に想像しているだけなのかもしれない。

このような説明は、ゾンビやクオリア逆転について考えている人がしていることを過小評価しているのではないか、という批判があるかもしれない。そうだとしても、物理主義者には、もうすこし手の込んだ説明も可能だ。それは、ジョン・ホーソン（Hawthorne 2002）やロバート・スタルネイカー（Stalnaker 2002）らによる、つぎのような説明だ。現在われわれが置かれている状況は、意識経験が脳状態にほかならないかどうかは明らかでない、というものだ。ここで、もしチャルマーズらが正しく、意識を自然化できないことが判明したとすれば、われわれの意識概念は、物理主義的に理解できない側面（たとえばクオリア）を含むものとなる。このような意識概念のもとでは、ゾンビは思考可能となるはずだ。しかし、もし物理主義者が正しく、意識は自然化可能だということが判明したとすれば、われわれの意識概念は、物理主義を超え出る内容を含まないものとなる。このような意識概念のもとでは、ゾンビは思考不可能となるはずだ。このように考えるならば、**現在のわれわれに思考可能であるのは、ゾンビそのものではなく、ゾンビが思考可能となる状況**だということになる。しかし、ゾンビの思考可能性と、ゾンビが思考可能となる状況の思考可能性を明確に区別することは、それほど容易ではない。そうだとすれば、われわれが後者を前者と取り違えてしまうとしても、不思議ではないだろう。

結局のところ、さまざまな思考可能性や思考不可能性から明らかになるのは、そこに含まれる概念がどのようなものかということでしかないように思われる。たとえば、ゾンビが思考可能だということが示しているのは、そのように考える人の意識概念は、意識に因果的機能から独立な本質を認めるものだということだ。しかし、意識の問題を考えるうえで決定的に重要な問いは、**そのような意識概念は適切な概念かどうか**だ。そして、内的整合性にかんする考察をふまえれば、この問いにたいする答えは、否であるように思われる。そうだとすれば、ゾンビが真に思考可能かどうか、そして、意識は自然化可能かどうかを明らかにするためには、まず、適切な意識概念を手に入れなければならないことになる。

そのような意識概念を手に入れるためには、意識経験の実態をよく見てみなければならない。これが第3章の課題だ。しかし、この作業に取りかかるまえに、本章の冒頭で言及した、あと2つの立場も検討しておこう。

第2節　新神秘主義：ハード・プロブレムは人間には解決不可能？

物理主義者は、意識経験は自然科学的な枠組のもとで理解可能な現象だと考える。それだけでなく、われわれは、そのことについて、具体的な説明を手にすることができると考える。しかし、物理主義者のなかには、前者を認めるが後者を否定する人たちもいる（図2-2）。では、なぜ彼らはそのように考えるのだろうか。

このように考える人たちの基本的な発想は、**存在論**と**認識論**を区別するということだ。世界がどのようであるかと、世界がどのようであるとわれわれが考えているかは、別々のことがらだ。たとえば、われわれが原子を発見する以前にも、物質は原子からできており、原子を支配する自然法則に従っていた。同様に、脳と意識経験がどのような関係にあるかと、脳と意識経験の関係についてわれわれがなにを知っているかは、別々のことがらだ。したがって、意識経験が脳状態にほかならないことと、われわれが両者の関係についてなにも知らないことのあいだには、いかなる不整合もない。意識にかんする存在論的な問題は、意識にかんする認識論的な問題からは独立なのだ。

しかし、このような考え方は素朴すぎる。存在論と認識論を単純に切り離してしまえば、われわれ

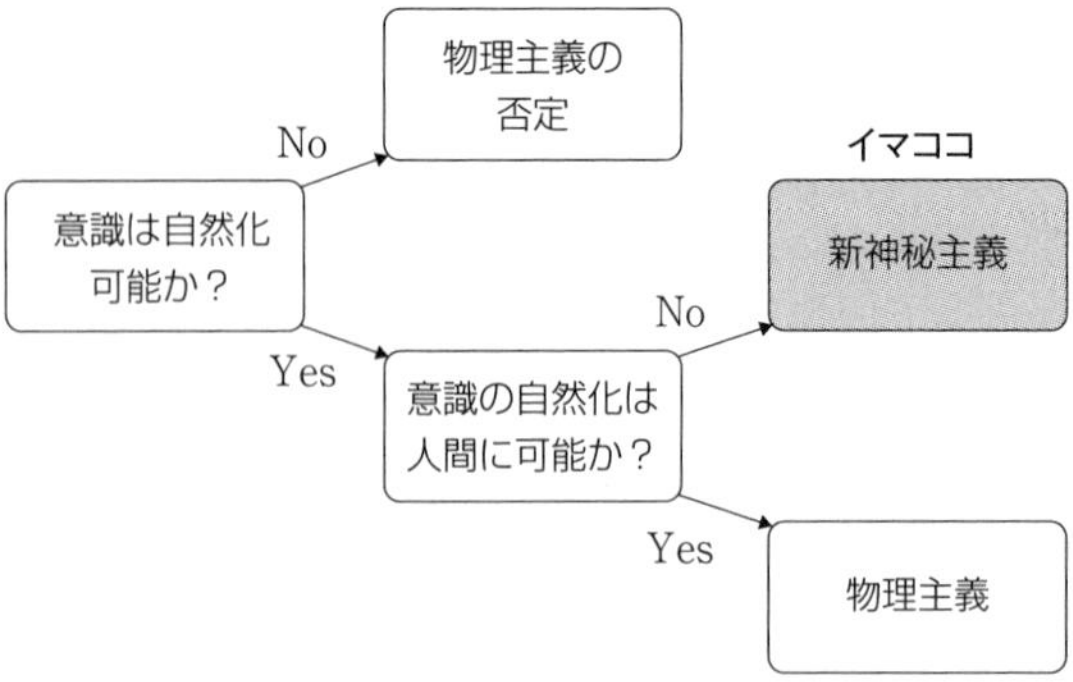

図 2-2　現在地点（第 2 章第 2 節）

は、世界がどのようであるかについて、なんでも主張できてしまうからだ。存在論について有意味に語るためには、存在論と認識論のあいだに、なんらかの結びつきが必要だ。考えられる結びつきは、**存在論は認識論に制約される**という関係だろう。たとえば、われわれは、電池であるという性質に、実現による説明を与えることができる。この認識論的な事実が、電池であるという性質は物理的な存在者だという存在論的な事実を正当化するのだ。多くの物理主義者は、意識経験にかんしても、このような関係が成り立たなければならないと考える。だからこそ、物理主義者は、意識経験の物理主義的な説明を探し求めているのだ。

そうだとすれば、意識をめぐる議論において存在論と認識論を切り離そうという人たちは、なぜ意識経験にかんしては両者のあいだにギャップがあってよいのかを説明しなければならない。意識経験が物理的な現象であるにもかかわらず、なぜわれわれはそのことにかんする説明を手にすることができないのかについて、彼らは、なんらかの説明を提示する必要がある。言いかえれば、**なぜ意識経験は例外的なあり方をしているのかに**

ついて、なんらかの説明が必要なのだ。

認知的閉包

このような要請に応えることを試みているのが、コリン・マッギン（McGinn 1989; 1999）だ。彼によれば、自然科学のこれまでの成功をふまえれば、意識経験もまた物理的な存在者だと考えることは自然だ。しかし、人間は、認知能力の限界ゆえに、意識と脳の関係を理解することができない。マッギンは、このような事態を**認知的閉包**（cognitive closure）と呼ぶ。

マッギンによれば、われわれが意識経験の物理主義的な説明にたいして認知的に閉ざされているのは、つぎのような理由からだ。われわれがある概念を獲得するには、2つの方法がある。概念の対象を直接観察する方法と、観察可能な現象を説明するために、仮説形成において概念の対象を導入する方法だ。たとえば、赤さや丸さといった概念は、第一の方法で獲得され、磁気や放射線といった概念は、第二の方法で獲得される。ここで、意識経験が脳の活動にほかならないことを理解するうえで鍵となる、脳の性質Pなるものがあるとしよう。われわれは、どのようにして性質Pという概念を獲得できるだろうか。そのためには、Pそのものを観察するか、観察可能ななんらかの現象を説明するものとして、性質Pを導入する必要がある。しかし、観察によってPという概念を獲得することはできない。みずからの意識経験を内観的に観察することで見いだされるのは、意識経験そのものであり、脳の活動ではないからだ。また、行動や発話といった観察可能な現象を説明するために必要なのは、脳の生理学的な性質や機能的な性質だけだ。したがって、いずれの方法によっても、われわれは性質

Pという概念を獲得することはできないのだ。

しかし、マッギンによれば、認知的閉包は認知能力に相対的なものだ。たとえば、ネコは、認知能力に限界があるために、遺伝子や放射線といった概念を獲得できない。しかし、このことからは、遺伝子や放射線が物理的存在者ではないということは帰結しない。ネコよりも高度な認知能力を持つ人間は、遺伝子概念や放射線概念を獲得できるからだ。同様に、人間よりも高度な認知能力を持つ存在者であれば、性質Pの概念を獲得でき、それを用いて意識経験を物理主義的に理解できるかもしれない。マッギンによれば、意識のハード・プロブレムは、人間には解決不可能な問題だ。しかしそのことは、それが端的に解決不可能な問題だということを意味しないのだ。マッギンのこのような考え方は、新神秘主義（new mysterianism）と呼ばれている。

マッギンの主張が正しいとすれば、意識のハード・プロブレムを解決しようという試みは、人間がみずからの認知能力の限界を超え出ようとする、空しい試みだということになる。はたして、本当にそうなのだろうか。

認知的閉包は本当に存在するのか

マッギンの議論には、いくつかの問題がある。第一に、彼は、物理主義者の課題を誤解している。前章で見たように、ある現象を物理主義的に理解するために必要なのは、構成による説明や実現による説明を与えることだ。そこでは、大きく分けて2つの作業が必要だ。第一に、問題の現象の本質を特定することが必要だ。たとえば、電池であるという性質の本質は電力を発生させるという因果的機能にある、といったことだ。第二に、なんらかの物理的な存在者がその因果的機能を実現することを示すことが必要だ。たとえば、亜鉛やマンガンなどからなるある物体が電力を発生させることを示す、といったことだ。ここで注意しなければならないのは、ある現象を物理主義的に説明するときには、新たな物理的性質を導入する必要があるとはかぎらないということだ。たとえば、電池であるという性質が物理的性質であることを示すためには、一群の元素とそれらを支配する自然法則を想定すれば十分だ。意識経験にかんしても同様だとすれば、意識を自然化するために必要なことは、意識経験の本質的な因果的機能を明らかにし、つぎに、なんらかの物理的な存在者がまさにその機能を実現することを示すことであるはずだ。そして、第二段階において説明項として必要とされるのは、脳の活動という物理的存在者だけだ。意識を自然化するために、未知の性質Pを導入する必要はないのだ。[27]

第二に、われわれの認知能力に限界があるということから帰結するのは、われわれには認識できるが説明できない現象があるということではなく、われわれには認識できない現象があるということであるように思われる。マッギンは、認知的閉包の例として、人間以外の動物にとっての数学の定理という例を挙げている。しかし、人間以外の動物は、数学の定理を証明できないだけでなく、数学的な問題そのものを理解できない。これにたいして、われわれは、すくなくとも意識の問題を理解できる。したがって、この類比は不適切だ。

ここで、マッギンはつぎのように反論するかもしれない。人間以外の動物は、物体の運動を認識できるが、それを物理法則によって説明できない。このような事例こそが、彼が問題にする認知的閉包だ。このような反論だ。しかし、この類比も成り立たない。ここで認知的閉包が生じるのは、人間以外の動物は、そもそも現象を説明する能力を欠いている（そしてその基盤としての言語を欠いている）からだ。これにたいして、意識経験の場合に問題となっているのは、他のさまざまな現象には説明を与えることができるが、意識経験には説明を与えることができないという、より特殊な認知的閉包だ。人間にとっての意識の問題以外には、このような認知的閉包の事例は存在しないように思われるのだ。

これにたいして、マッギンは、なおもつぎのように反論するかもしれない。人間の5歳児は一定の説明能力を持つが、相対性理論を理解することはできない。このような事例こそが、彼の考える認知的閉包だ。このような反論だ。しかし、この類比も適切ではない。第一に、人間の5歳児が相対性理論を理解できないということは、それほど自明ではない。実際に5歳児に相対性理論を教えようとすれば、長い時間がかかり、その子供は、すぐに6歳、7歳になってしまう。しかし、だからといって、5歳児レベルの知能では、相対性理論は原理的に理解できないと結論づけることはできない。第二に、かりに5歳児は相対性理論を理解できないとしても、一定以上の知能を持つ成人はそれを理解できる。意識経験にかんする認知的閉包がこれと同種のものだとすれば、脳と意識経験の関係は、万人が理解できるものではないかもしれないが、誰にも理解できないものではない、ということになるはずだ。(28)

さらに、認知的閉包の存在を主張しつつ、なおも存在論的には物理主義を主張することは、整合的でないように思われる。マッギンにとって、物理主義が成り立つことの根拠は、物理主義がこれまで成功を収めてきたという事実からの帰納的推論だ。しかし、意識の自然化は不可能だと考える人は、意識経験は他の自然現象とはまったく異質なものであり、それゆえ、このような帰納的推論を意識経験に適用することは不適切だと主張するだろう。そうだとすれば、マッギンにとって、意識経験は物理的現象だという考えは、根拠のない信仰のようなものでしかないことになる。

このように、マッギンの新神秘主義は、興味深い考え方だが、意識の自然化を断念する理由としては、十分なものではないのだ。

第3節　タイプB物理主義：ハード・プロブレムは解決不要?

本章では、これまで、意識の自然化は不可能だと考える立場と、意識の自然化は人間には不可能だと考える立場は、いずれも説得的ではないことを見てきた。しかし、意識の自然化を回避するための戦略は、もう1つある。それは、チャルマーズ（Chalmers 1996, Ch.4）が**タイプB物理主義**（type-B physicalism）と呼ぶものだ[29]（図2-3）。タイプB物理主義者は、マッギンと同様に、意識経験はそれ自体としては物理的な現象だが、われわれは、それにたいして、他の現象に与えることができるような説明を与えることはできないと考える。しかし、その理由は、われわれの認知能力に限界があるからではなく、われわれの意識概念が特殊なものだからだ。これはどういうことだろうか。

タイプB物理主義と現象的概念

タイプB物理主義者は、存在論的には物理主義者なので、意識経験は物理的現象だと考える。したがって、彼らは、「意識経験E＝脳状態B（あるいは機能的状態F）」という同一性言明は真だと考える。しかし、彼らによれば、この同一性言明がなぜ真であるかを説明することはできない[30]。

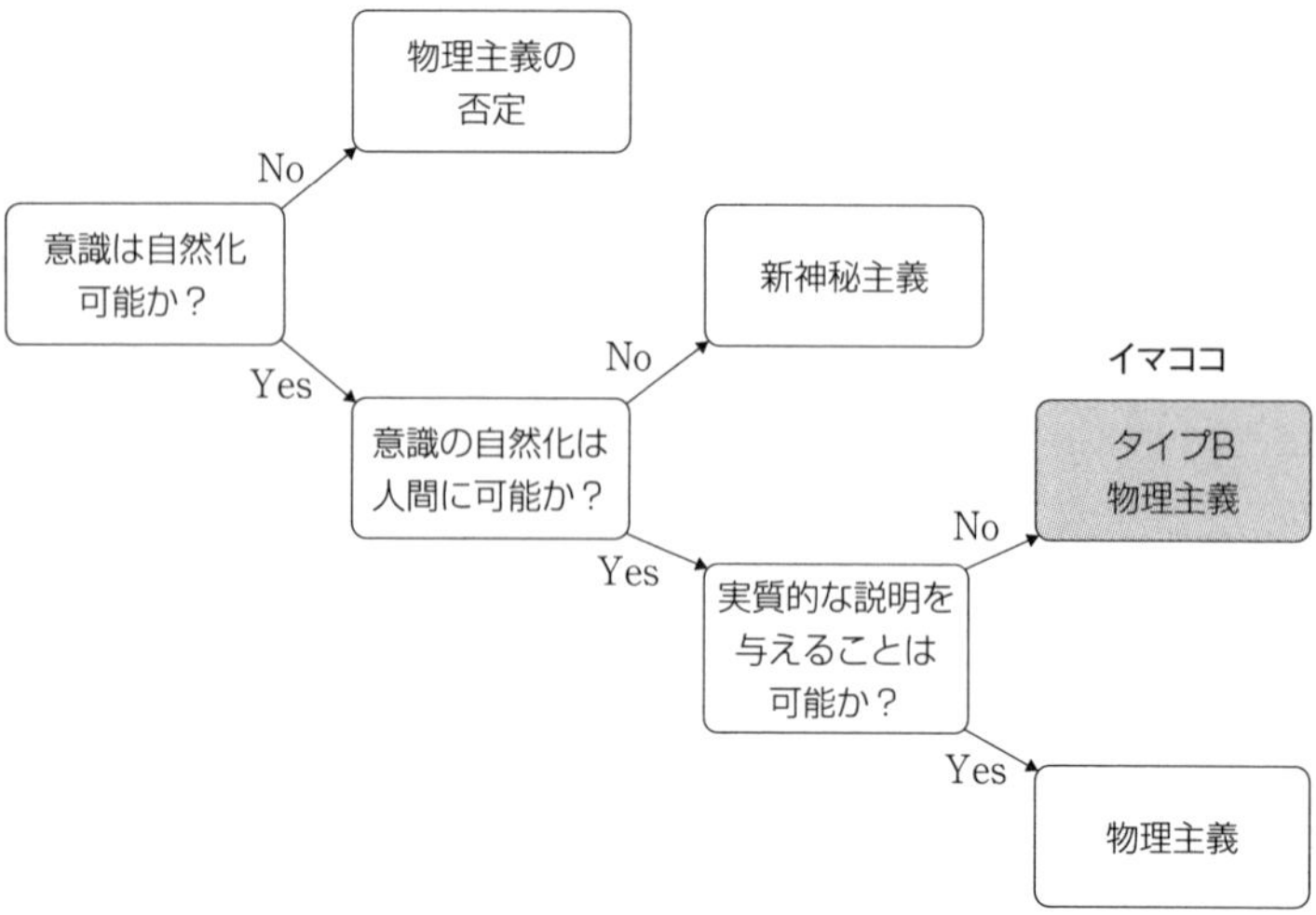

図 2-3　現在地点（第 2 章第 3 節）

彼らはなぜそのように考えるのだろうか。それは、同一性言明のなかには、それが真であることの実質的な説明を与えることができないものもあるからだ。

まず、「二等辺三角形＝二等角三角形」という同一性言明を考えてみよう。この言明にかんしては、それが真であることの説明が可能だ。ある図形が二等辺三角形であるという前提のもとに、しかるべき幾何学的な推論を行えば、その図形が二等角三角形であることを示すことができ、その逆も可能だからだ。このような同一性言明の場合には、その言明に対応する思考に含まれる概念の内容を手がかりとして、なぜ同一性言明が成り立つのかを説明できるのだ。

つぎに、人物の同一性にかんする言明について考えてみよう。アントニイ・バークリーとフランシス・アイルズという2人の推理小説家は、じつは同一人物だ。したがって、「アントニイ・バークリー＝フランシス・アイルズ」という同一性言明は、真だ。しかし、この言明が真であることには、説明を与えることができない[31]。この言明に含まれる語に対応する概念は、説明に利用できるような概念内容を持たないからだ。しかし、この同一性言明に説明が与えられないからといって、両者は別人だということが帰結するわけではない。

タイプB物理主義者によれば、「意識経験Ｅ＝脳状態Ｂ（あるいは機能的状態Ｆ）」という同一性言明は、じつは人物の同一性にかんする言明と同種の言明だ。この同一性言明に対応する思考に含まれる意識概念は、やはり特殊な概念だからだ。彼らによれば、意識経験にかんする同一性言明に対応する思考に含まれるのは、**現象的概念**（phenomenal concepts）と呼ばれる概念だ。以下で見るように、現象的概念は、固有名と同様、実質的な内容を持たない概念だ。それゆえ、意識経験にかんする同一性言明には、人物の同一性にかんする言明と同様、実質的な説明を与えることができない。しかし、タイプB物理主義者によれば、現象的概念そのものは、物理主義的に理解可能な心的状態だ。したがって、人物の同一性の場合と同様、意識経験にかんする同一性言明に説明を与えられないからといって、意識経験と脳状態が別個の存在者だということは、ただちには帰結しないのだ。

一言で言えば、タイプB物理主義の基本的な戦略は、**なぜ説明上のギャップを解消できないのかを物理主義的に説明することで、説明上のギャップそのものを解消することなしに物理主義を守る**、というものだ。では、この戦略の鍵となる現象的概念とは、具体的には、どのような概念なのだろうか。タイプB物理主義者からは、３つの提案がなされている。以下ではそれらを順に検討しよう。

直示的概念としての現象的概念

第一の提案は、現象的概念は**直示的概念**（demonstrative concepts）の一種だというものだ（cf. Perry 2001）。

この提案の手がかりとなるのは、「これ」や「あれ」といった、いわゆる直示詞（demonstratives）の働きだ。「これ」という語は、発話の文脈の違いに応じて、そのつど異なる対象を指示するという点で、「バラク・オバマ」や「2014年時点における米国大統領」といった語句とは異なる。わたしがテーブルの上のリンゴを指さしながら「これ」と言えば、この発話における「これ」は、テーブルの上のリンゴを指示する。しかし、わたしが本棚の前に移動して、一冊の本を手にとって「これ」と発話すれば、「これ」はその本を指示する。「あれ」や「それ」といった語も同様だ。

ここで、第一の発話にかんしては、「これ＝テーブルの上のリンゴ」という同一性言明が成り立つ。しかし、同一性言明に対応する思考を構成する2つの概念のあいだには、概念的な連関は見出せない。直示詞によって表される概念、すなわち直示的概念の内容には、テーブルの上のリンゴという特定の対象との結びつきを説明するものは、含まれないからだ。しかし、だからといって、「これ＝テーブルの上のリンゴ」という同一性言明が偽になるわけではない。

ここからわかるのは、つぎのようなことだ。同一の対象を、概念的な連関を持たない2つの語句によって指示するときには、それら2つの語句を要素とする同一性言明がなぜ成り立つのかということを、両者に対応する概念の内容から説明することはできない。このような同一性言明には、説明上のギャップが生じるのだ。しかし、だからといって、その同一性言明が偽となるわけではない。意識経験にかんする同一性言明についても、おなじように考えればよいというのが、現象的概念は直示的概念だと考える人の戦略だ。

では、意識経験にかんする説明上のギャップは、より一般的な現象の一例にすぎないのだろうか。そうではないように思われる。

第一に、現象的概念が直示的概念の一種だとすると、現象的概念の働きを理解することが困難になる。通常、直示的概念を含む思考は、思考と思考の対象を媒介するものを必要とする。たとえば、わたしがテーブルの上のリンゴについて「これはおいしそうだ」と考えるとき、この思考がそのリンゴについての思考となるためには、そのリンゴとわたしの思考を結びつけるもの、すなわち、リンゴの知覚状態が必要だ。現象的概念が意識経験にかんする直示的概念だとすれば、同様に、現象的概念とその対象である意識経験そのものを結びつける、なんらかの媒介物が必要だ。しかし、われわれは、感覚器官によって外的な事物を知覚するように、内的な感覚器官によってみずからの意識経験を知覚しているわけではない。現象的概念を、外的な事物にかんする直示的概念と類比的に考えることはできないのだ。

第二に、直示詞を含む同一性言明にかんしては、直示詞にかんする文法規則や発話の文脈を考慮に入れれば、同一性言明が成立する理由を説明できる。たとえば、「これ」はその語を発話した主体の近くにあり、発話主体が注意を向けている対象を指示するという文法規則と、わたしがテーブルのリンゴに目を向けながら「これ」と発話したという事実を考慮に入れれば、この発話にかんして、なぜ「これ＝テーブルの上のリンゴ」が成り立つのかを説明できる。もちろん、これは、「二等辺三角形＝

二等角三角形」にたいして与えられる説明とは別種の説明だ。しかし、直示詞の場合にも、説明上のギャップは、最終的には解消されるのだ。現象的概念が直示的概念の一種にすぎないとすれば、意識経験と脳状態にかんする同一性言明がなぜ成りたつのかも、おなじように説明できるはずだ。しかし、これはタイプB物理主義の戦略ではないはずだ。タイプB物理主義者は、問題の同一性言明に説明を与えることはできない、あるいは、すくなくとも他の同一性言明とおなじような説明を与えることはできないと考えているはずだからだ。

これらの理由から、この提案は有望ではない。

再認概念としての現象的概念

第二の提案は、現象的概念は**再認概念**(recognitional concepts)の一種だというものだ。われわれは、ある対象にかんして、2種類の概念を形成できる。たとえば、ツチブタについて、われわれは、その生物学的な本質を内容とする、記述的な概念を形成できる。他方で、われわれは、ツチブタの知覚経験を介して、ツチブタを「あの動物」という仕方で同定したり、分類したりすることもできる。後者で用いられる概念は、再認概念と呼ばれる。ここで重要なことは、これら2種類の概念は相互に独立だということだ。われわれは、ツチブタを実際に見ることなしに、ツチブタの記述的概念を獲得できるし、ツチブタの生物学的本質についてなんの知識も持つことなしに、ツチブタの再認概念を獲得することもできるのだ。

ブライアン・ロア(Loar 1997)によれば、現象的概念は、意識経験にかんする再認概念だ。われわれは、ある意識経験がある脳状態と同一であるかどうかを知らないとしても、内観的に、その意識経験を同定したり、分類したりできる。たとえば、一定の時間間隔を経て、赤いものを見る経験を二度したとき、われわれは、二度目の経験は一度目の経験とおなじタイプの経験だということがわかり、それが緑を見る経験とは異なる経験であることもわかる。こういったことが可能であるのは、赤いものを見る経験にかんする再認概念を有しているからだ。

再認概念もまた、実質的な内容を持たない概念だ。それゆえ、われわれは、「あの意識経験（赤いものを見る経験）＝ある脳状態」という同一性言明に含まれる語に対応する概念の内容から、なぜこの同一性言明が成り立つのかを説明できない。これが、説明上のギャップが生じる理由だ。しかし、現象的概念それ自体は、物理主義的に理解可能なものだ。再認概念は、対象を同定したり分類したりするという因果的機能を本質とする心的状態だからだ。再認概念による説明は、このように、物理主義的な道具立てによって、意識経験にかんする説明上のギャップが生じることを説明できるのだ。

しかし、この提案にもいくつかの問題がある。第一に、現象的概念を、意識経験であるところの脳状態にかんする再認概念と考えるのは不適切だ。ある脳状態にかんする通常の意味での再認概念とは、その脳状態を肉眼やfMRIなどで観察するさいに、それを同定することを可能にする概念だ。しかし、ロアが意識経験にかんする現象的概念と呼ぶのは、このような概念ではない。現象的概念は、意識経験であるところの脳状態を内観的に同定するものだからだ。しかし、この内観的な同定のメカニズムを物理主義的に理解できるかどうかは疑わしい。通常の再認概念の場合、事物の同定は、事物が持つさまざまな性質の知覚経験を手がかりとする。たとえば、ツチブタの再認概念を用いてツチブタを同定するとき、われわれは、目の前にいるツチブタの形や色などの知覚経験を通じて、その対象をツチブタとして同定する。しかし、現象的概念の場合には、同様のメカニズムは想定できない。第一の提案においても問題になったように、われわれは、意識経験を対象とする内的感覚器官を持たないからだ。[32]

第二に、通常の再認概念の場合には、概念の内容以外の要因、たとえば、再認概念を持つ主体の認知メカニズムにかんする事実を考慮に入れれば、最終的には、なぜある同一性言明が成り立つのかを説明できる。主体の認知メカニズムを解明すれば、ある再認概念がツチブタによって引き起こされる心的状態であることなどがわかり、そのことから、それがツチブタの再認概念だということを明らかにできるからだ。したがって、現象的概念が再認概念の一種だとすれば、意識経験にかんしても、深刻な説明上のギャップは存在しないはずだ。ここでもまた、タイプB物理主義者は、意識経験にかんする深刻な説明上のギャップが存在することを否定するか、あるいは、現象的概念を通常の再認概念と類比的に考えることをあきらめるかという、二者択一を迫られることになるのだ。

どうやら、第二の提案も有望ではないようだ。

引用としての現象的概念

第三の提案は、現象的概念を引用と類比的に理解するというものだ（cf. Papineau 2002）。わたしの妻が、皿うどんはまずいと言ったとしよう。ここで、「皿うどんはまずい」というように、引用符を用いて彼女の発言に言及すれば、この引用は、「妻の発言」という語句と同様に、当の発言を指示することになる。しかし、「妻の発言」という語句とは異なり、この引用は、指示対象である発言とおなじタイプの語句を用いて、その発言を指示している。第三の提案によれば、現象的概念は、引用表現と類似した仕方で意識経験を指示するという。現象的概念は、「この経験：x」という構造を持ち、xの場所には、この現象的概念が指示する意識経験そのものが入るというのだ。このような構造を持つ点で、現象的概念は、直示的概念とも再認概念とも異なる種類の概念なのだ。

現象的概念がこのような構造を持つとすれば、ある意識経験について現象的概念を用いて思考するときには、われわれはその意識経験を実際に持つことになる。たとえば、「この経験（赤いものを見る経験）＝ある脳状態」という言明の真偽について考えるとき、わたしは、赤いものを見る経験を実際に持つことになる。この経験は、赤いものを見る経験にかんする現象的概念の一部だからだ。このことが、意識経験と脳状態はまったく異なるものだという印象をもたらすのだ。

しかし、この提案にもいくつかの問題がある。第一の問題点を明らかにするために、このモデルがどのように働くのかを、もうすこし具体的に考えてみよう。とても複雑な図形を同定しなければならないとき、その図形にかんする記述的な概念も再認概念も形成できないとしても、見本があれば、同定は可能だ。見本と目の前の図形を比較して、それが問題の図形かどうかを判断すればよいからだ。引用は、見本とおなじような役割を持つと考えることができる。引用もまた、引用されるものと引用が指示する対象とのあいだの類似性に基づいて、その対象を指示するからだ。しかし、現象的概念については、通常の見本や引用と類比的に考えることはできない。われわれは、いま自分が有している意識経験を同定するときに、自分の意識経験をほかのなにかと比較するわけではないからだ。現象的概念を使用する場面には、見本や引用を使用する場面に見られる二重性は見出されないのだ。

第二の問題点は、これまでの2つの提案と同様だ。引用を含む通常の同一性言明については、なぜそれが成り立つのかを説明できる。たとえば、引用の規則や、引用において用いられている文字の形などを考慮すれば、「『皿うどんはまずい』＝妻の発言」という同一性言明がなぜ成り立つのかを説明できる。引用を含む同一性言明には、深刻なギャップは存在しないのだ。ここでもまた、タイプB物理主義者は、意識経験にかんしてのみ特殊な説明上のギャップが存在することを説明できなくなってしまうのだ。

残念ながら、この立場も説得的ではないようだ。

タイプB物理主義のさらなる問題点

結局のところ、タイプB物理主義の根本的な問題点は、つぎのような点にあると言えるだろう。一方で、タイプB物理主義者が物理主義を維持するためには、現象的概念を物理主義の枠内で理解する必要がある。そのためには、現象的概念を、物理主義的に問題のない他の概念と類比的に理解する必要がある。しかし、このように考えるならば、意識のハード・プロブレムの特殊性は失われてしまう。他方で、意識のハード・プロブレムは意識経験に固有の問題だという直観を維持しようとすれば、現象的概念は他の概念となんらかの点で決定的に異なると考える必要がある。このように考えるならば、物理主義を維持することが困難になる。**タイプB物理主義は、両立不可能な2つの要求を同時に満たそうという試みなのだ。**(33)

タイプB物理主義には、より一般的な問題点もある。

第一に、現象的概念にうったえる戦略は、根本的に的外れなものであるように思われる。右でも見たように、われわれは、ある事物にかんして、記述的な概念と再認概念の両者を持つことができる。ここで、たとえば、二等辺三角形の再認概念を含む「これ（この図形）＝二等角三角形」という同一性言明には、説明上のギャップが生じる。二等辺三角形の再認概念は、二等角三角形概念との本質的な関係を明らかにするのに必要な、実質的な内容を持たないからだ。しかし、だからといって、両者が同一でないことにはならない。両者が同一かどうかを考えるうえで重要なのは、記述的概念相互の関係だからだ。直示的概念や再認概念に由来する説明上のギャップは、その概念に対応する対象がどのような存在論的な身分を持つかを考えるうえで、いかなる役割も果たさないのだ。同様に考えるならば、**意識経験を物理主義的に理解できるかどうかを考える際には、意識経験にかんする記述的概念と物理的存在者にかんする記述的概念との関係を考察しなければならないはずだ。**タイプB物理主義者は、そもそも間違った場所に目を向けているのだ。

ここで、タイプB物理主義者はつぎのように反論するかもしれない。意識について考える際には、現象的意識と心理学的意識を区別することが重要だ。そして、意識にかんする記述的な概念は、せいぜいのところ、心理学的意識の概念でしかない。現象的意識は、現象的概念によってのみ捉えることができるものなのだ（cf. Papineau 1998）。このような反論だ。しかし、現象的意識にかんしては、なぜ記述的な概念を形成できないのだろうか。もっとも説得的な説明は、現象的概念の対象は非物理的な存在者であり、われわれはそれを、外的事物の知覚とは異なる知り方、面識（acquaintance）と呼ばれるような関係を通じてのみ知ることができるからだ、というものだろう。しかし、このように考えるならば、タイプB物理主義者は、物理主義を放棄することになってしまうのだ。[34]

第二の問題は、マッギンと同様に、タイプB物理主義者も、意識経験は物理的な現象だと考えるべき積極的な根拠を持ちえないということだ。

この点にかんして、デイヴィッド・パピノウ（Papineau 1998）はつぎのように論じている。われわれは、痛みの経験について、それは足の指を家具にぶつけることによって引き起こされ、「いてっ」という発話を引き起こすというような因果関係について語ることができる。他方で、ある脳状態にかんしても、足の指を家具にぶつけることによって引き起こされ、「いてっ」という発話を引き起こすというような因果関係について語ることができる。ここで、両者の同型性から、「痛みの意識経験＝ある脳状態」という同一性が成り立つと考えることができるというのだ。

しかし、このような提案は、物理主義を受け入れる根拠としては不十分だ。すでに述べたように、意識の自然化を否定する二元論者も、意識経験と脳状態のあいだに相関関係が成り立つことは認める。しかし、両者のあいだに相関関係が成り立つとしても、意識経験は、物的な存在者にたいする因果的な効力を持たない存在、すなわち随伴現象（epiphenomenon）かもしれないのだ。

＊

本章では、標準的な物理主義のやり方で意識を自然化することに反対する３つの立場を検討してきた。しかし、いずれの立場も説得的ではないことがわかった。**われわれに残された唯一の選択肢は、意識経験を自然化することだ。**次章では、いよいよこの課題にとりかかろう[35]。

第2章のまとめ：

◎思考可能性論証は説得的ではない。ゾンビを思考可能とする意識概念には、なんらかの内的不整合があると考えられるからだ。

◎意識は脳の活動にほかならないが、それはなぜかを人間は理解できないという新神秘主義の考え方も、説得的ではない。なぜ人間にはそれが理解できないのかを、説得的に説明できないからだ。

◎意識のハード・プロブレムは、意識概念が特殊な概念であることに由来する一種の疑似問題だという立場も、説得的ではない。意識概念の特殊性を、物理主義と整合的な仕方でうまく説明することができないからだ。

第3章　意識の表象理論：もっとも有望な理論

第2章では、意識の自然化を否定する立場と、自然化を行うことなしに物理主義を維持しようという立場は、どちらも説得的ではないことが明らかになった。われわれに残された選択肢は、意識を自然化することだけだ。本章では、この試みに取りかかろう（図3－1）。

とはいうものの、どこから議論を始めればよいのだろうか。思考可能性論証について検討するなかで明らかになったのは、われわれの意識概念には不整合があるかもしれないということだった。意識の自然化を達成するためには、まず、意識経験の本性を正しく捉えた意識概念を手に入れる必要があるのだ。そうだとすれば、鍵となるのは、**われわれはそもそもなにを経験しているのか**、という問いだ。

＊本章の第2節と第3節は、第1節の主張にたいするさまざまな反例にどう対応できるかを論じた箇所だ。したがって、細かな議論は退屈だという人は、これら2つの節を飛ばしてもらってもよい。ただし、第2節の終わりには、そこまでの議論からの重要な帰結が示されている。

第1節　クオリアにかんする志向説：クオリアとはなにか

意識を自然化するうえで問題となるのは、意識経験にともなう独特の感じ、すなわちクオリアだ。このクオリアを、物理主義と整合的な仕方で理解することはできないだろうか。ここで手がかりとなるのが、ギルバート・ハーマンの分析（Harman 1990）だ。

たとえば、赤いリンゴを見る経験について考えてみよう。この経験には、赤さのクオリアがともなう。そして、このクオリアは、物理的な存在者ではないように思われる。この直観が、意識のハード・プロブレムの源泉だ。しかし、よく考えてみれば、このような理解は、この意識経験の実情を正しく捉えていないように思われる。リンゴを見るという経験において見出される赤さは、リンゴそのものの赤さだからだ。赤さのクオリアと呼ばれるものは、経験そのものの性質ではなく、経験において見いだされる対象である、リンゴの性質なのだ。

ハーマンは、この洞察をつぎのような仕方で一般化する。われわれの意識経験は、世界がどのようであるかを表す。たとえば、赤いリンゴを見るという経験は、経験主体の目の前に赤いリンゴがあることを表している。この点で、意識経験は、紙に書かれた絵や文などと似た性格を持つ。テーブルの上に赤いリンゴがある光景を描いた絵は、目の前に赤いリンゴがあることを表しているし、「テーブルの上に赤いリンゴがある」という文も同様だからだ。このように、なにかほかのものを表すという働きを持つものは、**表象**（representation）と呼ばれる。表象とみなしうるものは、絵や文だけでない。

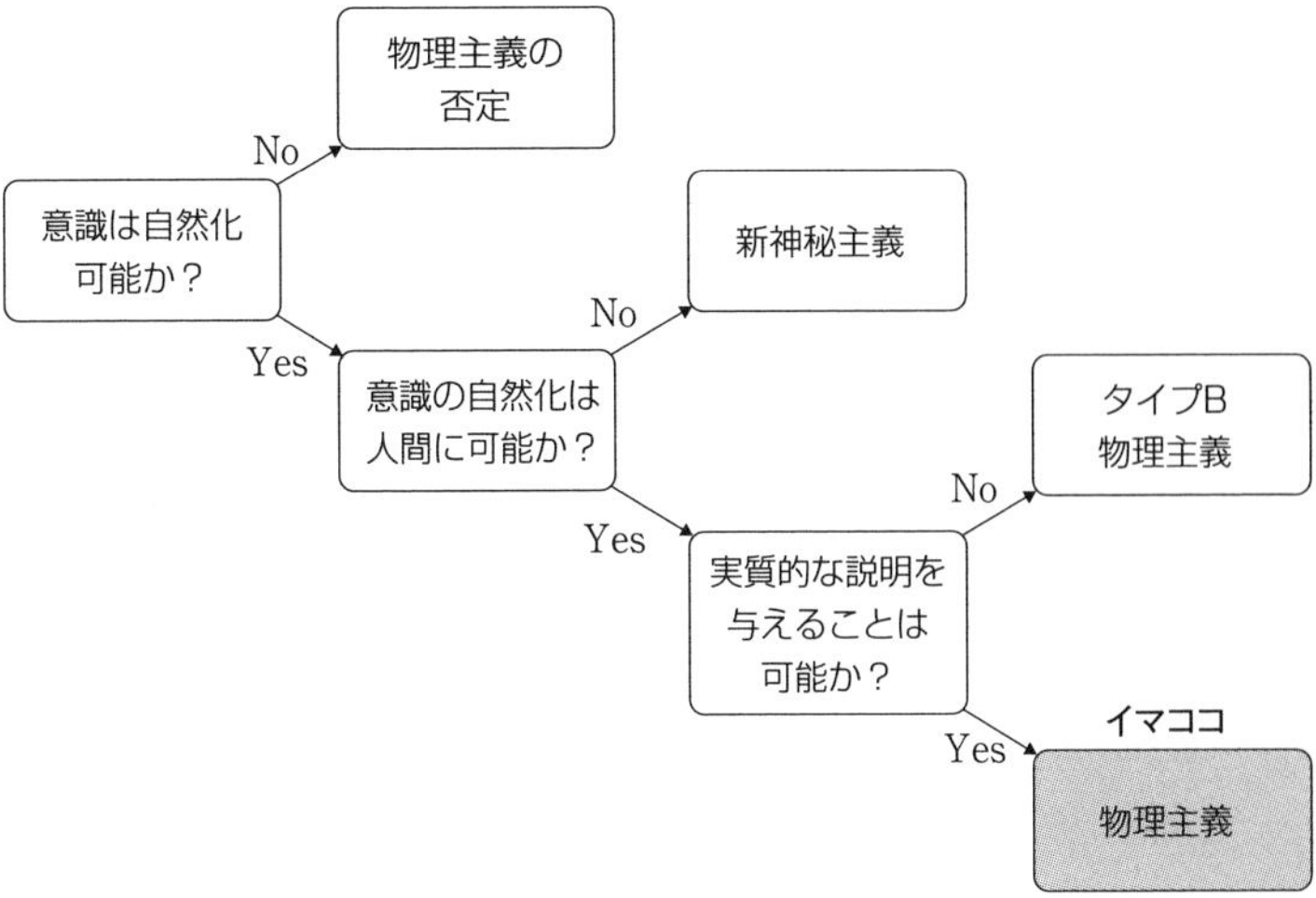

図 3-1　現在地点（第 3 章第 1 節）

遠くの山から立ちのぼる煙は、山火事が起こっていることを表しているし、血糖値の低下は、空腹であることを表している。このように、自然界に存在するもののなかにも、人工物のなかにも、表象とみなしうるものは数多く存在する。ハーマンによれば、**意識経験もまた、表象の一種なのだ**。

ここで、以下でくりかえし用いられるいくつかの言葉を導入しておこう。表象が持つ、なにかを表すという性質は、**志向性**（intentionality）と呼ばれる。志向性を持つことが、表象の本質だ。また、ある表象が表すことは、その表象の**志向的内容**（intentional content）または**表象内容**（representational content）と呼ばれる。たとえば、テーブルの上に置かれた赤いリンゴの絵や、「テーブルの上に赤いリンゴがある」という文は、テーブルの上に赤いリンゴがあるという志向的内容を持つ。志向的内容に含まれる対象は、**志向的対象**（intentional object）と呼ばれる。これらの絵や文の志向的対象は、テーブルの上のリンゴだ。

さて、表象について考える際には、表象の内在的（intrinsic）性質、すなわち、**表象そのものの性質と、表象の志向的対象の性質**を区別することが重要だ。たとえば、「テーブルの上に赤いリンゴがある」という文について考えてみよう。この文の志向的対象、すなわちテーブルの上のリンゴは、赤さという性質を持つ。これにたいして、表象そのもの、すなわち印刷された文は、赤さという性質ではなく、黒さという性質を持つ。このように、多くの場合、**表象そのものの性質と表象の志向的対象の性質は一致しない**。

意識経験も表象の一種だとすれば、意識経験について考える際にも、意識経験そのものの性質と意識経験の志向的対象の性質を区別することが重要だ。ここでハーマンは、ひとたび両者を明確に区別すれば、クオリアと呼ばれるものは、すべて、意識経験そのものの性質ではなく、意識経験の志向的対象の性質だということは明らかだと主張する。右で見たように、赤いリンゴの視覚経験にともなうクオリアは、リンゴの赤さにほかならないからだ。このような考え方は、表象主義（representationalism）と呼ばれることが多い。しかしこの本では、意識の自然化にかんするより一般的な戦略としての意識の表象理論と区別するために、ハーマンの提案する考え方を、**クオリアにかんする志向説**（intentionalism）と呼ぶことにしよう。

クオリアにかんする志向説：クオリアとは、意識経験そのものの性質ではなく、意識経験の志向的対象の性質である。[36]

クオリアにかんする志向説は、意識経験が内在的性質を持つことを否定しているわけではない、という点に注意が必要だ。意識経験が脳状態にほかならないとすれば、意識経験は、神経科学的性質などを内在的性質として持つからだ。志向説のポイントは、意識経験の内在的性質はその意識経験に現れることはない、ということだ。意識経験に現れるものは、意識経験の志向的対象の性質だけなのだ。意識経験のこのような特徴は、**意識経験の透明性**（transparency）と呼ばれる。[37]

思考可能性論証の教訓は、ゾンビを思考可能とする意識概念にはなんらかの修正が必要だ、ということだった。**われわれの意識概念に修正が必要なのは、まさにこの点だ。**われわれがクオリアと呼ぶものは、意識経験の志向的対象の性質であり、意識経験そのものの性質ではないのだ。[38]

しかし、志向説の意義はこれだけにとどまらない。物理主義者にとって志向説が重要なのは、**この見方をとることで、意識を自然化する道が開ける**からだ。第5章で具体的に検討するように、志向性の自然化にかんしては、いくつかの有望な理論がすでに存在する。志向性の自然化は、意識の自然化と比べれば、比較的解決が容易な問題であるように思われるのだ。そうだとすれば、志向性概念を用いて意識経験を分析できれば、**志向性の自然化を介して意識を自然化する**ことが可能になる。意識の自然化を試みる物理主義者にとって、現在もっとも有望だと思われるのは、このような戦略だ。以下では、このような戦略を、**意識の表象理論**（representational theory of consciousness）と呼ぶことにしよう。

意識の表象理論：意識を志向性概念によって分析し、志向性をなんらかの方法で自然化することで、意識は自然化できる。

とはいえ、ハーマンの分析は、意識の表象理論を確立するための第一歩にすぎない。ハーマンは、いくつかの知覚経験が志向説によって分析できることを示したにすぎないからだ。意識の表象理論を確立するためには、物理主義者は、すべての意識経験を同様の仕方で分析できることを示さなければならない。これが次節の課題だ。

第2節　志向説を一般化する：意識経験は知覚経験である

前節で見たように、視覚経験にかんしては、志向説によって意識経験のあり方をうまく分析できるように思われる。しかし、この分析は意識経験のごく一部にあてはまるだけなのではないか、という疑問を抱く人もいるだろう。志向説の立場からは、この疑問にどう答えられるだろうか。

聴覚、嗅覚、温度感覚

まず、志向説の分析が視覚経験以外の知覚経験にも適用できるかどうか、考えてみよう。

聴覚経験はどうだろう。視覚経験において経験されるのは、色や形といった対象の性質だった。聴覚経験にかんしても、おなじように考えられるだろうか。

妻が話すのを聞くとき、わたしは妻の声の聴覚経験を持つ。そして妻の声は、高い音であるとか、早いテンポであるといった性質を持つ。これらの性質は、経験の志向的対象であるわたしの妻の性質ではないように思われる。

しかし、このような分析は不適切だ。高い音であるという性質は、妻の性質ではなく、妻の声の性質だ。聴覚経験の志向的対象は、音を発する主体ではなく、音そのものなのだ。そして、音が空気の振動という物理的存在者にほかならないとすれば、聴覚経験において現れるものもまた、外界に存在する物理的存在者の性質だということになる(39)。

匂いの経験についてはどうだろうか。たとえば、バラの花の甘い匂いを嗅ぐときに経験されるのは、なんの性質だろうか。それはバラの花の性質だ、という答えが自然なものに思われる。しかし、われわれの嗅覚経験において、匂いは本当にそのように経験されているのだろうか。たとえば、角を曲がった家の庭先にバラがたくさん咲いており、そこから甘い匂いが漂ってきているとしよう。わたしは、角を曲がる前から甘い匂いを経験できる。この経験において、甘い匂いは、曲がり角の先にあるバラの花の匂いとして表象されているわけではない。匂いは、わたしがいまいる場所の空気の性質として経験されるのだ。もちろん、わたしが歩き続ければ、匂いは次第に強くなり、そのことを手がかりとして、その匂いが前方から漂ってくることがわかるだろう。経時的な匂いの経験には、匂いの発生源にかんする情報も含まれるのだ。しかし、ある時点における嗅覚経験においては、匂いは経験主体の周辺の空気の性質として経験されるのだ。この点で、聴覚経験と嗅覚経験には違いがあることになる。聴覚経験においては、音はつねに耳元で経験されるわけではないからだ。

温度の知覚経験は、やや異なる問題を投げかける。たとえば、右手を冷たい水に、左手を熱いお湯にしばらくつけておいたあとで、両手をぬるま湯にひたすと、ぬるま湯は、右手には熱く感じられ、左手には冷たく感じられる。温度の知覚経験において現れるものが、外界に存在する対象、すなわちぬるま湯の温度という性質だとすれば、このような現象はうまく説明できないように思われる。しかし、この事例も、志向説を脅かすものではない。温度の経験は、ある身体部位が接触している対象の温度を表象するものだと考えればよいからだ。一方の手の周囲の水は熱く、他方の手の周囲の水は冷たいというのが、その表象内容なのだ(40)。

感覚経験

つぎに、痛みの経験について考えてみよう。痛みやかゆみといった感覚経験は、知覚経験とは異質なものであるように思われる。感覚経験は、なんらかの外的事物の性質を表しているようには思えないからだ。たとえば、足の小指を柱にぶつけたときの独特の感じは、痛み経験そのものの性質にほかならないように思われる。

しかし、このような見方は、痛み経験の内実を正しく捉えていない。痛み経験において、痛みはつねに、ある身体部位の性質として経験されるからだ。この点で、痛み経験は、視覚経験とまったく同様だ。このことは、身体上の位置づけを欠く痛みは想像しがたいということからもわかる。たとえば、足の小指を柱にぶつけたときの痛み経験とおなじ感じをそなえているが、その感じが身体上の位置づけを持たない経験を想像することは、困難だ。ここからわかることは、**痛みの経験はみずからの身体**

状態にかんする知覚経験だということだ。

ここで、このような分析にたいして、つぎのように反論する人がいるかもしれない。痛みの経験と通常の知覚経験には重大な違いがある。通常の知覚経験においては、知覚される対象は、知覚されていないときにも、知覚される性質を持ち続けると考えられる。たとえば、テーブルの上のリンゴは、わたしがそれを見ていないときにも、赤さという性質を持ち続ける。これにたいして、痛み経験の場合には、経験と独立に、ある身体部位が痛みという性質を持つようには思えない。わたしが痛みの経験を持たなければ、わたしの身体には、もはや痛みは存在しないのだ。そうだとすれば、痛みのクオリアは、やはり痛み経験そのものの性質にほかならないのではないか。このような反論だ。

これにたいして、志向説の側からは、2つの仕方で反論できる。第一に、経験される痛みだけが真に痛みと言いうるものだとしても、痛みのクオリアは経験の内在的性質だということが、そこからただちに帰結するわけではない。個々の痛み経験においては、痛みのクオリアは、依然として特定の身体部位の性質として経験されるからだ。

第二に、信原幸弘（2002, 第5章）が論じているように、実際に経験される痛みだけが痛みとされることは、われわれの身体の構造に由来する、偶然的な事実にすぎない。たしかに、われわれは、身体における痛みと痛みの経験を明確に区別しない。1つの理由は、身体に重大な損傷が生じれば、ほぼつねに痛みが生じるということだ。われわれは、目を閉じることで対象の色を意識経験の外に追いやるように、身体に生じた痛みを意識経験の外に追いやることはできないのだ[41]。もう1つの理由は、ある身体に生じた痛みを経験できるのはその主体だけだということだ。それゆえ、ある主体が痛みを感じていないときには、その主体の身体に痛みが生じていると考える動機が失われるのだ。しかし、ある人が他人の身体に痛みを経験することは、原理的には不可能ではない。たとえば、将来、われわれがお互いの神経を自由に接続できるようになれば（そしてそれに加えて、他人の身体を表す感覚野を人工的に作ることができれば）、ある身体の痛みは、その身体を持つ主体だけが経験できるものではなくなるかもしれない。そのときには、われわれは、本人が経験していない痛みについて、有意味に語ることができるかもしれないのだ。[42]

このように、感覚経験についても、志向説にもとづく分析が可能だ。

感情

感情経験も、志向説にたいする反例となるように思われるかもしれない。感情経験もまた、世界のあり方を表象するものではないように思われるからだ。

たしかに、感情経験にともなう独特の感じは、外的な事物の性質であるようには思えない。山で大きなクマに出会ったら、わたしは激しい恐怖を感じるだろう。しかし、この経験にともなう感じは、クマそのものの性質ではない。

しかし、志向説の立場からは、べつの説明が可能だ。**感情経験にともなう独特の感じは、みずからの身体の性質**だと考えることができるからだ（Tye 1995, Ch.4; Prinz 2012）。たとえば、われわれが恐怖を感じるときには、身体が緊張し、心拍や呼吸が速まり、冷や汗が出るといった身体の変化が生じる。恐怖の経験にともなう独特の感じとは、これらの身体の性質にほかならないのだ。

この分析が説得的なものであることは、ある感情経験を通常持つときと身体の状態が大きく異なりながら、なおもその感情経験を持つことは想像しがたい、ということからもわかる。たとえば、身体がリラックスし、脈拍や呼吸もゆっくりとしていながら、激しい怒りを感じるという状況は、想像しがたい。そのような身体状態のもとで、静かだが深い怒りを感じることは可能だろう。しかし、これは異なるタイプの怒りであり、そこにともなう感じも、激しい怒りにともなう感じとは異なるだろう。このように、感情経験と身体状態の変化は不可分なのだ。

このような見方をとる際には、いくつかの点に注意が必要だ。第一に、志向説の正しさを示すために必要なのは、すべての感情経験にかんして、その独特の感じを身体の性質として理解できることを示すことだ。ここで、異なる感情経験にはつねに異なる身体状態が対応するかどうかは、経験的な探求を通じて明らかにされるべき問題だ。たとえば、怒りと恐怖にともなう感じは、じつは同一の身体状態に対応しており、二種類の感情は、それぞれが生じる文脈や経験主体の自己解釈によって区別されるのかもしれない。このような見方も、怒りと恐怖に共通の独特の感じが、なんらかの身体の性質だと理解できるならば、志向説と両立可能だ。

第二に、ここで問題となっているのは、感情経験が持つ独特の感じを経験の志向的内容として理解できるかどうかであり、感情経験そのものが志向性を持つかどうかではない。感情経験は、それ自体としても志向性を持ちうる。たとえば、怒りや恐怖の感情には、それが向けられる人なり出来事がある。この意味でも、怒りの経験は志向性を有している。このような意味で志向性を持つことは、感情の本質だと考える人々もいる。しかし、このような見方が正しいかどうかは、志向説を受け入れることとは無関係だ。

第三に、志向説は、感情の本質はなんらかの認知的な役割にあると考える立場とも両立可能だ。たとえば、怒りの本質は、怒りの対象にたいして攻撃的な行動を引き起こし、それによってみずからの利益を守ることにあるのかもしれない。これにたいして、志向説が主張しているのは、怒りがその本質的な機能を果たす際に経験される独特の感じは、身体の性質として理解できるということだけだ。したがって、志向説は、身体の変化は感情の本質だと考えるウィリアム・ジェイムズ（James 1884）やアントニオ・ダマシオ（Damasio 1994）の理論だけでなく、感情の本質はなんらかの認知的機能だと考える感情理論（cf. Cornelius 1996, Ch.4）とも両立可能だ。

雰囲気

では、さらに漠然とした心的状態、たとえば雰囲気のようなものは、どう考えればよいだろうか。雰囲気もまた、独特の感じをともなって経験される。しかし、この感じは、特定の対象の性質を表象しているようには思えないからだ。

志向説の支持者は、２つのやり方で雰囲気を分析できる。第一の分析は、雰囲気は世界の全体的なあり方を表象しているというものだ（cf. Tye 1995, Ch.4）。この考え方によれば、雰囲気とは、環境のあり方、みずからの身体のあり方、さらにはみずからの心的状態のあり方が、全体として好ましいものであるかどうかを表象していることになる。この考え方によれば、知覚経験にみずからの脅威となるような内容は含まれておらず、否定的な内容の意識的な思考も生じていないときには、すべてが順調に進んでいるということ自体が、経験において表象される。これが、よい雰囲気にともなう独特の感じなのだ。

とはいえ、われわれの意識経験にそのような内容が含まれているかどうかは、それほど明らかではない。よい雰囲気にあるときに、青空の知覚や暖かな日差しの皮膚感覚などとともに、すべては順調だということが意識経験の内容を構成しているというのは、すこし奇妙に聞こえるからだ。

しかし、志向説の支持者には、もう1つの選択肢がある。雰囲気は独自の心的状態ではなく、一群の心的状態の総称だという見方だ。この見方によれば、よい雰囲気にあるとは、好ましい内容を持ったさまざまな意識的な心的状態を有していることにほかならない。このように考えるならば、ある主体がある時点で有している雰囲気の独特な感じとは、その時点におけるさまざまな知覚経験の志向的内容の総体にほかならないことになる。

雰囲気の分析としては、第二の分析のほうが適切であるように思われる。雰囲気は、他の意識経験と独立に生じるものではないように思われるからだ。たとえば、身体は健康そのものであり、美しい光景を目の当たりにしており、いかなる否定的な思考も抱いていないが、なお陰鬱な雰囲気だという状態は、想像しがたい。このような状況が、たんにめったに生じないというだけでなく、ありえないのだとすれば、雰囲気とその他の心的状態のあいだには、本質的な関係があることになる。その関係とは、後者が前者を構成しているという関係なのだ。

このように、雰囲気にも志向説による分析が可能だ。

流動、閃光、イメージ、意識的思考

意識経験を構成するその他の心的状態についても、簡単に考察しておこう。まず、志向説にたいする反例としては、目をつぶって太陽に顔を向けたときに感じられる光の流動の経験や、目をつぶって眼球をしばらく圧迫していると感じられる閃光の経験などが挙げられることがある。これらは、純粋な感覚経験であり、外界のあり方を表しているわけではないように思われるというのだ。

しかし、これらの経験も、志向説にたいする反例となるようには思えない。これらの経験においても、特定の色合いを持つ光が、三次元的な空間内に位置づけられて経験されるからだ。流動や閃光の経験においては、流動や閃光の空間的な位置や距離は、それほど明瞭ではない。しかし、通常の知覚経験でも、深夜に深い霧のなかで遠くの光を見るような場合には、対象の位置や距離は、はっきりとは知覚されない。そのような場合でも、光がみずからの前方にあるのか後方にあるのか、右にあるのか左にあるのかということは明らかであり、それゆえ、光が空間的に位置づけられていることは明らかだ。流動や閃光の場合にも、事情は同様だと考えられる。これらは、志向的内容を持たない経験なのではなく、きめの粗い志向的内容しか持たない知覚経験なのだ。

残像にかんしても、おなじように考えることができる。たとえば、緑色の円をしばらく見つめたあとに白い壁を見ると、淡いピンクの円が見える。これは残像で、外界に実在する対象ではない。このような経験において、このピンク色であるという性質は、経験そのものの性質なのではないかと言われることがある。しかし、残像の経験においても、残像は空間的な位置づけを持っている。たとえば、白い壁を見ているときには、ピンク色の円は白い壁の上にあるように見える。しかし、わたしが自分の手のひらに目を向けると、ピンク色の円は、今度は手のひらの上にあるように見えるようになる。もちろん、どちらの場合にも、ピンク色の円が実際にそこにあるわけではない。しかし、残像はつねに、外界の特定の場所に位置づけられたものとして経験される。そして、残像経験にともなう感じは、その特定の場所にある対象の性質として経験されるのだ。[43]

イメージ経験も、通常の知覚経験と同様に理解できる。知覚経験と異なり、イメージ経験においては、通常、イメージされる対象は眼前に存在しない。しかし、イメージ経験にともなう感じもまた、経験の志向的対象の性質として経験される。たとえば、目を閉じてピンク色の象をイメージする経験においては、ピンクの独特の感じは、経験の志向的対象である象の性質として経験される。志向説によれば、**イメージ経験は、真正でない知覚経験の一種なのだ**。[44]

意識的な思考もまた、意識経験の重要な一要素だ。これをどのように理解できるかも、簡単に考察しておこう。われわれが意識的な思考を抱くとき、それは、発話、内語、心的なイメージのいずれかの形態をとる。多くの場合には、意識的な思考は内語という形をとる。ここで、内語とは、擬似的な聴覚経験をともなう擬似的な発話だと考えれば、意識的な思考にともなう感じとは、聴覚的にイメージされた音の性質にほかならないことになる。これが通常のイメージ経験と異なるのは、意識的な思考においては、一連の音声イメージ経験が特定の仕方で生じる点だ。**意識的な思考とは、音声イメージ経験が、本来の目的とは異なる目的に用いられたものなのだ**（cf. Prinz 2012）。

以上の考察によれば、志向説は、われわれの意識経験を構成するすべての心的状態に適用できそうだ。ここから、ある重要な帰結が得られる。それは、われわれの多種多様な意識経験は、すべて世界のあり方を表すものだということだ。そこに表れるのがわれわれを取りまく事物か、われわれ自身の身体かといったことに応じて、意識経験の内容はさまざまに異なる。しかし、それらはすべて、世界のあり方を表すという点では、同種の心的状態だ。**意識経験は、本質的に知覚経験なのだ。**これが、志向説の根本的な教訓だ。

このことは、**意識経験にかんする日常的な分類法は、意識経験の本質を理解するうえでは不適切だ**ということを意味している。われわれは、知覚と感情を別種の心的状態として分類する。このことは、感情経験が一種の知覚経験であるということを見えにくくする。知覚、感覚、感情といった素朴心理学(folk psychology)の分類法は、さまざまな意識経験の志向的内容の違いや因果的機能の違いを理解するうえでは、有益かもしれない。しかし、このような分類は、意識経験の本質を理解する際には、妨げとなるのだ。これもまた、常識的な意識概念に修正が必要な点だ[45]。

第3節　さらなる反例に対処する

志向説には、さらなる課題がある。意識経験には、志向説の枠組ではうまく説明できない、さまざまな特徴があるように思われるのだ。本節では、志向説がこの種の反例にどのように対処できるかを検討しよう。

見かけの性質

まずは、見かけの性質について考えてみよう。典型例は、つぎのような事例だ（cf. Peacocke 1983, Ch.1）。おなじ高さの木々からなる並木を眺めるとき、近くの木と、その2倍の距離にある木は、おなじ高さに見えている。つまり、この知覚経験においては、志向的対象である2本の木は、おなじ大きさのものとして表象されている。しかし、ある意味では、近くの木は遠くの木よりも大きく見えているように思われる。このことを説明するには、見かけの大きさのような性質を導入する必要がある。しかし、この性質は、木そのものが持つ性質ではない。したがって、この知覚経験には、志向的対象の性質以外のものが現れているように思われるのだ。

このような批判にたいして、志向説の支持者は、2つの仕方で反論できる。第一に、両者の違いは、視角（subtended angle）の違いとして説明できるかもしれない。視覚経験において、近くの木は、より広い角度を持って目の前に広がっている。この角度は、視角と呼ばれる。そして、クラスで一番背が高いという性質が、ある生徒が他の生徒との関係において持つ、その生徒の性質であるのと同様に、ある視角で広がっているという性質は、木が知覚主体との関係において持つ、その木の性質なのだ[46]。

このような説明にたいして、われわれの知覚経験には視角にかんする情報など現れていないのではないか、という疑問を抱く人がいるかもしれない。そうだとしても、志向説の支持者には別の応答が可能だ。視覚経験においては、対象の大きさだけでなく、知覚主体からの距離も知覚される。**近くの木は、遠くの木とおなじ大きさだが、より近くにあるものとして経験される。**これが、2つの木の知覚経験の違いだ。距離もまた、知覚主体との関係において、木が持つ性質だ。したがって、この説明

においても、2つの経験の違いは、経験の志向的対象の持つ性質の違いだということになる。(47)

見かけの形についても、同様に論じることができる。丸いコインを斜め上から見たとき、コインは楕円形に見える。志向説を批判する人は、コインそのものは円形なのだから、この視覚経験が真正なものだとすれば、そこに現れている楕円形であるという性質は、志向的対象の性質ではありえないと主張する。しかし、意識経験の志向的内容が三次元的だとすれば、この視覚経験の内容は、斜め下方に円形の物体があるというものであるはずだ。この事例においても、意識経験の志向的内容が三次元的だという可能性を考慮しないために、経験の内在的性質が導入されてしまうのだ。(48)

見かけの色についてはどうだろうか。たとえば、赤いリンゴを明るい部屋で見たときには、リンゴは明るい赤色に見えるが、暗い部屋で見たときには、リンゴはより暗い赤色に見える。このような場合には、リンゴそのものの色ではない見かけの色が、意識経験に現れているように思われる。このことがとくに問題となるのは、色知覚には恒常性が成り立つから、すなわち、照明条件が変化しても、対象の色はおなじ色として知覚され続けるからだ。リンゴを持って明るい部屋から暗い部屋に移動しても、わたしには、リンゴそのものの色が変化するようには見えない。したがって、ここで変化するのは、リンゴの色そのものではなく、見かけの色のようなものだと考えるほかないように思われるのだ。

しかし、このような事例にも、志向説にもとづく説明を与えることは可能だ。第一の説明は、われわれの色経験に現れているのは対象の色だけだというものだ。この考え方によれば、リンゴを持って明るい部屋から暗い部屋に移動したときに、視覚経験になんらかの変化が生じるとすれば、表象されるリンゴそのものの色が変化したということになる。このような説明は、ばかげたものに感じられるかもしれない。しかし、知覚と思考を区別すれば、この説明はそれほどばかげたものではなくなる。対象の色にかんするわれわれの思考には、高い恒常性がある。しかるべき理由がなければ、われわれは、対象の色が変化したとは考えないからだ。これにたいして、対象の色についての知覚経験は、きわめて頻繁にその内容を変化させるのかもしれない。しかし、色にかんする思考は変化しないため、知覚経験の内容が頻繁に変化しても、われわれはそれに惑わされることがないのだ。

この説明が受け入れがたいとしても、志向説と整合的な説明はもう1つある。それは、知覚経験には対象の色と照明条件の両者が表象されているというものだ。リンゴの例で言えば、第一の知覚経験では、リンゴが赤いことと照明が明るいことが表象されており、第二の知覚経験では、リンゴが赤いことと照明が暗いことが表象されているのだ。これら2つの要素を明確に区別することは、注意深い観察なしには難しいのかもしれない。それゆえ、われわれは、経験に見かけの色が現れていると考えてしまうのだ。

音はさらに難しい事例のように思われる。知覚される音は、つねになんらかの大きさを持っている。しかし、聴覚経験において、われわれは客観的な音の大きさを経験しているわけではないように思われる。たとえば、枕元のラジオから音楽が流れてくるのを聞いているときに、どこか遠くで爆発音が聞こえたとしよう。客観的には、ラジオの音よりも爆発音のほうがはるかに大きい音だ。しかし、この状況では、わたしには、音楽の方が大きな音として経験されるように思われる。そうだとすれば、ここで経験されているのは、いわば見かけの音の大きさであり、音の大きさそのものではないことになる。

しかし、このような事例も、志向説と整合的に理解することが可能だ。見かけの大きさや形の場合と同様に、音の知覚経験においても、音そのものの大きさと、知覚主体からの音源の距離が、ともに表象されていると考えることは自然だ。このように考えれば、見かけの音が大きいと言われる場合には、音そのものが大きい場合と、音源が近くにある場合の2種類があることになる。対象の形と位置関係という2つの性質を見かけの形という1つの性質と誤解したように、われわれは、音の大きさと音源の距離という2つの性質を、見かけの音の大きさという1つの性質と誤解しているのだ。(49)

ぼやけ、二重視

志向説にたいする第二の反例としては、ぼやけた知覚がある。目の焦点を合わせずにリンゴを見たとき、あるいは、近視の人が眼鏡を外してリンゴを見たときには、リンゴはぼんやりと見える。しかし、これらの経験においては、リンゴそのものが、ぼんやりしているという性質を持つものとして表象されているわけではないはずだ。ぼんやりしているという性質は、経験の志向的対象の性質ではなく、経験そのものの性質であるように思われるのだ。

このような批判にたいして、マイケル・タイ（Tye 2000, Ch.4）は、以下のように応答している。いわゆるぼやけた知覚には、2種類のものがある。ぼやけたものをはっきり見ることと、はっきりしたものをぼやけて見ることだ。近眼の人が眼鏡をかけて色の輪郭がにじんだ水彩画を眺めるのが前者の例で、眼鏡を外して色の輪郭がはっきりした絵を眺めるのが後者だ。前者においては、対象は、ぼやけた境界を持つものとしてはっきり表象される。つまり、この場合には、ぼやけているという性質は、経験の志向的対象である絵の性質だということになる。これにたいして、後者の場合には、絵の輪郭そのものは明瞭だが、それが経験にはっきりと表象されていない。この場合には、ぼやけは、経験の志向的内容がきめの粗いものであることを意味する。つまり、輪郭がある位置にあるのか、あるいはそれとはやや異なる位置にあるのかが、この知覚経験からはわからないのだ。このように、ぼやけた知覚には2通りの理解が可能だが、いずれの場合においても、ぼんやりしていることを経験の内在的性質と考える必要はない。

志向説の支持者は、2種類のぼやけの区別を否定することも可能だ。この考え方によれば、どちらの経験においても、輪郭そのものがある程度の広がりを持つものとして表象されている。もちろん、前者（眼鏡＋にじんだ境界）においては、絵の輪郭以外のものははっきりとした輪郭を持つものとして表象されるのにたいして、後者（裸眼＋はっきりした境界）においては、すべてのものがぼやけた輪郭をもつものとして表象される。したがって、現在の自分の経験がどちらの事例かは、通常、われわれには明らかだ。しかし、絵画の輪郭だけについて言えば、2つの経験の内容には違いはないかもしれないのだ[50]。

では、寄り目でものを見たり、眼球を指で押しながらものを見たりしたときに生じる、ものが二重に見えるという知覚経験はどうだろうか。

たとえば、眼球を指で押しながら目の前の1本の鉛筆を見たときに、それが二重に見えるという知覚経験を考えてみよう。この知覚経験は、実際に2本の鉛筆を見る視覚経験とは異なるものに思われる。前者における二重性を説明するためには、やはり見えのようなものを持ちだす必要があるように思われるのだ。

しかし、この例においても、鉛筆の視覚経験だけについて言えば、二重視の経験と2本の鉛筆を見る経験には、本質的な違いはないように思われる。前者においても、2本の鉛筆は、それぞれに異なる空間的な位置を持ち、特定の色や形を持つものとして経験されるからだ。もちろん、眼球が指で押されているという触覚経験がともなうことや、眼球を動かしたときの風景の変化が通常の視覚経験と異なることから、2つの対象を見ているわけではないことは、経験主体には明らかだ。また、二重視の経験では、ある場所にかんして競合する2つの情報が生じるため、知覚内容は安定しない。しかし、ある瞬間における鉛筆の視覚経験だけについて言えば、二重視の経験と通常の視覚経験には、本質的な違いはないように思われるのだ[51]。

感覚様相

3番目の反例は、**感覚様相**（sensory modalities）の違いだ。

われわれの多様な意識経験は、感覚様相にもとづいて、いくつかの種類に分類できる。たとえば、なにかを見るという経験は、なにを見るかによって、その具体的な内容はさまざまに異なるが、視覚経験であるという点で、聴覚経験や味覚経験と比較すれば、相互に類似している。これが感覚様相の違いだ。一般的に、知覚経験には視覚、聴覚、嗅覚、味覚、触覚という感覚器官の違いに応じた感覚様相があり、さらに、温度感覚のような、その他の感覚様相もあると考えられている。

ネッド・ブロック（Block 1996）は、感覚様相の違いは意識経験の内在的性質の違いに由来すると主張する。たとえば、なにかが動いているのを視野の隅に見るという経験と、なにかが横のほうで動いている音を聞くという経験を比較したとき、両者は、「なにかが上から下に動いている」というような、同一の志向的内容を持つと考えられる。したがって、両者の感覚様相の違いは、経験の内在的性質の違いとして説明するほかないというのだ。

しかし、タイ（Tye 2000, Ch.4）も指摘しているように、このような事例は、志向説にたいする説得的な反例ではない。動きを見る経験と動きを聞く経験は、通常、異なる志向的内容を持つからだ。たしかに、どの場所でどの方向に物体が動いたのかを表すという点では、両者の志向的内容は同一かもしれない。しかし、動きを見る経験の内容には、対象の色合いや明るさも含まれる。また、動きを聞く経験の内容には、動きがどのような音色であるかや、どれだけ大きな音かが含まれる。感覚様相の違いは、このような志向的内容の違いによって説明できるのだ。

これにたいして、ブロックはつぎのように反論するかもしれない。たしかに、通常の視覚経験と聴覚経験には、つねになんらかの志向的内容の違いがあるかもしれない。しかし、そのような付加的な志向的内容が一切ともなわない、純粋な動きにかんする視覚経験と聴覚経験も想像できるのではないか。そして、それらの経験の違いは、経験の内在的性質の違いとして説明されるほかないのではないか。このような反論だ。

しかし、このような想定のもとでは、2つの経験になおもなんらかの違いがあることは、もはや自明ではない。もちろん、両者のあいだには、一方は目から情報を獲得し、他方は耳から情報を獲得しているという違いがある。しかし、これは経験の原因にかんする違いでしかない。この違いが経験そのものになんらかの違いをもたらすことを、無条件に前提とすることはできないのだ。

経験の原因が経験の内容を決定するわけではないということには、経験的な証拠もある。ポール・バック・イ・リタらが開発した、触覚による視覚代替システム（tactile vision substitution system, TVSS）にかんする研究（Bach-y-Rita and Kercel 2003）は、その1例だ。このシステムは、盲人が疑似視覚的な知覚経験を持つことを可能にするものだ。このシステムを利用する人は、頭部に装着したカメラからの入力を、腹部に装着したパネルから、触覚的な刺激として受け取る。この装置を使用し始めたとき、利用者は、腹部のパネルからの刺激を、腹部への触覚的な刺激として経験する。しかし、一定時間この装置を使用していると、パネルからの刺激は、視覚経験のようなものとして経験されるようになる。利用者は、触覚経験を持つことなしに、カメラの位置からものを見る経験と似た経験を持つようになるのだ。このことは、意識経験の感覚様相は、入力をもたらす感覚器官によって決定されるわけではないことを示唆している[52]。

このように考えると、結局のところ、**意識経験の感覚様相の違いとは、その経験において表象される対象の性質の違いにほかならない**ように思われる。視覚経験では対象の位置、形、色などが知覚されるのにたいして、触覚経験では（部分的な）形、きめ、温度などが知覚される。経験の感覚様相の違いとは、経験の志向的内容の違いなのだ[53]。

前節と本節の考察によれば、志向説にたいする重大な反例は存在しないと言うことができるだろう。

意識経験は知覚経験だという見方は、意識経験全般に一般化できるのだ。(54)

第4節　意識経験の一般的特徴を説明する

志向説の基本的な主張は、意識経験にともなうクオリアは意識経験の志向的対象の性質にほかならない、ということだった。では、このような見方のもとでは、意識経験の一般的な特徴はどう説明できるだろうか。

自己知

まず、自己知について考えてみよう。われわれは、みずからの意識経験について、他人の意識経験とは異なる仕方で、そして、他人の意識経験よりも確実な仕方で知ることができる。このような知識は、志向説のもとで、どのように説明できるだろうか。

われわれがみずからの意識経験について特権的な知識を持つことは、通常、**内観**（introspection）の働きによって説明される。われわれは、外界の事物を知覚するのとは異なる仕方で、自分自身の意識経験について知ることができ、それが特権的な知識をもたらすというのだ。

伝統的には、内観は、外界の知覚に似た心の働きだと考えられてきた。内観は、意識経験そのものを対象とする内的な知覚過程だというのだ。しかし、この見方には根本的な問題がある。内観が内的知覚だとすれば、内観は、外的知覚とは別のものを対象とするはずだ。しかし、われわれは、意識経験において、そのような対象を見いだすことはないように思われる。志向説の分析が正しいとすれば、意識経験において見いだされるのは、外界の事物とその性質だけなのだ。さらに、現在の科学的知見によれば、われわれには、内観のための感覚器官はそなわっていない。したがって、物理主義者は、このような見方をとることはできないのだ。

では、みずからの意識経験にかんする知識は、どのようにして獲得されるのだろうか。ここで手がかりとなるのは、問題となる知識は、「わたしはしかじかの意識経験を有している」という信念の形をとるということだ。この信念は、どのように獲得されるのだろうか。われわれは、それを知覚にもとづいて直接獲得するか、他の信念からの推論によって間接的に獲得するかのいずれかだと考えられる。しかし、いずれの考え方にも問題がある。右で見たように、内観を内的知覚と考える見方は不適切だ。しかし、問題の信念が推論を介して獲得されるのだとすれば、みずからの意識経験にかんする知識は、外界にかんする知識や他人の意識経験にかんする知識よりも確実だという事実が、うまく説明できないのだ。

しかし、志向説の支持者にはもう1つ選択肢がある。それは、ガレス・エヴァンズ（Evans 1982）による、つぎのような説明だ。われわれは、まず、意識経験を持つことで、外界にかんする情報を獲得する。そして、それにもとづいて、外界にかんする信念を形成する。これは、知覚経験と外界にかんする信念の因果的な結びつきにもとづく過程だ。たとえば、テーブルの上の赤いリンゴを見たとき、わたしの脳内には、赤いリンゴの知覚状態が形成される。そして、この知覚状態にもとづいて、「テーブルの上に赤いリンゴがある」という内容の信念が形成される。つぎに、この信念にもとづいて、

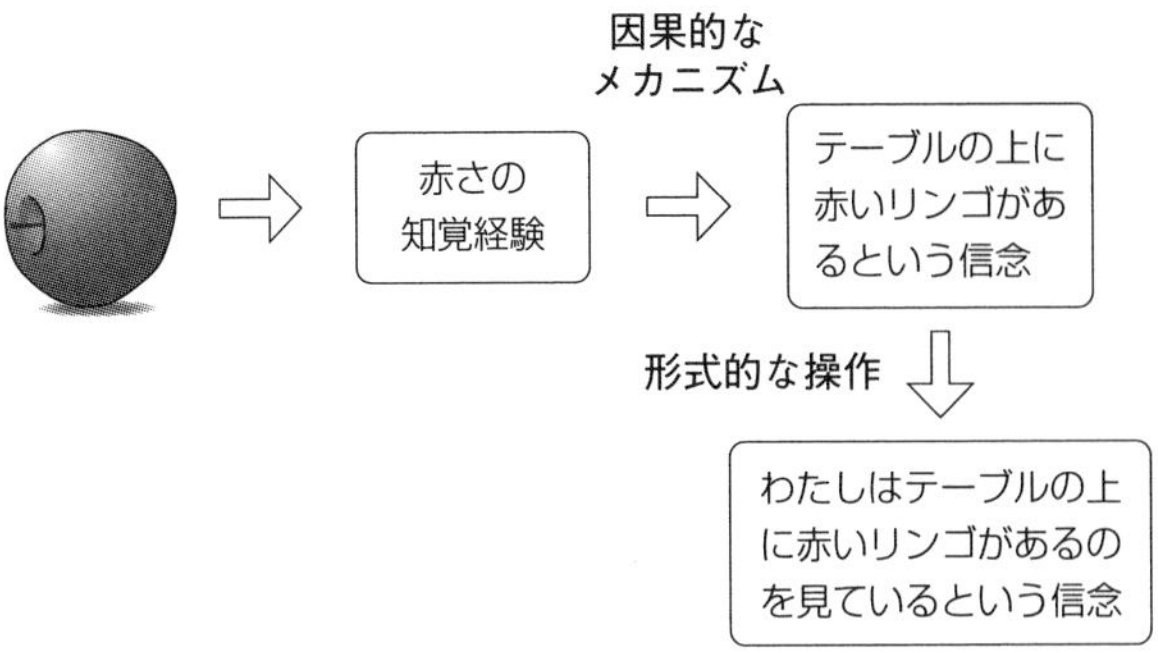

図 3-2　エヴァンズ的な自己知のモデル

みずからの意識経験にかんする信念が形成される。「テーブルの上に赤いリンゴがある」という信念にもとづいて、「わたしはテーブルの上に赤いリンゴがあるのを見ている」という内容の信念が形成されるのだ。

ここで重要なのは、外界にかんする信念にもとづいて意識経験にかんする信念を形成するためには、実質的な推論は必要ないということだ。ここで必要とされるのは、外界にかんする信念の内容に、「わたしは……を見ている」という内容を加えるという形式的な操作だけだからだ。みずからの意識経験にかんする知識が高い信頼性を持つことは、このようなメカニズムによって説明できる。この説明によれば、みずからの意識経験にかんする信念が誤ったものとなるのは、2つのステップのいずれか（あるいは両方）が正しく働かない場合だ。しかし、いずれのステップも機械的な過程であり、機能不全が生じる可能性は低い。これにたいして、外界にかんする信念を形成する場合には、外界の対象がしかるべき知覚状態を引き起こし、その知覚状態がしかるべき信念を引き起こす必要がある。そして、第一のステップでは、特殊な環境などの影響によって、容易に機能不全が生じる。このことが、みずからの意識経験にかんする信念が外界にかんする信念よりも確実である理由だ（図3－2）。

志向説の支持者にとって、エヴァンズの説明は魅力的なものだ。彼の説明によれば、われわれがみずからの意識経験にかんする知識を得るために必要なのは、外界にかんする知覚状態だけだからだ。この説明によって、われわれが高い確実性を持つ自己知を持つことを、志向説と整合的に説明できるのだ。

注意

つぎに検討する意識経験の一般的特徴は、注意だ。

われわれの意識経験は、均質なあり方をしているわけではない。多くの場合、われわれは意識経験のある部分に注意を向けている。たとえば、音楽が流れている部屋で椅子に座って窓の外を眺めているとき、わたしは、音楽に注意を向けることも、窓の外の景色に注意を向けることもできる。このように、みずからの意識経験のある部分に注意を向けることができることを、志向説はどのように説明できるだろうか。

注意にかんする素朴な考え方は、意識経験は一枚の絵画のようなもので、注意とはその一部に当てられたスポットライトだというものだ。しかし、このような見方は、物理主義者にとっては魅力的ではない。すでに見たように、われわれは内的な感覚器官を持たないため、心的なスポットライトなるものを、物理主義のもとでどのように理解したらよいのかが、よくわからないからだ。[55]

しかし、志向説の支持者は、このような見方をとる必要はない。注意は、意識経験の志向的内容そのものの変化によって説明できるからだ。われわれの意識経験においては、すべての事物がおなじような詳細さで現れているわけではない。たとえば、視覚経験においては、視野の中心部にあるものは詳細に経験されるが、周辺部にあるものはそれほどの詳細さを持たない。また、ある時点における意識経験は、視覚経験の内容が詳細か、あるいは聴覚経験の内容が詳細かという点でも異なりうる。

これらの点に着目すれば、**ある状況においてある対象に注意を向けることは、その対象にかんする詳細な意識経験を生じさせることにほかならない**と考えられる。わたしが音楽に注意を向けているときには、聴覚経験の志向的内容は詳細なものとなり、わたしは、どの曲が流れているかや、どのような楽器が使われているかがわかる。このとき、わたしの視覚経験の内容は乏しいものとなる。音楽に注意を向けているときには、窓の外を通った人が男性か女性かわからず、そもそも窓の外を人が通ったかどうかさえわからないかもしれない。これにたいして、外の風景に注意を向けたときには、逆のことが生じる。このような状況でなにかに注意を向けるためには、われわれはなにかをする必要がある。音楽に注意を向けようとするとき、わたしは、流れてくる音楽の方向に体の向きを変えたり、目を閉じたりしなければならない。そのようなことをする必要があるのは、意識経験の志向的内容を変化させるためには、感覚入力を変化させることが必要であり、感覚入力を変化させるためには、外界との関係を変化させる必要があるからだ。

ここで、われわれは身体的な変化なしにある対象に注意を向けることができるのではないか、という疑問を抱く人がいるかもしれない。たとえば、電車に乗っているときに、いかにも怪しげな男性が車両に入ってきたのが視野の隅に見えたとしよう。このような状況で露骨に関心を示すのは失礼なので、わたしはあえて視線を動かさないように努める。しかし、このような場合にも、わたしはこの男性に注意を向けることができるように思われる。このような事実は、どのように説明できるだろうか。

このような場合に、わたしの意識経験に何らかの変化が生じるとしたら、それはやはり、意識経験の志向的内容の変化であるはずだ。ここで生じる変化は、たとえば、その男性の服装や髪型がすこしはっきりわかるようになる、というようなことだからだ。近年の神経科学研究では、感覚入力に変化がないときでも、注意の向け方によって、視野の周辺部にある対象の色などが変化することが知られている（Carrasco et al. 2004）。このような現象は、**トップダウンの注意**と呼ばれる。トップダウンの注意においては、高次の認知過程のあり方が低次の知覚情報処理過程のあり方に影響を与えることで、同一の感覚入力から、異なる表象状態が生み出されると考えられる。このように考えれば、右の事例も、志向説と整合的に理解可能だ。

意識経験の統一

つぎに、意識の統一について考えてみよう。

意識経験の統一にかんしては、いくつかの問題がある。

第一に、ある対象にかんする複数の情報はどのように統一されるのかという問題がある。現在の神経科学の知見によれば、対象のさまざまな性質は、脳の異なる部位において処理され、それらがすべて統合される場は存在しない。たとえば、目の前を通り過ぎる自動車の色と動きにかんする情報は、前者はV4野、後者はMT野という、視覚皮質の異なる部位において処理される。しかし、われわれの意識経験においては、それらは単一の自動車の色と動きとして経験される。このようなことは、いかにして可能なのだろうか。これは、**結びつけ問題**（binding problem）と呼ばれる問題だ。[56]

志向説の支持者は、結びつけ問題にたいして、少なくとも2つの仕方で答えることができる。第一の説明は、色、形、動きなどの表象には、それがどの対象の色、形、動きであるかにかんする情報が、なんらかの形で含まれているというものだ。たとえば、ある性質pの表象は、実際には（x, p）というような表象形式を持ち、xの場所には、それがどの対象の性質であるのかにかんする情報が含まれるのかもしれない。これが正しいとすれば、ある対象aの色c、形s、動きmは、それぞれ（a, c）、（a, s）、（a, m）という形式で表象され、それゆえ、これらが脳の異なる部位で生じるとしても、全体としては、色cで形sの対象aが動きmを示すという表象内容を持つことになる。

第二の考え方は、より大胆なものだ。近年の心理学研究では、**不注意盲**（inattentional blindness）や**変化盲**（change blindness）と呼ばれる興味深い現象が知られている（cf. Chabris and Simons 2009）。不注意盲の実験によれば、視覚経験において、視野内の注意が向けられていない場所で顕著な変化が生じても、われわれは、それに気づくことがない。たとえば、テレビの野球中継に注意を向けていると、テレビのそばを誰かが通っても、まったく気づかないことがある。また、変化盲の実験によれば、視野の中央で顕著な変化が生じても、その変化がゆっくりしたものであったり、なんらかの妨害刺激をあいだにはさむものであったりすると、われわれは、なかなか変化に気づかない。間違い探しに正解するのが難しいのは、このためだ。これらの実験は、われわれの意識経験はわれわれが通常考えるほど豊かなものではないことを示しているように思われる。変化に気づかないことの1つの説明は、われわれの視覚経験の内容は、変化前と変化後の状態を区別できるほど詳細ではない、というものだからだ。

このような見方が正しいとすれば、結びつけ問題は、そもそも解決の必要がない問題だということになる。色、形、動きといった性質は、ほぼ自動的に、詳細な経験を引き起こす領域に存在する対象、つまり、視覚経験ならば視野の中央にある対象の性質だということになるからだ。われわれの意識経験においては、ただ1つの対象だけが詳細に表象されているので、複数の対象の諸性質をどのように統合するかという問題は、そもそも生じないことになるのだ[57]。

意識の統一に関連する第二の問題は、複数の対象にかんする経験はどのようにして統一されるのかという問題だ。たとえば、わたしはいま、音楽を聴き、ガムを噛みながら、この文章を書いている。わたしの意識経験は、音楽の聴覚経験、ペパーミント味のガムの味覚経験、モニターに映し出された文字の視覚経験、キーボードの触覚経験などから成り立っている。そして、それらの意識経験は、全体として1つの意識経験を構成している。すべての情報が統合される部位が脳内に存在しないとすれば、どのようにしてこれらの意識経験は統一されるのだろうか。

この問題にたいする志向説の回答は明快だ。志向説によれば、意識経験の統一とは志向的内容の統一にほかならない。そして、志向的内容の統一には、表象媒体の統一は必要ない。たとえば、左に赤い光が、右に青い光が見えているとしよう。わたしがこれら2つの光を統一された意識経験として経験するためには、なにが必要だろうか。志向説によれば、特別な条件はなにも必要ない。文章を例に考えてみよう。2つの光の位置を文章で表現するとき、「赤い光」を「青い光」の左に書く必要はない。「青い光は赤い光の右にある」と書いても、両者の関係は表象できるからだ。単一の表象が必要というわけでもない。「赤い光がわたしの左にある」という文と「青い光がわたしの右にある」という文によっても、両者の位置関係は表象できるからだ。同様に、意識経験において2つの光が表象されるためには、わたしの脳内において、わたしの左に赤い光があるという志向的内容を持つ脳状態と、わたしの右に青い光があるという志向的内容を持つ脳状態が成立していればよい。**統合の場は必要ないのだ。**

　時間的な統一にかんしても、おなじように考えられるだろうか。デネット（Dennett 1991, Ch.5 and Ch.6）が論じているように、赤い光が点灯したのちに青い光が点灯したという内容の意識経験を持つためには、赤い光を志向的内容とする意識経験がまず成立し、そののちに青い光を志向的内容とする意識経験が成立するということは、かならずしも必要ないように思われる。2つの光の時間的な前後関係は、経験の志向的内容として表象されていればよいからだ。青い光を表象する脳状態がさきに成立したとしても、それがあとの時刻の出来事だということが志向的内容に表現されていれば、あとの時刻の出来事として経験されるというのだ。

　このような説明が成り立つためには、意識経験の志向的内容には、時間的な指標が含まれていなければならない。しかし、この想定は疑わしい。**意識経験は、つねに現在の世界ありかたを表すものとして経験されるからだ。**[58] そうだとすれば、時間的な前後関係は、表象媒体の時間的前後関係、すなわち、それぞれの出来事を表象する脳状態そのものの時間的前後関係によって決定されることになる。

この点で、**意識経験における空間関係と時間関係の表象され方には、重要な違いがあるのだ。**

意識の統一にかんする3番目の問題は、ある主体の経験と他の主体の経験はなぜ別々に統一されるのか、という問題だ。わたしの視覚経験とわたしの聴覚経験は、わたしの意識経験として統一的に経験される。しかし、わたしと妻が並んで立って、おなじ風景を眺め、おなじ音を聞くとしても、わたしの視覚経験と妻の聴覚経験が統一された意識経験を構成することはない。これはなぜだろうか。

ここでは、志向説と整合的な説明の概略を示しておこう。ある意識経験がわたしの意識経験であるためには、わたしは、その表象状態をわたしの思考や行動に利用できなければならない。妻の脳状態がわたしの意識経験の一部とならないのは、わたしは、妻の脳状態をわたしの行動に利用できないからだ。一連の表象が統一された意識経験を構成するためには、それらの表象は、同一の主体によって利用可能なものでなければならないのだ(59)。

以上の考察から、志向説は、意識経験の一般的特徴もうまく説明できることがわかる。

*

ここまでの考察によって、クオリアにかんする志向説をとることによって、意識経験を、統一的かつ体系的に分析できることがわかった。この考え方を、なんらかの自然主義的な志向性理論と組み合わせれば、意識の自然化を達成できるはずだ。意識の表象理論は、意識を自然化する戦略として、きわめて有望な理論なのだ。

第3章のまとめ：

◎意識経験は表象の一種だ。
◎意識経験にともなうクオリアは、意識経験そのものの性質ではなく、意識経験の志向的対象の性質だ。
◎志向説によって、すべての意識経験を統一的に理解できる。志向説によれば、意識経験はすべて知覚経験だ。
◎われわれがみずからの意識経験について、直接的で信頼性の高い知識を得ることができること、われわれは意識経験の一部に注意を向けることができること、われわれの意識経験は統一されたものであることなども、意識経験は知覚経験だという見方のもとで、説明が可能だ。
◎意識を志向性概念によって分析できれば、その分析と、自然主義的な志向性理論を組み合わせることで、意識の自然化が可能になる。これが、意識の表象理論の基本戦略だ。

第4章　意識の表象理論の問題点

第3章では、クオリアにかんする志向説をとることで、意識経験の統一的な理解が可能になることがわかった。志向説によれば、われわれの意識経験は、本質的に知覚経験なのだ。このような分析によって、志向性概念を介して意識を自然化する道が開ける。これが意識の表象理論の基本戦略だ。第3章での考察によれば、意識の表象理論は、意識を自然化する戦略として、非常に有望そうだ。しかし、そういい話ばかりは続かない。意識の表象理論には、3つの重大な問題があるのだ。本章では、それらを検討しよう。

第1節　意識経験と表象との関係：表象が意識経験となるには

第一の問題は、意識経験と表象は厳密にはどのような関係にあるのかということだ。

ピーター・カラザース（Carruthers 1998）は、意識経験とは表象状態にほかならないと考える単純な表象理論には、重大な欠点があると指摘している。この理論によれば、意識経験ではないはずのさまざまな表象状態が、意識経験になってしまうからだ。たとえば、紙に書かれた文章や絵画は、表象だが、意識経験ではない。なんらかの仕方で心的表象に話を限定したとしても、問題は解決しない。心的な表象状態だが意識経験ではないものも、数多くあるからだ。たとえば、われわれは、地球は丸いとつねに意識的に考えているわけではない。しかし、意識的に考えていないときでも、地球は丸いと信じている。この信念は、心的表象状態だが、意識経験ではない。

このように、**意識経験が成立するためには、たんに心的表象状態が成立するだけでなく、その表象状態が、なんらかのさらなる条件を満たすことが必要だ**。物理主義者は、この条件を特定しなければならないのだ。

高階知覚理論

1つの提案は、ある表象が意識経験となるには、その表象は意識的でなければならないというものだ。では、ある表象が意識的となるためには、なにが必要だろうか。ある表象が意識的であるとき、それを持つ主体は、自分がその表象を持つことを、なんらかの仕方で自覚しているはずだ。わたしがリンゴの意識経験を持つときには、リンゴの表象だけでなく、リンゴの表象にかんする表象も持っていると考えられるのだ。

表象のうち、外界のあり方についての表象は**一階の表象**（first-order representation）、表象についての表象は**二階の表象**（second-order representation）と呼ばれる。たとえば、「明日は雨が降る」という内容の信念は一階の信念で、「わたしは明日は雨が降ると信じている」という内容の信念は、信念に

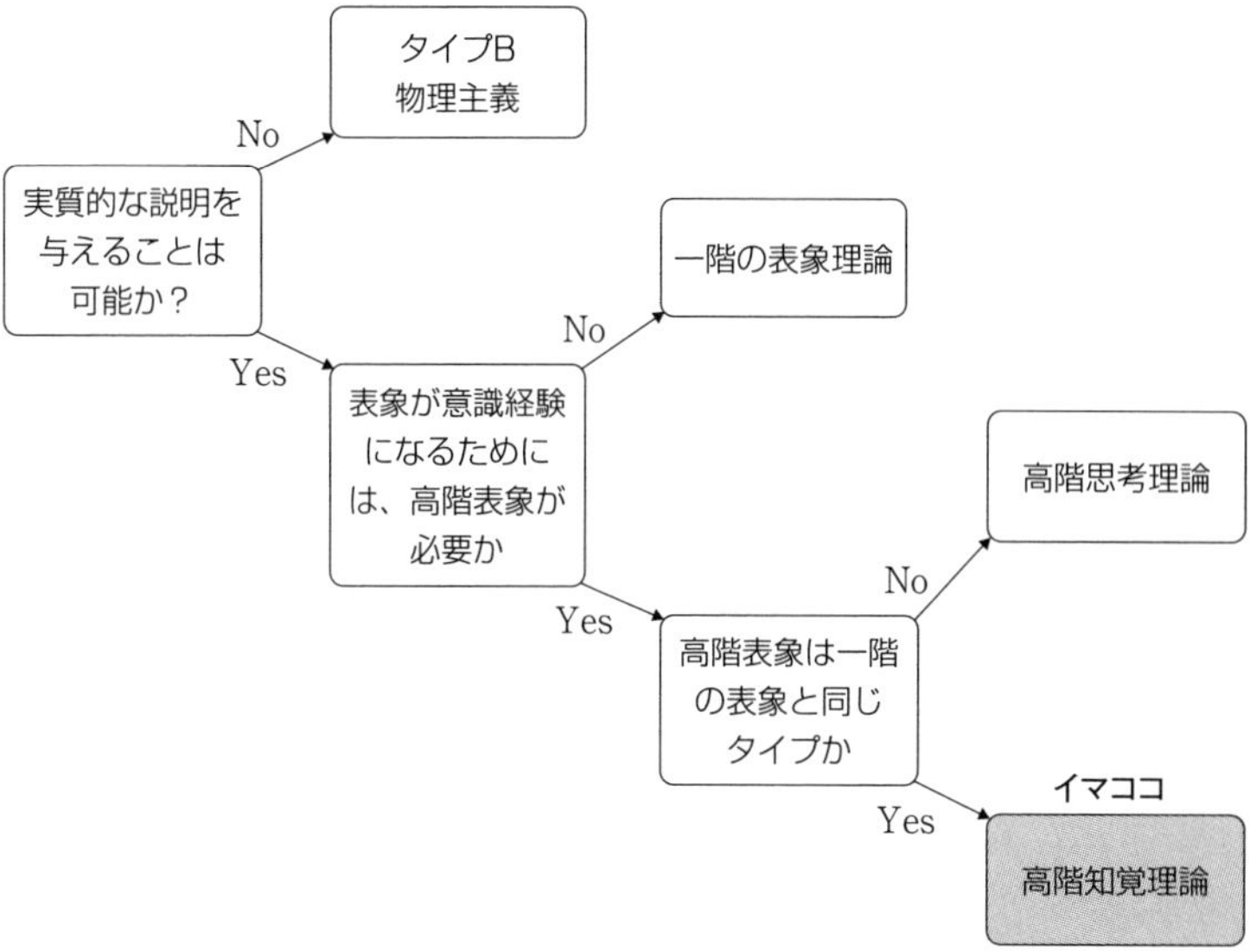

図 4-1　現在地点（第 4 章第 1 節）

かんする信念なので、二階の信念だ。また、二階以上の表象は、**高階の表象**（higher-order representation）と総称される。このような用語法にもとづいて、ある表象が意識経験となるためには、その表象についての表象が必要だという考え方は、**高階表象理論**（higher-order representational theory）と呼ばれる。

高階表象理論は、その詳細にもとづいて、さらにいくつかの立場に分かれる。第一の立場は、高階の表象は一階の表象とおなじタイプの表象だと考える立場だ。この立場によれば、一階の表象は、外界の事物を志向的対象とする知覚表象であるのにたいして、高階（二階）の表象は、一階の知覚表象を志向的対象とする知覚表象だということになる。このような立場は、**高階知覚理論**（higher-order perception theory）と呼ばれる（cf. Armstrong 1968; Lycan 1996）（図４－１）。

われわれは、一階の表象を持つことで、外界の事物や性質を同定したり識別したりできる。高階知覚理論によれば、高階の表象を持つことで、われわれは、意識経験そのものを同定したり識別したりすることも可能になる。このようなことが可能なことこそが、一階の表象状態が意識的だということにほかならないのだ。ただし、高階知覚理論によれば、一階の表象すべてに高階の表象がともなうわけではない。高階の表象がともなう一部の一階の表象だけが、意識経験となるのだ。

しかし、このような考え方には問題がある。第一に、この考え方によれば、高階表象は、一階の表象が外界を表象するのとおなじ仕方で、一階の表象を表象していることになる。しかし、第2章でも問題になったように、脳にかんする現在の科学的知見と整合的な形で、この内的知覚メカニズムを理解することは困難だ。

第二に、高階の表象がある種の知覚表象だとすれば、高階の表象は、一階の表象が外的事物の性質を表象するのと同様の仕方で、一階の表象を表象するはずだ。このとき、一階の表象が脳状態だとすれば、高階の表象の内容は、その脳状態の神経学的な性質などだということになる。しかし、われわれは、そのような内容の心的状態は持たないように思われる。

第三に、みずからの脳状態の神経学的性質などを表象することに、どのような意味があるのかも不明だ。われわれが生きていくうえで重要なのは、われわれを取りまく世界のあり方であり、世界についての情報を処理する際のみずからの脳のあり方ではないからだ。

以上の理由から、高階知覚理論は説得的ではない。

高階思考理論

以上の検討からわかるのは、**高階表象がしかるべき役割を果たすためには、高階表象は一階の表象とは別の種類の表象でなければならない**ということだ。志向説によれば、一階の表象状態はすべて知覚表象だ。したがって、高階表象は、知覚とは異なる種類の表象状態、すなわち思考でなければならない。わたしが赤いリンゴを見ているとき、赤いリンゴを内容とする知覚表象にともなうのは、「わたしは赤いリンゴを見ている」という内容の高階の思考なのだ。このような考え方は、**高階思考理論**（higher-order thought theory）と呼ばれる(60)（Rosenthal 1986; Carruthers 2000）。

高階思考理論の支持者によれば、高階の思考そのものが意識的かどうかは、その思考にさらに高階の思考がともなうかどうかによって決定される。そして、一階の知覚表象に二階の思考（「わたしは赤いリンゴを見ている」という内容の思考）がともなうときでも、二階の思考に三階の思考（「わたしは自分が赤いリンゴを見ていると考えている」という内容の思考）がともなうことはまれだ。したがって、ほとんどの場合、高階の思考そのものは無意識的だということになる。このような理由から、われわれは、みずからが高階の思考を有していることをめったに自覚しないのだ。

高階思考理論には、2つのバージョンがある。第一のバージョンは、高階の思考が実際にともなっている一階の表象のみが意識経験となるというものだ。この立場は、**現実主義的な**（actualist）**高階思考理論**と呼ばれる。この立場によれば、ある時点において、ある主体はさまざまな一階の知覚表象を持つが、そのなかで、実際に高階の思考がともなう表象だけが意識経験となる。われわれの意識経験がそれなりに豊かなものだとすれば、現実主義的な高階思考理論によれば、われわれは、つねに数

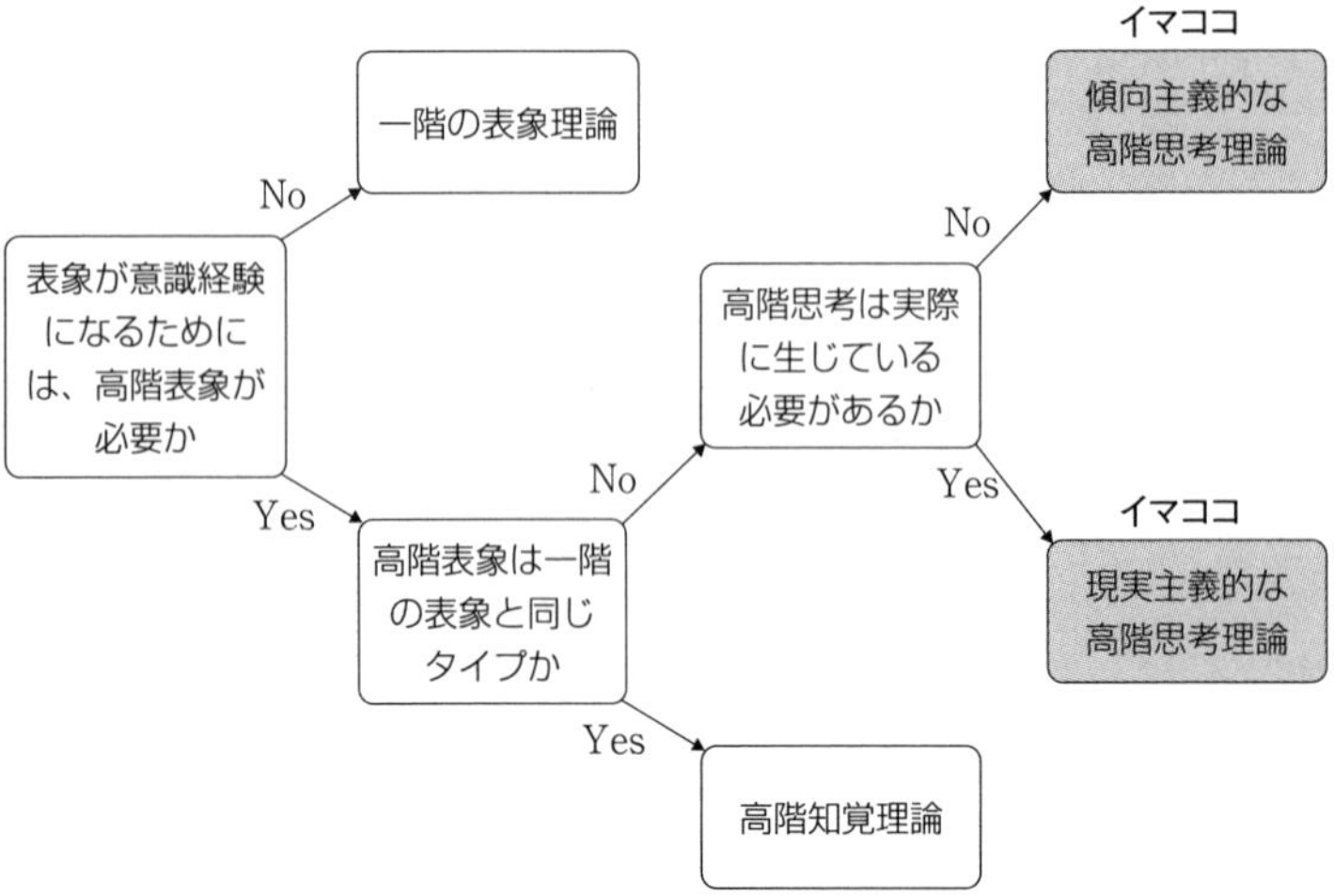

図 4-2　現在地点（第 4 章第 1 節　その 2）

多くの高階の思考を持っていることになる。人間の認知的資源は有限だということを考えれば、これは事実ではないかもしれない。このような理由から、第二のバージョンを支持する人も多い。第二のバージョンによれば、一階の表象が意識経験となるためには、一階の表象に高階の思考がともなうことが可能であればよく、実際にともなわなくてもよい。このような立場は、**傾向主義的な**（dispositionalist）**高階思考理論**と呼ばれる（図 4-2）。

しかし、どちらのバージョンをとるにせよ、高階思考理論には大きな問題がある。思考を持つためには、言語あるいは概念が必要だと考えられる。したがって、高階思考理論によれば、それらを欠く生物は意識経験を持たないことになる。人間以外の動物について論じる際には、この帰結は、反直観的かもしれないが、受け入れ難いものではないかもしれない。われわれは、人間以外の動物の意識経験の有無にかんする事の真相を知りえないので、じつは人間以外の動物はいかなる意識経験も持たないのだと主張することも、不可能ではないからだ。しかし、人間の乳幼児にかんしては話が別だ。高階思考理論にしたがえば、人間は、乳幼児のときには意識経験を持たないが、高階思考を形成する能力を獲得することによって、発達の途中で意識経験を獲得するのだということになる。そうだとすれば、乳幼児が怪我をして泣いているときには、せいぜいのところ、無意識的な痛みを持つにすぎないことになる。乳幼児の痛みには、クオリアはともなっていないのだ。これは、きわめて反直観的な帰結だ(61)。

高階思考理論には、さらに本質的な問題がある。それはつぎのようなことだ。高階の思考を持つことによって、さまざまなことが可能になる。たとえば、高階の思考を持つものは、見えと実在を区別することができるはずだ。わたしが赤いリンゴの知覚表象を持つだけでなく、自分は赤いリンゴを見ているという思考を持つならば、たんに赤いリンゴを知覚できるだけでなく、自分が赤いリンゴの経験を有していることもわかる。このことは、わたしの行動に、さまざまな新たな可能性をもたらすだろう。たとえば、なんらかの理由から、目の前にあるテーブルの上にはなにもないはずだと信じているときには、リンゴの知覚経験に高階思考がともなうならば、わたしは、あえてリンゴに手を伸ばさないだろう。高階の思考がなければ、このような行動は不可能なはずだ。しかし、わたしが高階の思考を持たず、誤った知覚経験が生じたときには、つねにそれに欺かれてしまうとしても、依然として、わたしは赤いリンゴの意識経験を持つように思われる。このような例では、高階の思考が一階の表象を意識経験にするようには思えないのだ。

高階思考理論に問題があることは、つぎのことからもわかる。われわれは、知覚経験だけでなく、一階の思考にかんしても高階の思考を形成できる。しかし、高階の思考がともなうときでも、一階の思考は、一階の知覚表象とおなじような仕方では意識経験にならない。高階思考理論によれば、赤いリンゴの知覚表象に、わたしは赤いリンゴを見ているという高階の思考がともなうときには、赤いリンゴの意識経験が生じることになる。これにたいして、地球は丸いという一階の思考に、わたしは地球は丸いと考えているという高階の思考がともなうときには、地球の丸さにかんする意識経験は生じない。高階思考理論は、なぜこのような重大な違いが生じるのかを説明してくれないのだ。

このような批判にたいして、高階思考理論の支持者は、この違いは知覚と思考の違いに由来するのだと応答するかもしれない。知覚は非概念的な志向的内容を持つのにたいして、思考は概念的な志向的内容を持つ。そして、非概念的な内容を持つ表象だけが、高階思考がともなうときに意識経験になるというのだ。

高階思考理論を支持するデイヴィッド・ローゼンサール（Rosenthal 1991; 2010）は、実際にこのような説明を展開している。彼によれば、意識経験が質的な性格を持つことは、一階の表象の特性によって説明され、それが意識的な心的状態であることは、一階の表象に高階の思考がともなうことによって説明される。たとえば、赤いリンゴの知覚経験に独特の感じがともなうことは、一階の表象状態が非概念的な内容を持つことによって説明される。これにたいして、リンゴの知覚経験が意識的な心的状態であることは、一階の表象状態に高階の思考がともなうことによって説明されるのだ。これはいわば、**意識の問題を分割して克服しようという戦略**だ。知覚と思考のふるまい方の違いを説明するためには、高階思考理論の支持者は、このような戦略をとらざるをえないように思われる。

しかし、このような戦略を採用するということは、**意識経験が質的な性格を持つことと、意識経験が意識的な心的状態であることは、相互に独立のことがらだということを認める**ことにほかならない。そして、このように考えるならば、意識のハード・プロブレムの前提となっている、意識経験にかんする重要な直観が否定されることになる。意識のハード・プロブレムは、現象的意識にかんする問題だ。そして、われわれの素朴な直観によれば、（現象的意識という意味で）**意識的な心的状態が、そしてそれらだけが、質的な性格を持つ**。ローゼンサールの戦略の核心は、この直観を退け、質的であることと意識的であることの本質的なつながりを否定することにあると考えられる。そうだとすれば、（ローゼンサールの）高階思考理論は、**現象的意識にかんするラディカルな修正主義**だということになる。このような思い切った戦略を採用するには、それに見合うだけの理由が必要だ。その理由として考えられるのは、意識を自然化するにはこれしか方法がないということだ。しかし、以下で見るように、表象理論の支持者には、ほかにも選択肢が残されているのだ。[62]

一階の表象理論

表象理論の支持者のなかには、心的表象が意識経験となるためには、高階表象は必要ないと考える人もいる。

たとえばタイ（Tye 1995）は、心的表象が意識経験となるのは、その心的表象が概念的な認知過程に利用可能なとき、そしてそのときだけだと考える。高階思考理論の支持者と同様、タイは、知覚と思考は異なる種類の内容を持つ表象だと考える。知覚表象は非概念的な内容を持ち、思考は概念的な内容を持つのだ。この違いに応じて、両者は心のメカニズムにおいて、異なる働きを持つ。思考は、その内容に応じて、相互に推論関係を形成する。知覚表象は、この推論メカニズムにたいする入力となる。たとえば、西の空に黒い雲が湧きあがるのを見たときには、その知覚表象にもとづいて、「西の空に黒い雲が湧きあがっている」という内容の思考が形成される。そして、この思考と、「西の空に黒い雲が湧きあがると、近いうちに雨になる」という内容の別の思考から、「近いうちに雨になる」という思考が導き出される。この思考は、さらに別の思考とともに、「傘を持って出かけよう」という意図を引き起こし、この意図が、傘を持って出かけるという行動を引き起こす。知覚表象は、このような一連の推論過程にたいする入力となるのだ。

タイによれば、推論メカニズムにたいする入力になりうる知覚表象だけが、意識経験となる。彼によれば、クオリアとは、利用可能な、抽象的で非概念的な志向的内容（poised abstract non-conceptual intentional content）（概念的な認知過程に）にほかならない[63]。彼は、この定式化の頭文字をとって、みずからの理論をＰＡＮＩＣ理論と呼ぶ。ＰＡＮＩＣ理論のように、高階表象を必要としないタイプの表象理論は、**一階の表象理論**（first-order representational theory）と呼ばれる[64]（図４－３）。

一階の表象理論は、高階の思考を必要としないため、高階思考理論の問題点を回避できるように思えるかもしれない。しかし、意識経験を持つためには概念的な表象を形成する能力が必要だと考える点では、この理論も、高階思考理論と同様だ。それゆえ、人間以外の動物や人間の乳幼児が現象的意識を持つことが否定されるという高階思考理論の問題点は、この理論にも受け継がれることになる[65]。

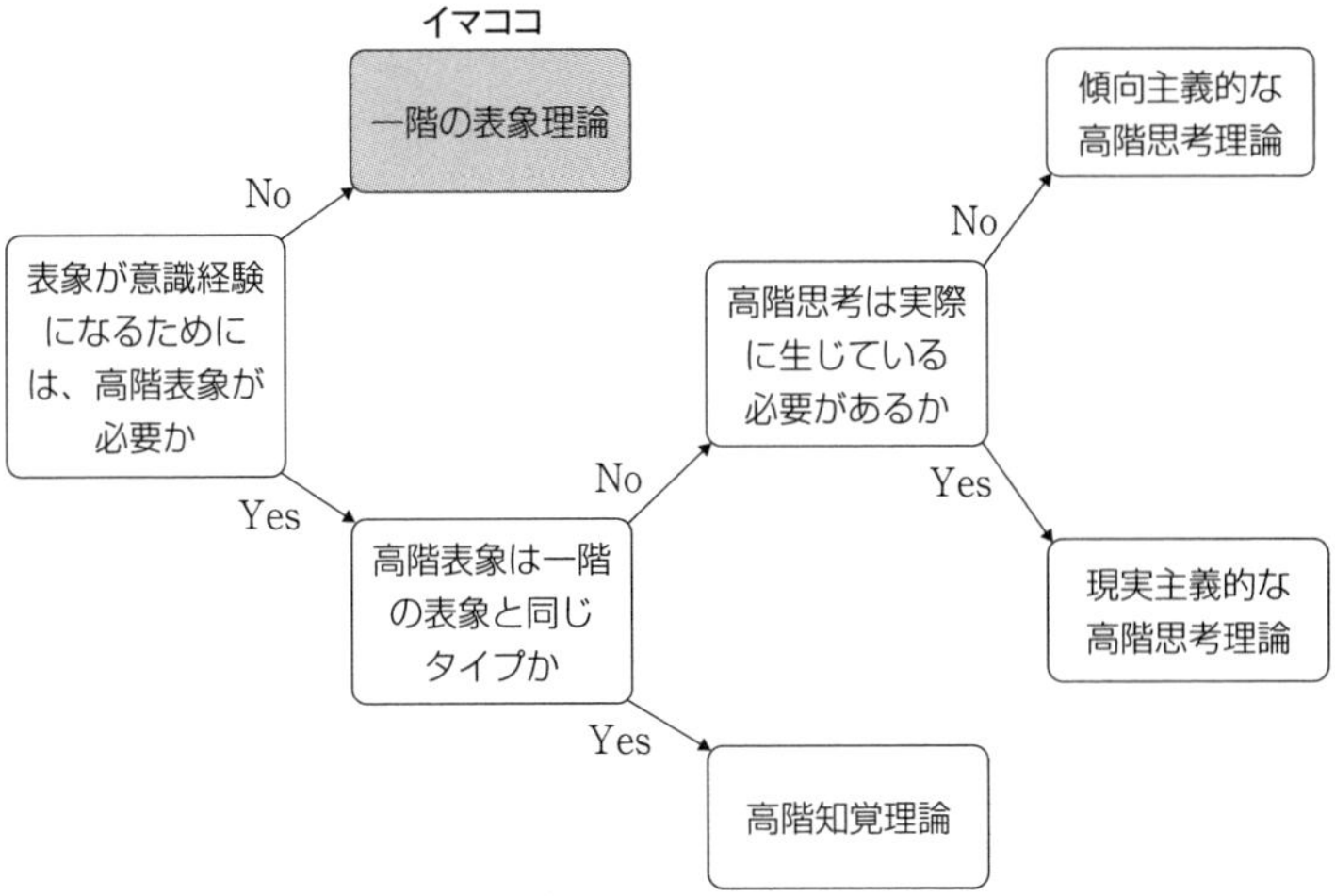

図 4-3　現在地点（第 4 章第 1 節　その 3）

このような問題を避けるためには、言語や概念を必要としない形で一階の表象理論を定式化する必要がある。そのような理論としては、バーナード・バースの**グローバル・ワークスペース理論**（Baars 1988; 1997）がある。バースは、意識経験となる表象とそうでない表象の違いは、それらがどの程度広く利用されるかの違いにあると言う。たとえば、赤いリンゴの意識経験を持つときには、われわれは、そのリンゴに手を伸ばしたり、赤いリンゴと黄色いリンゴを区別したり、「赤いリンゴがある」と語ったりといった、さまざまな行動が可能だ。これにたいして、赤いリンゴの無意識的な表象状態を持つだけのときには、これらの行動はいずれも不可能だ。この違いは、前者は運動制御や言語情報処理といったさまざまな認知過程に利用されるが、後者はそうではないことに由来すると考えられる。バースは、脳内には、さまざまな情報処理を行うユニット（モジュール）に入力を提供するための場所が存在すると考える。彼は、この場所をグローバル・ワークスペースと呼ぶ。グローバル・ワークスペースは、いわば脳内におけるさまざまな認知モジュールの情報交換場所だ。バースによれば、ある表象が意識経験となるかどうかは、それがグローバル・ワークスペースに送られるかどうかによって決まるのだ(66)。

このような理論ならば、PANIC理論の問題点も回避できるように思われる。では、これが、意識経験と表象の関係にかんするもっとも説得的な理論なのだろうか。残念ながら、そう断言するのはまだ早い。

バースの理論において、ある表象状態が意識的となるかどうかは、なぜグローバル・ワークスペースとの関係によって決まるのだろうか。背景にある推論は、おそらくつぎのようなものだろう。意識経験である表象状態は、そうではない表象状態とは異なり、行動の制御に用いられたり、その内容に対応した思考を形成することを可能にしたり、その内容にかんする言語報告を可能にしたりする。これらの因果的機能を持つ表象状態とはどのような表象状態かを考えると、それは、グローバル・ワークスペースのアクセスという、別の因果的機能によって特徴づけることができるように思われるのだ。ここで、この理論がPANIC理論と実質的に異なるものとなるためには、表象が意識経験となるための必要条件は、言語報告や概念的思考との結びつきを含むものであってはならないはずだ。意識経験となる表象状態とそうでない表象状態の違いは、行動との関係のみによって分析されなければならないのだ。

しかし、**行動制御への利用という条件は、意識経験である表象状態を特定する条件としては、寛容**

すぎるように思われる。ここで問題となるのは、たとえば、第2章で言及した盲視のような事例だ。盲視患者は、光の有無や位置を表象する脳状態を有しており、その脳状態は、光の位置の同定に利用される。この意味で、盲視患者における光の表象状態は、行動制御に利用されている。しかし、盲視患者は、光にかんするいかなる意識経験も持たないと主張する。盲視患者の報告を額面通りに受けとるならば、盲視患者における光の表象状態と、晴眼者における光の表象状態のあいだには、行動制御への利用にかんして、なんらかの決定的な違いがあるはずだ。この違いを特定できなければ、行動制御への利用という定義では、意識経験となる表象を適切な仕方で限定できないのだ。

意識の表象理論にとっての第一の問題は、表象が意識経験となるための条件はなにか、ということだった。この問題を解決しようとするための試みは、いずれも失敗に終わった。一方で、概念、言語、高階の表象などに訴える理論は、意識経験を持つことができるものの範囲を不当に狭めてしまう。他方で、行動制御による定式化によれば、意識経験ではないはずの表象状態も意識経験となってしまう。**意識を自然化するためには、これら2つの問題を同時に回避できる理論が必要なのだ。**

第2節　物理的性質と経験される性質の関係：色は表面反射特性か

意識の表象理論が直面する第二の問題は、表象理論では、外界の事物が持つ物理的性質と意識経験に現れる性質との関係を、満足な形で説明できないことだ。

赤いリンゴを見る経験を例に考えてみよう。志向説によれば、この経験にともなうクオリアとは、この視覚経験そのものの性質ではなく、経験の志向的対象であるリンゴの性質だ。しかし、自然科学的な知見によれば、リンゴが持っているのは、分子組成や表面反射特性といった、さまざまな物理的性質だけのはずだ。では、物理的な性質と赤さという性質は、どのような関係にあるのだろうか。

ここで、物理主義者にとって自然な選択肢は、赤さという性質はなんらかの物理的性質にほかならないと考えることだ。第1章で見たように、物理主義とは、ミクロ物理的な存在者と、それによって構成あるいは実現される存在者だけが実在すると考える立場だからだ。物理主義者がこのような立場をとるかぎり、意識経験に現れる対象の性質は、その対象のなんらかの物理的性質であるはずだ。意識の表象理論を支持する物理主義者の多くは、実際にこのような見方を支持している。(67)

しかし、この戦略はうまくいかないように思われる。経験される性質に対応する物理的性質を見いだすことは、困難だからだ。たとえば、色は物体の表面反射特性だと言われることがある。しかし、色彩科学研究では、異なる表面反射特性を持つ複数の物体が、同一の照明条件のもとで、おなじ色知覚経験を引き起こすことが知られている。これは、条件等色（metamerism）と呼ばれる現象だ。このようなことがあるため、色を表面反射特性と単純に同一視することはできないのだ。

このような批判にたいして、タイ（Tye 1995, Ch.5）は、色に対応する物理的性質を見出すことは可能だと応答する。その物理的性質は、物体の表面反射特性ではなく、人間の網膜にある3種類の錐体細胞がもっとも敏感に反応する3つの波長帯における反射率からなる三つ組だというのだ。条件等色においては、2つの物体の表面反射特性そのものは異なる。しかし、これら3つの波長帯における反射率の比はつねに一定だ。だからこそ、2つの対象は、おなじ視覚皮質の活動を引き起こすのだ。タイによれば、この性質こそが、色に対応する物理的性質なのだ。

このような説明は、色を物体の表面反射特性に還元しようとする単純な説明よりも説得的だ。しかし、この説明も、表象理論をめぐる根本的な疑問を解決してくれるわけではない。その疑問とは、**反射率の三つ組という物理的性質が、なぜ意識経験においては色として経験されるのか**ということだ。われわれの意識経験において、ある物体は、ある反射率の比を持つものとして経験されるのではなく、ある色を持つものとして経験される。このことは、反射率という言葉を知らない人でも、赤いものを見ることができることからも明らかだ。なぜこのようなことが起こるのだろうか。

ここで、物理主義者は、**表象の対象と表象の対象の提示様式**（mode of presentation）という区別を導入することで解決を図る。一般に、表象においては、それが表すものとその提示様式を区別できる。たとえば「偶数である唯一の素数」と「4の半分である数」という語句は、どちらも2という数を表象している。すなわち、2つの表象の対象は同一だ。しかし、それぞれにおける数2の提示様式は異なっている。このように、一般に、**表象は、それが表す対象をある提示様式のもとで表象する**。物理主義者は、表象一般に見られるこの特徴を手がかりとして、物理的性質と経験される性質の関係を説明できるように思われる。意識経験においては、反射率の三つ組という物理的性質が、赤さという提示様式で表象されていると考えることができるからだ。

しかし、このような説明は不十分だ。それはつぎのような理由による。あるものがある提示様式で表象されるときには、その提示様式の担い手となるものが必要だ。たとえば、2という数が、2つの異なる仕方で表象されるときには、「偶数である唯一の素数」と「4の半分である数」という異なる

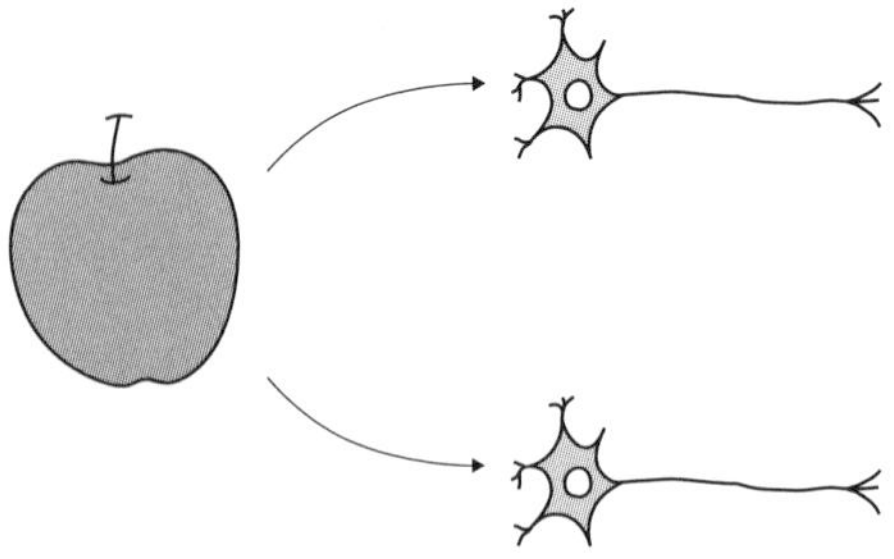

図4-4　提示様式（2つの思考の場合）

文字列が、それぞれの提示様式として働く。しかし、意識経験において反射率の三つ組が赤さとして表象されるときには、意識経験に現れるのは赤さそのものだけであり、そこには提示様式の担い手が存在しないのだ。

　これにたいして、表象理論の支持者は、意識経験において提示様式の担い手として働くのは脳状態だ、と主張するかもしれない。反射率などの概念を用いて物体の物理的性質について思考するときと、知覚経験において物体の反射率の三つ組を表象するときでは、われわれの脳状態は異なるはずだ。この脳状態の違いこそが、反射率の三つ組を反射率の三つ組として表象するときと、赤さとして表象するときの違いを生みだしているというのだ（図4-4）。

　しかし、このような説明も満足のいくものではない。2つの思考の提示様式の違いを説明するときには、このような説明はうまく働くだろう。たとえば、わたしがスモール・フェイセズとハンブル・パイのレコードを聴いて、ボーカリストの声に感銘を受けたとしよう。このときわたしは、「スモール・フェイセズのボーカリストはすごい」という信念と、「ハンブル・パイのボーカリストはすごい」という信念を有することになる。じつはこれらは同一人物（スティーブ・マリオット）にかんする信念だが、それぞれの内容は異なる。

その違いは、２つの信念における同一人物の提示様式の違いに由来するものだ。そして、この提示様式の違いは、それぞれの信念が異なる脳状態によって実現されていることによって、説明できるだろう。

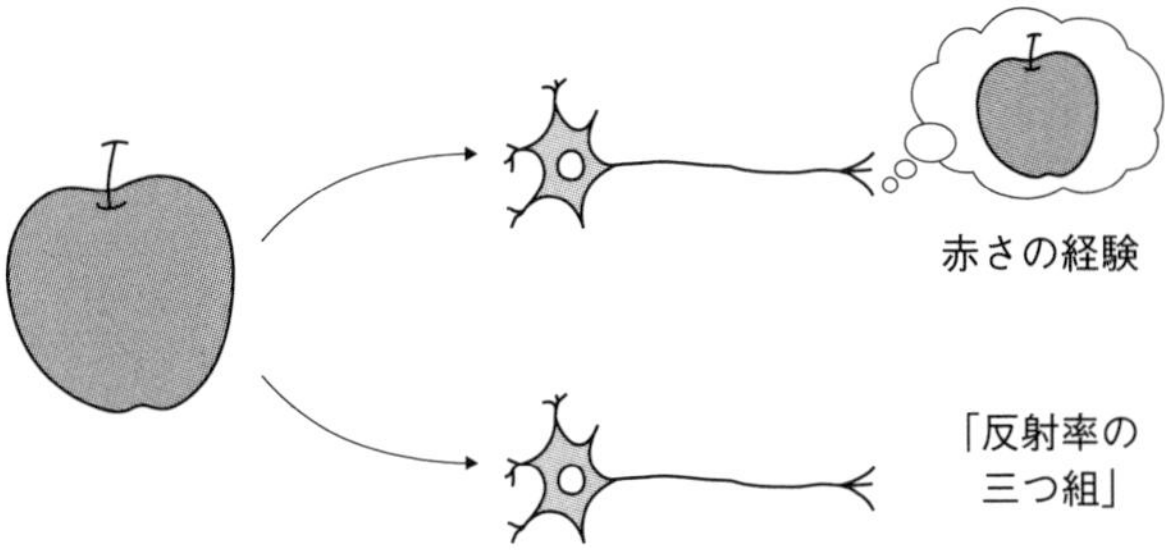

図4-5　提示様式（意識経験と思考の場合）

これにたいして、意識経験と思考のあいだには、より根本的な違いがある。**意識経験においては、表象媒体が意識経験に現れることなしに、表象内容が意識経験に現れるということだ。**無意識的な思考の場合には、その内容はそもそも意識経験には現れない。意識的な思考の場合にも、第3章で見たように、意識経験に現れるのは、思考の内容ではなく、その媒体である音などだ。これにたいして、赤さの意識経験においては、提示様式の担い手である脳状態が意識経験に現れることなしに、赤さそのものが意識経験に現れる。これは、意識経験の基本的な特徴であると同時に、きわめて不思議な特徴だ。そして、表象の提示様式を持ち出すだけでは、意識経験である表象だけがなぜこのような特殊な性格を持つのかが、説明できないのだ[68]（図4－5）。

ここで、表象理論の支持者は、意識経験である表象と思考である表象には、なんらかの本質的な違いがあるのだと主張するかもしれない。たとえば、前者は非概念的な内容を持つ表象であるのにたいして、後者は概念的な内容を持つ表象であるというような説明だ。第7章第2節でくわしく論じるように、この主張自体は正しい。しかし、いま直面している問題を考えるうえでは、このような区別は助けにならない。このような区別を導入するだけでは、なぜ表象内容が非概念的だとそれが意識経験となるのかが説明されず、問題が先送りされるだけだからだ。

ここでもまた、物理主義者はジレンマに直面する。一方で、意識経験は心的表象の一種だということを強調すれば、意識経験の特殊性、すなわち、意識経験においてのみ、表象媒体が意識経験に現れることなしに表象内容が意識経験に現れるということが説明できなくなる。他方で、意識経験の特殊性を強調すれば、物理主義を維持することが困難になる。やはり、意識を自然化することは簡単ではないのだ。(69)

第3節　意識経験の実在性：なぜそこにないものが見えるのか

意識の表象理論には、もう1つ問題がある。そしてそれは、もっとも深刻な問題だ。

われわれの意識経験には、さまざまな外的事物の性質が現れている。目の前の赤いリンゴを見るという知覚経験においては、リンゴの持つ赤さという性質が現れている。しかし、意識の表象理論では、この自明な事実を説明できないように思われるのだ。

その理由は、つぎのようなことにある。志向説によれば、意識経験の内容はすべて、意識経験の志向的内容だ。そして、自然主義的な志向性理論では、ある表象がある志向的内容を持つことは、その表象がしかるべき因果的機能を持つことによって説明される。たとえば、ある知覚状態が赤いリンゴを表象することは、その知覚状態が目の前に赤いリンゴがあるときに生じ、目の前に赤いリンゴがあるという信念を引き起こすといった、外界の事物や他の心的状態との因果関係によって説明される。このような説明では、志向的内容がなんらかの形でこの世界に実在することは必要とされない。つまり、**自然主義的な志向性理論は、志向的内容にかんする存在論的コミットメントを持たない**のだ。

　このような考え方には、利点がある。この考え方によれば、われわれが錯覚や幻覚を経験することが、うまく説明できるように思われるのだ。違法薬物を摂取すると、通常ならば目の前の赤いリンゴによって引き起こされる知覚状態が、目の前に赤いリンゴがないときに生じることもあるだろう。このとき、わたしはリンゴの幻覚を経験することになる。リンゴの幻覚を経験しているとき、わたしの周囲には、赤いものはなにもないかもしれない。そのような場合でも、この幻覚経験は、実際に目の前に赤いリンゴがある場合の知覚経験と、主観的にはなんら異なるところはないはずだ。表象理論は、この事実をつぎのように説明する。真正な知覚においても、幻覚においても、われわれの脳では、おなじ因果的機能を持つ表象状態が成立している。そして、この表象状態は、目の前に赤いリンゴがあるというおなじ志向的内容を持つ。2つの経験の等しさは、このように説明されるのだ。

　しかし、この説明は満足のいくものではない。幻覚を経験しているとき、わたしの眼前には、たしかになにか赤いものが現れているように思われる。この直観は否定しがたい。通常の知覚経験では、この直観は、目の前に赤いリンゴがあり、わたしはそれを見ているということによって説明できる。しかし、幻覚を経験しているときには、外界には赤いものは存在しない。それでもなお、わたしの経験になにか赤いものが現れているとすれば、**その赤いものは、非物理的な存在者だと考えざるをえないように思われる**のだ[70]。

ここでもまた、意識経験と思考の対比が問題を理解する助けとなる。たとえば、わたしが自分は火星人にスパイされているという誤った思考を抱いているとき、この思考を説明するには、ある一定の因果的機能を持つ脳状態が成立していることを示せばよく、火星人が実在すると想定する必要はない。この思考が意識的となるときでも、経験されるのは、「わたしは火星人にスパイされている」という音声であり、火星人そのものではないからだ。これにたいして、幻覚経験の場合には、存在しないはずの赤いものが意識経験に現れる。それゆえ、誤った意識経験を、誤った思考とおなじやり方で説明することはできないのだ。

ここで、物理主義者は深刻なジレンマに直面することになる。一方で、表象理論にもとづいて意識を自然化しようとすれば、意識経験には外界の事物のさまざまな性質が現れているという、きわめて自然で強力な直観が否定されることになる。他方で、この直観を維持しようとすれば、（すくなくとも幻覚経験や錯覚経験においては）意識経験に非物理的な存在者が現れることを認めなければならなくなる。物理主義者は、**意識の自然化を達成するために意識経験の実在性を否定するか、直観を守るために物理主義を放棄するか**という、究極の選択を迫られるのだ。

不思議なことに、物理主義者がこの問題にたいして明示的に態度を表明することは、きわめてまれだ。そして、態度を表明している人々の選択は、第一の選択肢をとるというものだ。この戦略をもっとも明確に支持しているのは信原（2002, 第4章）だ。信原は、赤いトマトが見えるという幻覚経験において赤さという性質が例化されているという直観は、強力で否定しがたいものだが、われわれは、最終的にこの直観を否定しなければならないと主張する。『解明される意識』（Dennett 1991）において、デネットが最終的に支持しているのも、同様の立場だ。この本の第三部で、デネットは、さまざまな議論や思考実験を通じて、錯覚経験や幻覚経験になにかが現れているという直観を否定しようと試みている。そして、「見ることは信じることである」という節において、仮想的な対話者を、錯覚経験においては、赤いものが見えているのではなく、赤いものが見えていると思っているだけなのだという見解に導いている。

しかし、第一の選択肢をとることは、現象的意識という意味での意識経験という現象そのものを否定することにほかならない。もちろん、このような立場を支持する人たちも、われわれが意識的な心的状態を持つことを否定するわけではない。しかし、ここで心的状態が意識的だということで意味されているのは、心的状態のうちあるものについてのみ、われわれは思考したり発話したりできるというようなことでしかない。この意味での意識は、独特の感じや主観性といったこととは、本質的に無関係な現象なのだ。したがって、彼らの立場は、現象的意識として考えられていた現象はじつは存在しないと主張する、**意識にかんする消去主義**、**もしくはラディカルな修正主義**だということになる。これは、物理主義的な意識の理論としては、けっして魅力的なものではない。ローゼンサールの理論と同様、物理主義者にとって、このような理論は、そのほかに利用できる選択肢がないときに、最後の手段として受け入れるべきものだからだ。

そうだとすれば、まず問うべきことは、**本当にほかに選択肢はないのか**、ということだ。

第4章のまとめ：

◎意識の表象理論には、3つの重大な問題がある。

①意識経験である表象とそうでない表象の違いを、うまく説明できない。
②事物の物理的性質と経験される性質との関係を、うまく説明できない。
③意識経験には存在しないものが現れるという事実を、うまく説明できない。

これらの問題を解決できないかぎり、表象理論によって意識を自然化することはできない。

現在地点の確認

本書の前半部では、意識の問題にかんする主要な立場を検討してきた。その結論は、**いずれの立場も満足のいくものではない**、ということだ。

意識の自然化を否定する立場は、内的に不整合な意識概念を前提としており、論点先取の疑いが濃厚だ。タイプB物理主義は、物理主義としての側面を強調しようとすれば、通常の物理主義となり、説明上のギャップを強調しようとすれば、物理主義を否定することになる。物理主義的な意識の理論としてもっとも有望な表象理論は、意識経験の実在性を否定するか、物理主義を放棄するかというジレンマに直面する。

事態はきわめて深刻だ。意識の問題にかんする主要な立場は、これら3つにつきるように思われるからだ。これがエラリイ・クイーンの小説ならば、読者への挑戦状が叩きつけられるところだ。しかし、残念ながら、この本は推理小説ではない。したがって、ここでは、奇妙なダイイング・メッセージや、生き別れの双子や、空白の5分間が解決をもたらしてくれることは期待できない。

われわれは、袋小路にはまりこんでしまったのだろうか。

あきらめるのはまだ早い。第4章の議論は、問題解決のための糸口を示唆しているからだ。意識の表象理論が直面する3つの問題は、いずれも、意識経験と表象の関係にかんするものだった。意識を自然化するためには、意識経験である表象は、一方で、物理主義的に理解可能な表象でなければならず、他方で、なんらかの意味で特殊な表象でなければならない。3つの問題は、いずれも、これら2つの要請を同時に満たそうとすることから生じる問題だ。そうだとすれば、**解決の鍵は**、**表象概念にあるはずだ**。後半の3章では、このような見立てのもとに、意識のハード・プロブレムにたいするわたしなりの解答を試みよう。

第5章　本来的志向性の自然化：表象とはなにか、もう一度考えてみる

第3章では、クオリアにかんする志向説をとることで、多種多様な意識経験を統一的に理解できることが明らかになった。そこからわかるのは、志向性概念を媒介として意識を自然化する戦略が、もっとも有望だということだ。しかし、第4章では、意識の表象理論には、いくつかの重大な問題があることが明らかになった。意識の自然化は、それほど簡単には達成できないのだ。とはいえ、問題解決への手がかりが表象にあるらしいこともわかった。3つの問題は、いずれも、意識経験と表象のあいだのギャップに由来するものだからだ。

ここであらためて考えるべき問題は、表象とはなにかということだ。これが本章の課題だ。本章の第1節では、意識の表象理論において前提とされる標準的な志向性理論と、その問題点を検討する。第2節以降では、それらに代わる新たな志向性理論の可能性を探る。この新たな志向性理論こそ、意識のハード・プロブレムを解決する鍵となるものだ。

第1節　自然主義的な志向性理論：いかにしてあるものは別のものを表すことができるのか

世界には、表象とみなしうるものが無数にある。紙に書かれた文、絵画、人間の思考は、いずれも表象だ。それだけでなく、血糖値の低下は空腹を表しており、木の年輪は木の年齢を表している。これらさまざまな事物が持つ、なにかを表すという性質、すなわち**志向性**もまた、物理的な性質と言えるのだろうか。そうであることを示すのが、志向性の自然化と呼ばれる問題だ。これは、表象理論によって意識を自然化するためにも、不可欠な作業だ。

志向性の自然化には、具体的には2つの課題がある。第一の課題は、**あるものが表象であることの必要十分条件を物理主義的に特定すること**だ。第二の課題は、**ある表象がなにを表すかを物理主義的に特定する方法を見つけること**だ。これらの課題にたいする物理主義者の提案は、どのようなものだろうか。(71)

共変化理論と目的論的な理論

自然主義的な志向性理論のなかでもっとも単純な考え方は、**表象はその原因を表す**、というものだ。たとえば、山肌から立ちのぼる煙は、山火事が起こっていることを表している。このとき、煙が山火事を表していると言えるのは、山火事が煙を引き起こしているからだ、というのだ。因果関係は物理的存在者のあいだに成り立つ基本的な関係だと考えられるので、このような説明が正しいとすれば、志向性は自然化されたことになる。

しかし、フレッド・ドレツキ（Dretske 1986）が論じているように、因果関係にもとづく志向性理論には重大な問題がある。たとえば、目の前のイヌを見る場合を考えてみよう。イヌの知覚状態が生じるときには、目の前にイヌがいるだけでなく、イヌに反射して目に入る光や、網膜上の錐体細胞の活動も存在している。イヌの知覚表象を生み出した因果系列をさかのぼると、錐体細胞の活動、イヌ、太陽は、すべてこの表象の原因だ。因果関係だけでは、なぜイヌの知覚表象は錐体細胞の活動や太陽ではなくイヌを表象するのかが、説明できないのだ。

ここでドレツキは、表象と表象されるもののあいだには、安定した相関関係がなければならないと主張する。たとえば、脳状態がリンゴを表象するためには、その脳状態は目の前にリンゴがあるとき、そしてそのときにのみ生じるものでなければならない。表象である脳状態と表象される対象であるリンゴのあいだには、**共変化関係**（covariation）が成立しなければならないのだ。

右の例でイヌの知覚表象がイヌを表すことも、共変化関係によって説明できる。イヌの知覚表象が成立するときには、それが誤りでないかぎり、つねに目の前にイヌがいるが、つねに一定の錐体細胞の活動や一定の太陽の活動があるわけではない。問題の表象と安定した相関があるのは、イヌだけだ。それゆえ、この表象はイヌを表すと言えるのだ。志向性にかんする以上のような見方は、**共変化理論**と呼ばれる。

しかし、ジェリー・フォーダー（Fodor 1990）が指摘しているように、共変化理論にも問題がある。共変化理論は、不都合な帰結をもたらすのだ。ある一定の状況のもとでは、イヌの知覚表象であるはずの心的状態が、イヌ以外の対象によって引き起こされることもある。たとえば、草むらのなかにいるキツネを見たときには、つねにこの表象が生じてしまうかもしれない。このような場合には、問題の表象は、イヌだけでなく、草むらのなかにいるキツネとも共変化関係にある。共変化理論にしたがえば、この表象状態は、イヌまたは草むらのなかにいるキツネを表していることになってしまうのだ。このように、共変化理論によれば、ある表象と安定した共変化関係に立つものは、すべてその表象が表すものになってしまう。さらに、このような考え方をとれば、草むらのなかにいるキツネを見てこの表象が生じたときにも、イヌまたは草むらのなかにいるキツネを表す表象が生じたのだから、これは正しい表象だということになる。これもまた、反直観的な帰結だ。フォーダーは、共変化理論が直面するこのような問題を、**選言問題**(disjunction problem)と呼んでいる[72]。

志向性の自然化を試みる人のなかには、因果や共変化とは別の関係にうったえる人もいる。彼らが提案するのは、**目的論的な**(teleological)**志向性理論**だ(Millikan 1989; Dretske 1995)。目的論的な志向性理論は、表象はしばしば世界のあり方を誤って表す、すなわち、表象には誤表象があるという事実に注目する。誤表象はいかにして生じるのだろうか。ここで、目的論的な志向性理論の支持者は、誤表象は機能不全の結果として生じると考える。たとえば、自動車の燃料計は、燃料タンクの中のガソリンの量を示す。燃料計は、燃料タンクのなかのガソリンの量を示すという機能を持つのだ。しかし、自動車内部の配線に接触不良などが生じた場合には、機能不全が生じ、ガソリンの量が誤って表示されることもある。誤表象は、表象システムの機能不全によって生じるのだ。

この説明は、人間が設計した装置などにはうまくあてはまる。しかし、人工物以外については、どう考えればよいだろうか。ここで、目的論的な志向性理論の支持者は、そのような場合には自然選択が設計者の役割を果たすと主張する。その説明は、以下のようなものだ。ある心的状態がわれわれの生存に貢献するためには、一定の条件が必要だ。そして、その条件とは、その心的状態となんらかの事物のあいだに共変化関係が成り立つことだ。このとき、その事物を表象することが、この心的状態の目的論的な機能となる。たとえば、ある心的状態がわれわれの生存に貢献するためには、目の前にリンゴがあるときに、そしてそのときにのみその状態が生じる必要があるとしよう。このとき、この心的状態は、目の前にリンゴがあることを表すという目的論的な機能を獲得するのだ[73]。

目的論的な志向性理論をとれば、選言問題も回避できる。たとえば、われわれが自然選択の過程で生き残るためには、イヌからは逃げ、キツネは追いかけることが必要だとしよう。このとき、問題の表象がわたしの生存に寄与するのは、それが、目の前のイヌを避けたり、イヌから逃げたりするという行動を可能にするときであり、そのときのみだ。この表象が、イヌまたは草むらのなかにいるキツネを表象するとすれば、わたしは、イヌとキツネのどちらにたいしても適切な行動をとることができなくなってしまう。表象システムが目的論的機能を持つもの、すなわち、生物が自然選択されることを可能にするものだとすれば、この表象システムは、イヌ表象とキツネ表象を別個に持つ必要があるのだ。

しかし、目的論的な理論にも問題がある。この問題点を浮き彫りにするのが、スワンプマン（swampman）の思考実験だ（cf. Davidson 1987）。ある沼に雷が落ちたときに、まったくの偶然から、わたしとまったく同一の分子組成を持った個体が作り出されたとしよう。このようなことが起こる可能性は天文学的に小さいが、ゼロではないだろう。このようにしてできたわたしの複製であるスワンプマンは、いかなる表象状態を持つだろうか。スワンプマンは、わたしとおなじ脳状態を持つ。それゆえ、スワンプマンは、わたしとおなじ心的状態を持つように行動したり発話したりできる。そうだとすれば、スワンプマンはわたしとおなじように行動したり発話したりできる。しかし、目的論的な志向性理論によれば、ある心的状態が目的論的な機能を獲得するためには、おなじタイプの心的状態が、ある生物やその祖先の生存に実際に貢献することが必要だ。したがって、この理論によれば、スワンプマンは自然選択の歴史を欠くため、その脳状態は目的論的な機能を一切持たないことになり、スワンプマンはいかなる表象状態も持たないことになる[74](cf. Dretske 1995, Ch.5)。

目的論的な理論には、もう1つ問題がある(cf. Seager 1999, Ch.8)。目的論的な理論によれば、ある表象は、進化の過程で共変化してきたものを表象する。たとえば、甘さの表象は、われわれが食べたものが糖であるとき、そしてそのときにのみ生じることで、エネルギー摂取を促し、われわれの生存を助けてきた。それゆえ、この表象は糖であることを表象する。このように、表象がなにを表すかは、その表象を持つ主体と環境との関係によって決まるという立場は、**外在主義**(externalism)と呼ばれる。

ところが、おなじ表象状態は、スクラロースのような人工甘味料によっても生じる。ここで、スクラロースが身のまわりに豊富にあり、それだけを食べてきた人々がいるとしよう(じつはスクラロースにはカロリーがないが、ここではそれは無視しよう)。目的論的な理論によれば、彼らの甘さ表象は、スクラロースを表象することになる。外在主義によれば、われわれと彼らの甘み表象は、異なるものを表象するのだ。しかし、どちらにおいても、問題の表象は、おなじ甘みクオリアをともなう意識経験として経験されるように思われる。目的論的な理論によれば、表象の志向的内容は、われわれと環境の関係によって外在主義的に決定される。しかし、われわれの直観によれば、意識経験の内容は、われわれの脳のあり方のみによって、内在主義的に決定されるように思われる。**意識の表象理論と外在主義的な志向性理論のあいだには、緊張関係があるのだ。**

従来の理論の問題点

志向性を自然化する理論としてどのような理論がもっとも説得的かにかんしては、現在も議論が続いている。しかし、意識の問題を考えるうえでは、共変化理論と目的論的な理論には、共通の問題点がいくつかある。

第一に、これらの志向性理論は、心的な表象状態にも、心的ではない表象状態にも、等しく適用可能だ。共変化関係は木の樹齢と年輪のあいだにも成り立つし、目的論的な機能は血糖値なども持ちうる。また、これらの理論は、意識的な表象にも、無意識的な表象にも等しく適用可能だ。したがって、これらの志向性理論を意識の表象理論の基礎としようとすれば、第４章で検討した第一の問題点に直面することになる。これらの理論によれば、すべての表象状態が意識経験だというわけではないので、意識経験である表象を特定するために、さらなる条件が必要となる。しかし、前章で見たように、適切な条件を見いだすことは容易ではないのだ。

第二に、これらの志向性理論によれば、表象は、表象される対象がそれ自体として持つ性質を表象する。したがって、これらの理論を採用すれば、第二の問題点にも直面することになる。これらの理論によれば、リンゴの色の知覚表象は、リンゴの表面反射率の三つ組のような物理的性質を表していることになる。そうだとすれば、この物理的性質が、なぜ意識経験においては色として経験されるのかを説明しなければならなくなる。

第三に、これらの理論は、ある表象がある志向的内容を持つことを、因果的機能によって説明する。これらの理論は、表象の志向的内容にかんする存在論的コミットメントを持たないのだ。したがって、これらの理論を採用すれば、表象理論の第三の問題にも直面することになる。これらの理論を意識の表象理論の基礎とすれば、意識経験に経験される性質が現れるという直観を、物理主義と整合的な形で説明できなくなるのだ。

これらの問題の根は同一だ。**標準的な志向性理論では、心的表象とそうでない表象、あるいは、意識的な表象と無意識的な表象は区別されない。それゆえ、そのような理論は、意識の理論の基礎にはなりえないように思われるのだ。**

志向説こそが意識の自然化への鍵だったはずだ。意識経験と表象のあいだに本質的な結びつきがあることを否定すれば、意識を自然化するための手がかりは失われてしまう。やはり、この状況は行きづまりなのではないだろうか。

第2節　本来的志向性と派生的志向性：意識経験と文や絵の違い

そうではない。じつは、われわれにはもう1つ選択肢が残されているからだ。それは、**意識経験は表象にほかならない**と考える道だ。

このような提案にたいしては、ただちに、そのような考え方は明らかに誤っており、馬鹿げているという批判がなされるだろう。これまでにも見てきたように、紙に書かれた文、網膜像、無意識的な信念などは、すべて表象だが、意識経験ではないからだ。

しかし、2種類の表象を区別することで、このような批判に応答することが可能になる。手がかりとなるのは、ジョン・サール（Searle 1992）やドレツキ（Dretske 1995）の見解だ。彼らによれば、人間の心的状態が持つ志向性と、文や絵画などが持つ志向性には、ある本質的な違いがある。知覚状態や信念など、**人間の心的状態は**、他の表象が存在することを前提とすることなしに、**志向性を持つ**。これにたいして、**文や絵画は**、信念や意図などの心的状態を持つ人間が、**それらを特定の仕方で生みだしたり、利用したりすることで**、はじめて志向性を持つ。このような観点から両者の志向性を区別すれば、心的状態が持つ志向性を**本来的志向性**（intrinsic intentionality）、文や絵画が持つ志向性を**派生的志向性**（derived intentionality）と呼ぶことができる。この区別にもとづいて、以下では、本来的志向性を持つ表象を**本来的表象**、派生的志向性を持つ表象を**派生的表象**と呼ぶことにしよう。さしあたって、2種類の表象は以下のように定義できる。[75]

本来的表象：表象Rは本来的表象である⇕表象Rは、他の表象の媒介なしに、あるシステムSに利用される。

派生的表象：表象Rは派生的表象である⇕表象Rは、なんらかの本来的表象を介して、あるシステムSに利用される。

たとえば、わたしの知覚状態は、ほかの人の心的状態に媒介されることなく、それ自体としてわたしの行動に利用される。これにたいして、木の年輪は、それとおなじような仕方で、木そのものの行動に利用されることはない。年輪は、われわれが木の年齢を推測したり、それに応じて木を分類したりすることに利用されるだけであり、年輪がそのように利用されるときには、われわれの知覚状態や信念といった、なんらかの別の表象が媒介として働く必要があるからだ。この点では、文や絵画なども、年輪と同様だ。

直観的には、このような区別は自然なものに思われる。しかし、右のように定義するだけではまだ不十分だ。前節で見たように、志向性を自然化するためには、あるものが本来的表象であるための条件はなにかということと、ある本来的表象がなにを表象するのかを特定する方法を明らかにする必要があるからだ。第一の問題には、右の定義によって、とりあえずの答えが与えられた。しかし、「他の表象を介する」という表現は、まだ曖昧だ。第二の問いにたいする答えは、まだ与えられていない。物理主義者がこの区別を利用するためには、これら2つの問いにたいして、物理主義の枠組内で、満足のいく解答を提示する必要がある。これがこの章の残りの部分の課題だ(76)。

第3節　本来的表象の自然化（その1）：なにが本来的表象なのか

第一の問題から考えてみよう。この問題を考えるためには、まず、**表象を持つものと表象を持たないものの違い**について考えてみる必要がある。

図 5-1　第一のタイプの存在者

表象の誕生

そもそも、表象はなんのためにあるのだろうか。この世界には、生物も、そうでないものも含めて、多種多様なものが存在する。しかし、それらは、刺激と行動の関係という観点から、いくつかのあり方に分類できる。ここから、表象の役割が見えてくるはずだ[77]。

まず、この世界に存在するもののもっとも原初的なあり方は、**一切運動しない**というあり方だ。このような存在者は、他のものに衝突されるなどして物理的な力を受けないかぎり、そこに存在し続ける。岩や植物がその例だ（図5－1）。

二番目のタイプの存在者は、みずから運動する能力を持つ。しかし、このタイプの存在者は、**周囲のあり方に関係なく、決まった仕方で運動する**だけだ。つねに一定の速度で水中を移動するだけのプランクトンなどが、その例だ（図５－２）。

みずから運動できれば、おなじ場所にただとどまっているよりも、食料を獲得したり、敵を避けたりするうえで、有利なはずだ。しかし、決まった仕方で運動したり、ランダムに運動したりするだけでは、それらの目的を効率的に達成できない。そのためには、**周囲のあり方に応じて運動の仕方を変化させる**ことが必要だ。このような能力を持つのが、第三のタイプの存在者だ。通常は直進を続けるが、なにかにぶつかったときには方向を転じるプランクトンが、このタイプの存在者の例だ（図５－３）。

第二のタイプの存在者と、第三のタイプの存在者のあいだには、大きな違いがある。第二のタイプに属するプランクトンの運動も、水の流れなどによって変化する。しかし、この変化は、第一のタイプの存在者である岩が強風にあおられて転がるのと同様、純粋に外的な物理的な力による変化にすぎない。第三のタイプのプランクトンの運動は、これとは違った仕方で変化する。たとえば、このプランクトンが前方に圧力センサーを、後方に運動器官を備えているとしよう。このようなプランクトンは、圧力センサーに一定以上の入力があったときに、行動出力を変化させ、運動方向を90度右に変化させるといったことができる。このような存在者においては、物理的な刺激入力が、行動出力とより密接な形で結びつくことになる。第三のタイプの存在者では、**物理的な刺激は感覚器官への入力となる**のだ。

このとき、物理的な刺激と行動の関係は、単純な比例関係ではなくなる。第二のタイプのプランクトンの場合には、水流の勢いが倍になれば、プランクトンが流される速度も倍となる。これにたいし

図 5-2　第二のタイプの存在者

て、第三のタイプのプランクトンの場合には、圧力センサーへの刺激が一定以下であればなにも生じないし、一定以上であれば行動の変化は一定だ。**感覚器官は、一種のフィルターとして働く**のだ。

しかし、第三のタイプの存在者にも重大な制約がある。このタイプのプランクトンは、実際になにかに衝突しなければ、運動方向を変えることができないということだ。生物が生存するうえで、これは不都合な制約だ。われわれは、獲物に行きあたる前からそれを追いかけたいし、捕食者に出くわす前にそれから逃げ出したいからだ。

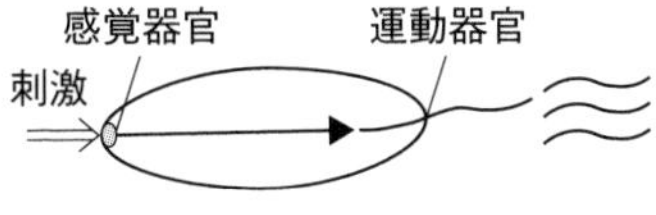

図 5-3　第三のタイプの存在者

第四のタイプの存在者は、この制約を克服したものだ。このタイプの存在者は、**自分自身と離れた世界のあり方に応じて、行動を変えることができる**。第四のタイプの存在者の例としては、つぎのような架空の生物を考えることができる。この生物は、第三のタイプのプランクトン同様、正面に光センサー、後方に運動器官を持つ。また、光を発する別の生物を獲物とする。獲物となる生物の大きさは、ほぼ一定だ。さらに、エネルギーの浪費を避けるため、この生物は、獲物が一定以下の距離にいるときにのみ、獲物を追いかける。このような行動パターンは、たとえばつぎのようなメカニズムによって可能となるだろう（光の拡散などの問題は無視しよう）。この生物の光センサーは、生物の体表面に4×4の正方形型に配置され、それぞれが、前方からの一定以上の強さの光に反応する。そして、センサーが9個以上反応したとき、そしてそのときにのみ、運動器官に信号が伝達され、この生物は捕食行動を開始する。第四の生物がこのようなメカニズムをそなえていれば、前方にいる獲物の生物が一定以下の距

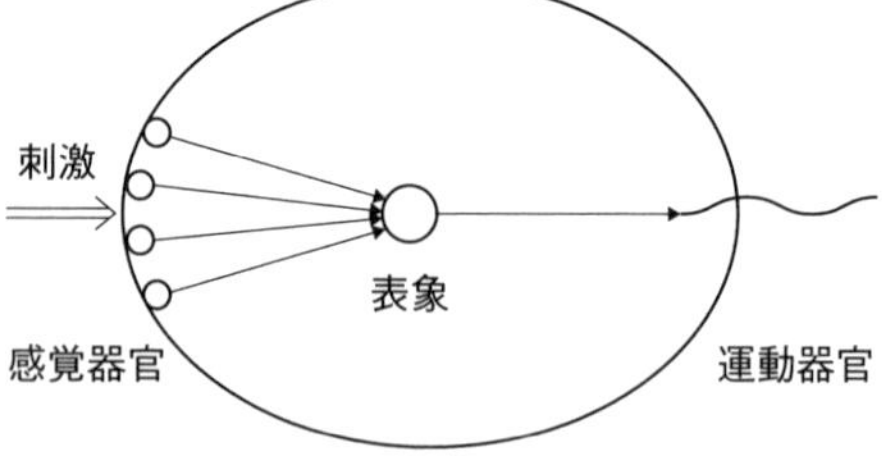

図5-4　第四のタイプの存在者

離に近づいたときだけ、捕食行動を開始することになる。この生物は、**遠位の事物にたいして行動できるようになるのだ**[78]（図5－4）。

生物が本来的表象を持つようになるのは、この第四段階においてだと考えられる。第四のタイプの生物において、感覚器官には、近位の刺激が入力として与えられる。しかし、生物が生き残るためには、近位の刺激ではなく、遠位の事物にたいして適切な行動をとることが重要だ。感覚器官に与えられる刺激の違いにかかわらず、獲物が近くにいるときには、獲物を同定し、捕食行動を開始しなければならないからだ。ここで必要となるのが表象だ。第四の生物では、**感覚器官の活動が別の内部状態に変換される**。そして、**この内部状態が、生物の行動を決定する**。**この内部状態が、本来的表象だ**。生物は、本来的表象を持つことで、近位の刺激ではなく、遠位の事物のあり方に応じた行動をとることが可能になるのだ[79]（図5－5）。

どの内部状態が本来的表象なのか

しかし、このように考えるだけでは、まだ不十分だ。ある程度複雑な生物においては、さまざまな内部状態のうち、どれが本来的表象なのかが問題になるからだ。人間の視覚システムを例に考えてみよう。人間の視覚システムにおいては、眼への刺激入力にもとづいて、網膜、外側膝状体、一次視覚

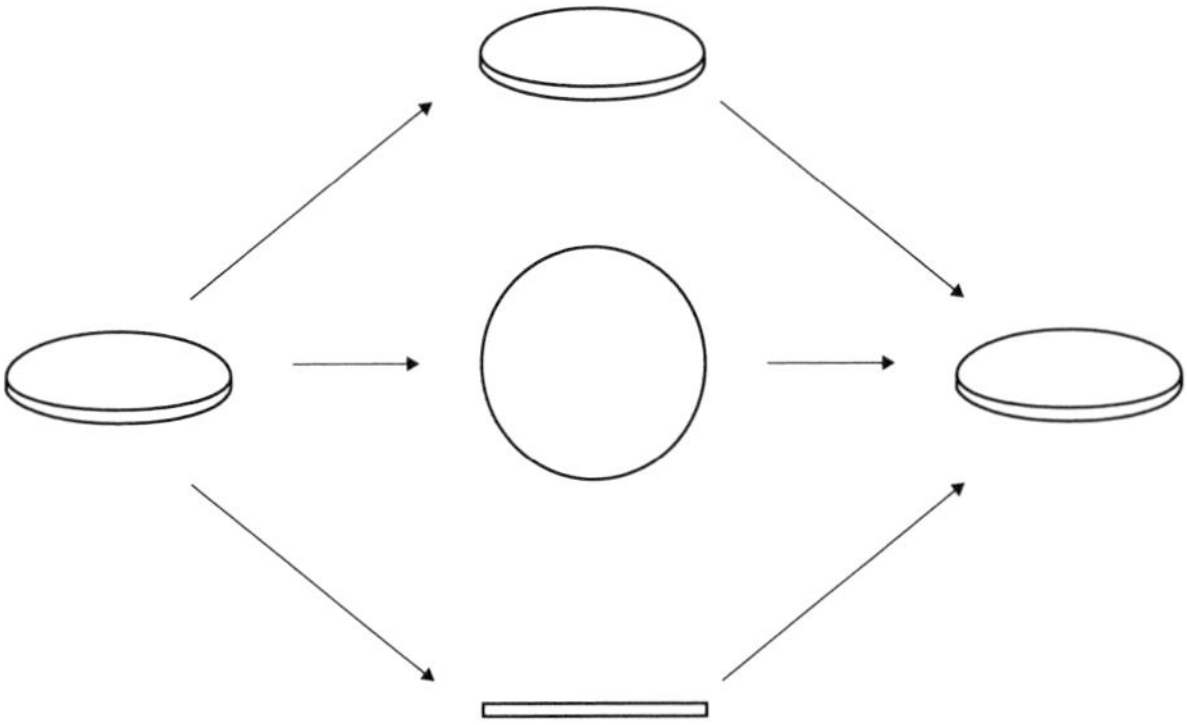

図 5-5　表象の役割

野、高次視覚野などに、さまざまな内部状態が形成され、最終的に身体運動が生じる。本来的表象なるものがあるとすれば、人間の視覚システムにも、当然それが含まれているはずだ。しかし、網膜の錐体細胞、外側膝状体の細胞、一次視覚野の細胞、高次視覚野の細胞などのうち、どれが本来的表象なのだろうか。

とはいえ、いきなり人間について考えるのは話が複雑すぎるので、より単純なメカニズムを持つ架空の生物O1について考えてみよう。この生物は、対象の大きさをおおまかに識別するための感覚器官を持つ。この生物が生活する環境では、大きいものが捕食者で、小さいものが獲物だ。O1がこの環境で生きのびるためには、対象の大きさを手がかりとして、獲物と捕食者を識別する必要がある。この目的のために、この生物はC1とC2という内部状態を持つ。右で論じたことによれば、C1とC2は本来的表象状態だ（図5－6）。

つぎに、もうすこし複雑なメカニズムを持つ生物O2について考えてみよう。この生物は、対象の大きさと色合

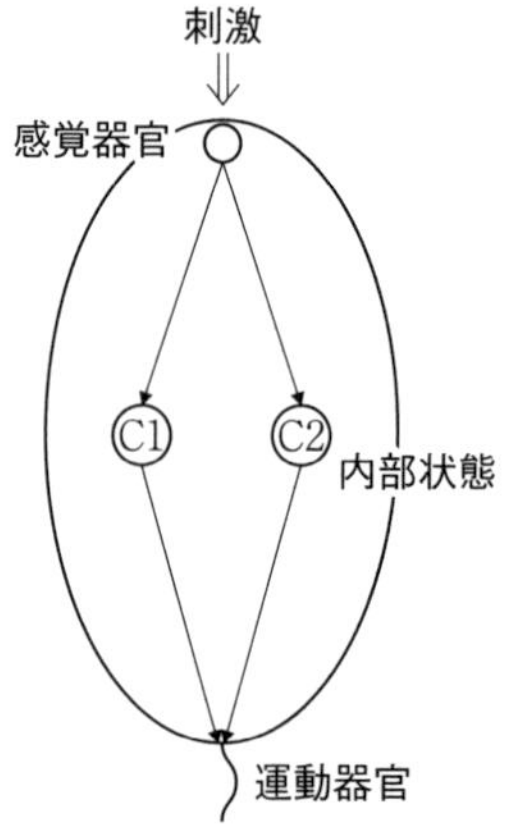

図5-6　生物O1：C1は大きいものがあるとき、C2は小さいものがあるときにのみ活動する。また、C1は逃避行動を引き起こし、C2は捕食行動を引き起こす。

いをおおまかに識別するための感覚器官を持つ。この生物が生活する環境では、色の濃い大きいものと色の薄い小さいものが捕食者で、色の薄い大きいものと色の濃い小さいものが獲物だ。O2がこの環境で生きのびるためには、対象の大きさと色合いを手がかりとして、獲物と捕食者を識別する必要がある。この目的のために、O2は図5-7にあるような一連の内部状態を持っている。O2においても、C1やC2は本来的表象状態と言えるだろうか。

O2の行動には、捕食者からの逃避行動と獲物の捕食行動という2種類しかない。このとき、C1が成立しているかどうかは、生物の行動には反映されないことになる。O2は、色の濃い大きい対象にたいしても、色の薄い小さい対象にたいしても、同じように行動するからだ。O2の内部には、対象が大きいかどうかにかんする情報を担う内部状態C1がある。しかし、これは遠位の事物にたいするO2の行動には反映されない（図5-7）。

このように、生物の内部状態には、その生物の行動に反映されるものと、そうでないものがある。これが、本来的表象とそうでないものの違いだと考えられる。(80)

この考察を一般化すれば、つぎのようになる。

本来的表象（2）：ある生物Oの内部状態Sが本来的表象である⇔OはSの有無に応じて異なる行動をとることができる。

この定義は、つぎのように言いかえることもできる。

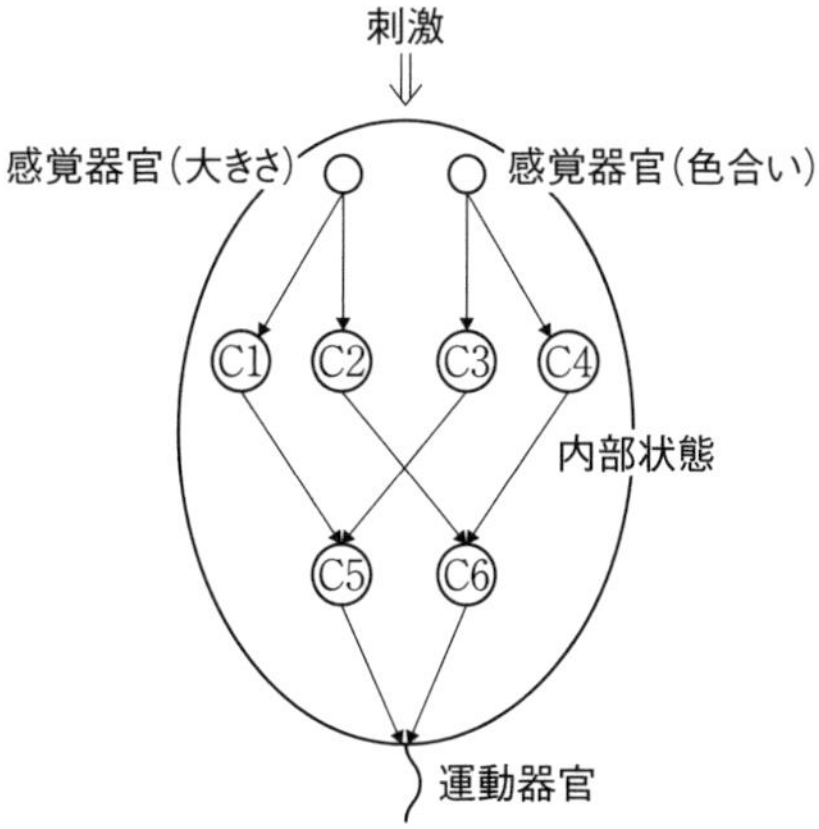

図 5-7　生物 O2：C1 は大きいものがあるとき、C2 は小さいものがあるとき、C3 は色が濃いものがあるとき、C4 は色が薄いものがあるときにのみ活動する。C5 は逃避行動を、C6 は捕食行動を引き起こす。C5 と C6 への入力の重みづけがそれぞれ 1 だとすれば、C5 は入力が 2 または 0 のときに、C6 は入力が 1 のときに活動することで、目的を達成できる。

本来的表象（3）：ある生物Oの内部状態Sが本来的表象である⇔「Sがあるとき、そしてそのときにのみOはϕする」を満たす行動ϕが存在する。

この定式化によれば、たとえば、錐体細胞の活動パターンは本来的表象ではないことになる。われわれは、錐体細胞が特定のパターンで活動したとき、そしてそのときにのみ、特定の行動をとることはできないからだ。錐体細胞の活動パターンは、その後のどこかの脳部位で本来的表象が成立するための因果的な必要条件だが、それ自体は本来的表象ではないのだ。

このように、右の定式化によって、生物の内部状態がすべて本来的表象になるという事態は回避できる。しかし、まだ問題がある。たとえば、わたしがある仕方で右手を動かすときには、運動野のある神経細胞がつねに活動しているはずだ。したがって、右の定式化によれば、生物O2の内部状態C5と、人間における運動野の神経細胞は、どちらも本来的表象だということになる。しかし、後者は前者と異なり、現在の世界のあり方を表象しているわけではない。右の定式化では、両者の違いを捉えることができないのだ。

この問題に対処するためには、**二種類の本来的表象を区別する必要がある**。生物O1やO2のような単純な認知システムにおいては、表象は、**記述的であると同時に指令的でもある**。O2の内部状態C5は、「捕食者がいる」という記述的な内容を持つと同時に、「逃げろ」という指令的な内容も持つからだ。ルース・ミリカン（Millikan 1995）は、このような二面性を持つ表象を、**オシツオサレツ表象**（pushmi-pullyu representation）と呼んでいる。単純な認知システムの表象状態は、必然的にオシツオサレツ表象なのだ。[81]

これにたいして、たとえば、人間の色知覚経験において働く表象は、特定の行動と本質的に結びついているわけではない。赤い色を見たとき、そしてそのときにのみわれわれがとる行動などないからだ。**複雑な認知システムを持つ生物においては、記述的な表象と指令的な表象が分化する**。人間における色表象は、（ほぼ純粋に）記述的な表象なのだ。

ここでさらに2つの疑問が生じる。オシツオサレツ表象は、いつ記述的表象と指令的表象に分化するのだろうか。また、記述的表象と指令的表象は、どのように区別できるのだろうか。

第一の疑問から考えてみよう。右で述べたように、オシツオサレツ表象の特徴は、特定の行動と本質的な関係を持つことだ。たとえば、生物O2において、C5が生じたときには、O2の認知システムが正常に機能しているかぎり、O2は逃避行動をとる。C5は、逃避行動という特定の行動と不可分なのだ。これにたいして、記述的な表象は、特定の行動とは本質的な関係を持たない。人間の色知覚経験においては、赤の知覚経験が生じたときにかならずとる行動があるわけではない。赤の知覚経験がどのように使用されるかは、そのときのその人の関心次第だ。人間は、赤いものが見えたとき、そしてそのときにのみ、ボタンを押すこともできるし、「赤いものが見えました」と言葉で報告することもできる。ここから、オシツオサレツ表象と記述的表象の違いは、本来的表象の定式化（3）におけるφの内容が固定されているかどうかにあると言うことができるだろう。[82]

この点に着目することで、複雑な認知システムにおける記述的表象と指令的表象を区別することも可能になる。記述的表象では、φの内容は固定されていない。これにたいして、指令的表象の場合には、どれだけ一般的な内容にせよ、φの内容は固定されている。たとえば、人間の小脳の神経細胞では、具体的な右手の動きが表象されているのにたいして、脳内の情報処理の流れにおいてより上流にある、運動前野の神経細胞では、右手を挙げるというより一般的な内容が表象されている。このように、より上流にさかのぼるにしたがって、指令的表象の内容は、より一般的、抽象的になる。しかし、記述的表象と異なり、その内容は、つねに特定の行動と関連づけられているのだ。

以上の考察をふまえれば、3種類の本来的表象は、以下のように定式化できる。

オシツオサレツ表象：ある生物Oの内部状態Sは**オシツオサレツ表象**である⇔「Sがあるとき、そしてそのときにのみOはφする」を満たすある特定の行動φが存在し、かつ、Oは記述的な本来的表象を持たない。

記述的表象：ある生物Oの内部状態Sは**記述的な本来的表象**である⇔「Sがあるとき、そしてそのときにのみOはφする」を、複数の行動φ1、φ2…が満たすことができる。

指令的表象：ある生物Oの内部状態Sは**指令的な本来的表象**である⇔「Sがあるとき、そしてそのときにのみOはφする」を満たすある特定の行動φが存在し、かつ、Oは記述的な本来的表象を持つ。

これらの定義によって、どのような生物のどのような内部状態が本来的表象なのかを特定することが可能になった。つぎの課題は、ある表象がなにを表しているかを特定する方法を明らかにすることだ[83]。

第4節　本来的表象の自然化（その2）：本来的表象はなにを表象しているのか

本来的志向性を自然化しようという立場からは、志向性の自然化にかんする2番目の問い、すなわち、ある表象はなにを表象しているのかという問いには、どう答えることができるだろうか。

分節表象

第1節で見たように、この問いにたいする、標準的な志向性理論からの解答は、ある表象はそれと共変化する事物を表象する、というものだ。たとえば、ライオンが目の前にいるとき、そしてそのときにのみ、ある表象状態が生じるのだとすれば、その表象はライオンを表象するのだ。しかし、第4章第2節で見たように、意識の表象理論の基礎としては、このような考え方には問題がある。

標準的な考え方には、さらに別の問題もある。単純な生物に適用した場合、この考え方はあまり説得的ではないのだ。たとえば、おなじ単純な構造の認知システムを持つ2種類の生物が、それぞれ異なる環境で生活しているとしよう。一方の環境では、捕食者は黄色い大きな動物（ライオン）で、獲物は白い小さな動物（ウサギ）だ。これにたいして、他方の環境では、捕食者は白い大きな動物（シロクマ）で、獲物は黄色い小さな動物（キツネ）だ。このとき、一方の環境ではライオンによって、他方の環境ではシロクマによって、おなじタイプの内部状態が生じ、この内部状態はおなじ行動（逃避行動）を引き起こす。ここで、このような単純な構造しか持たない生物の内部状態が、一方ではライオンを、他方ではシロクマを表象すると考えるのは、不適切に思われる。この内部状態は、むしろ、（あえて日本語で表現すれば）捕食者あるいは逃げるべき対象を表しているように思われるのだ。

前節の考察をふまえれば、このように考えることは、自然なことでもある。本来的表象の本質的な役割は、遠位の事物にたいする適切な行動を可能にすることだ。ここで、生物が適切に行動するとは、自然選択される可能性を高めることだとすれば、そのために必要なことは、捕食者から逃れたり、食料を獲得したり、子孫を残したりすることだ。生物にとって、これらの目的を達成するうえでの課題は、自分自身の生存に重要な事物を同定し、それにたいしてふさわしい行動をとることだ。この課題をこなすために、生物は、周囲の事物の物理的性質を忠実に再現する必要はない。生物は、食事や生殖といった目的に必要なかぎりで、事物を分類できれば十分だからだ。現実世界の生物は、有限な認知能力しか持たない。そのような生物にとって意味のある表象とは、みずからの生存に有用な仕方で、周囲の事物を分類するものだ。これが本来的表象に求められる役割だ。

本来的表象は、世界をありのままに写し取ることを目的とするのではなく、みずからの生存にとって有用な仕方で世界を分節化することを目的とする。この点を明確にするために、事物それ自体のあり方を写し取る表象を再現表象と呼び、事物をみずからの関心に応じて分類する表象を分節表象と呼ぶことにしよう。ここまでの議論からわかることは、**本来的表象は必然的に分節表象だということだ。**(84)

ここで、このように考えるならば、もはや本来的表象は表象とは言えないのではないか、という疑問を抱く人がいるかもしれない。たしかに、世界をありのままに写し取るものだけを表象と呼ぶならば、本来的表象は表象ではないことになる。その意味では、このような内部状態を、なおも「表象」と呼ぶことはミスリーディングかもしれない。しかし、重要なのは、生物のうち、あるものはこのような内部状態を持ち、あるものは持たないということと、このような内部状態は、意識経験と密接な関係にあるということだ。この内部状態を表象と呼ぶかどうかは、言葉づかいの問題でしかないのだ。

内在主義的な内容理論

さて、本来的表象は分節表象だという考え方が正しいとすれば、**本来的表象の志向的内容を事物の**

物理的性質のなかに探し求めることは、根本的に間違った試みだということになる。本来的表象は、世界をありのままに再現するものではないからだ。

では、本来的表象の志向的内容はどのように特定できるのだろうか。2つの可能性が考えられる。第一の可能性は、ある表象がなにを表すかは、**その表象が属する表象システムの構造と、そこにおけるその表象の位置づけによって決まる**、というものだ。第二の可能性は、ある表象がなにを表すかは、その表象がどのような行動を生みだすかによって、言いかえれば、**その表象がどのように使用されるかによって決まる**、というものだ。

まず、第一の可能性を検討しよう。基本的な発想はつぎのようなものだ。一方で、ある表象システムを持つ生物の行動をくわしく観察すれば、それらの行動を生みだす一群の表象が、どのような志向的内容を持っていなければならないかを、ある程度特定できる。他方で、われわれが経験する一群の性質は、相互に類似していたり、対照的だったりする。そのような性質相互の関係に基づいて、一群の性質を、特定の構造を持つ空間内に位置づけることができる。この空間は、**質空間**（quality space）と呼ばれる[85]。ここで、問題の表象システムに属する表象相互の関係と経験される性質相互の関係に同型性が見出されるならば、一群の表象は一群の性質を志向的内容とすると考えることができる。これが基本的な発想だ。

色を例として、具体的に考えてみよう。われわれが経験する色は、相互に類似していたり、対照的だったりする。たとえば、オレンジは赤や黄に類似しているが、赤と緑は対照的だ。また、オレンジよりも朱色のほうが、赤により類似している。こういった相互関係にもとづいて、われわれが視覚的

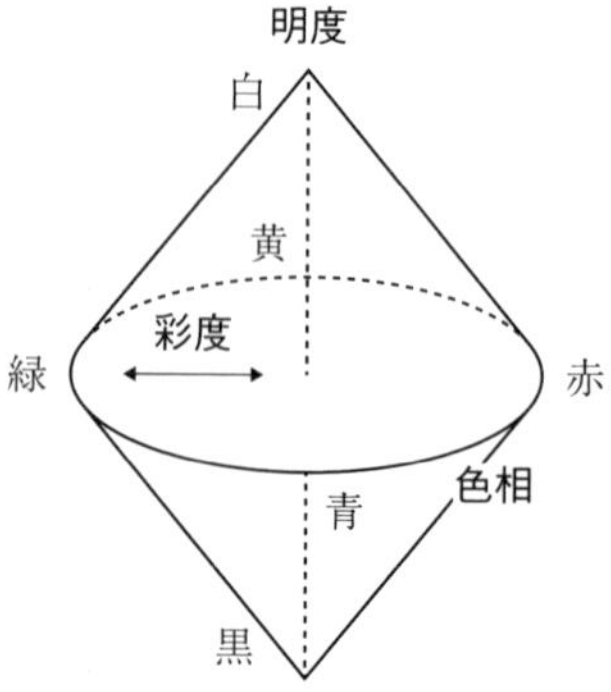

図5-8　色立体

に経験する色は、明度、彩度、色相という3つの次元からなる三次元空間内のどこかに位置づけることができる。色の明るさや暗さには上限があり、赤、青、緑といった色合いのバリエーションにもかぎりがある。それゆえ、さまざまな色が位置づけられる空間領域はかぎられていることになる。色は、3つの閉じた次元を持つ質空間を構成するのだ。色彩科学では、色が構成する質空間は色立体（color solid）と呼ばれている（図5－8）。

　他方、ある生物が、一群の表象にもとづいてどのように対象を識別するかをくわしく調べれば、一群の表象の志向的内容がどのような関係にあるかを明らかにできるはずだ。たとえば、ある生物に、大きさの異なる物体A、B、Cのなかで、AはBまたはCのどちらに類似しているかを判断させるという課題をくりかえさせれば、この生物は、類似性を判断するという課題を学習できるだろう。このような訓練をしたうえで、大きさはおなじで表面反射特性の異なる3つの物体を用いて、同様の課題をくりかえせば、この生物の表象において表象されている性質が、どのような相互関係にあるかがわかるはずだ。このような作業によって、一群の表象によって表象される性質がどのような質空間を構成するかを特定できるのだ。

　このような作業の結果、この生物が表象する性質が構成する質空間は、色立体と同様の構造を持つことが明らかになったとしよう。ここで、**質空間の構造はそこに含まれる性質を決定する**のだとすれ

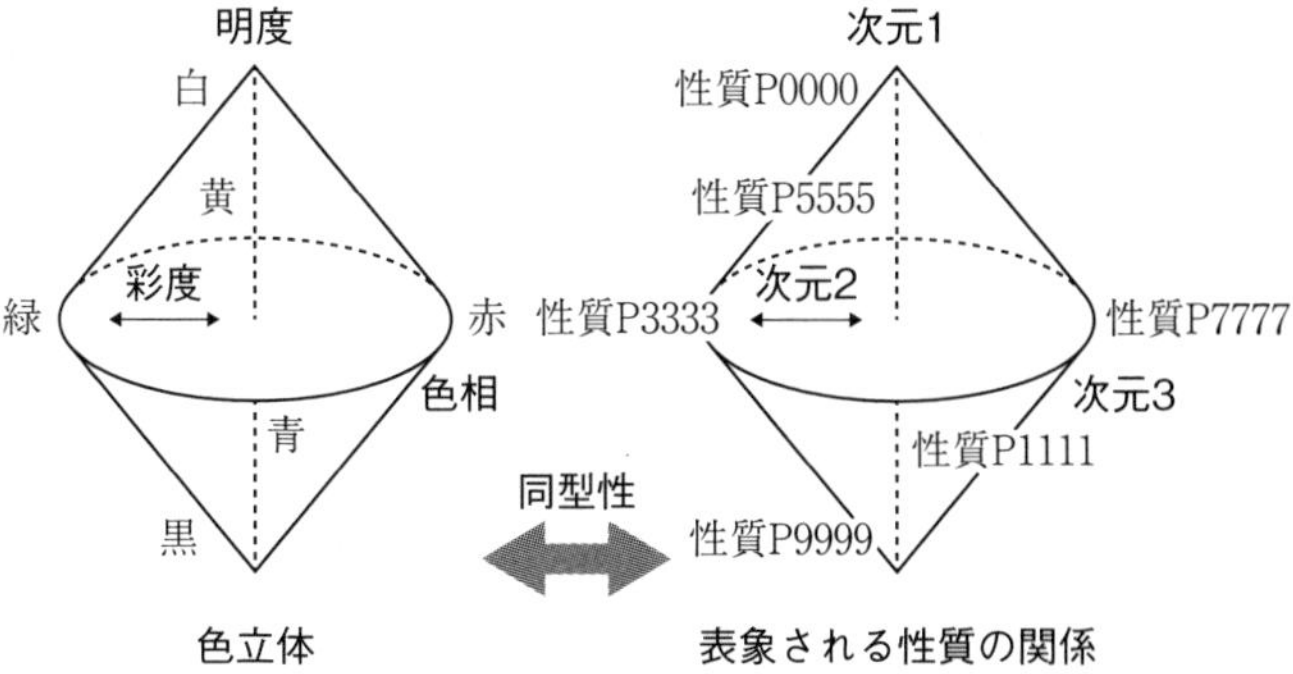

図 5-9：内在主義的な内容理論

ば、この生物の表象は、われわれのＶ４野あるいはＶ８野における神経細胞の活動と同様に、色を表象していることになる。一群の性質が特定の構造を持つ質空間を構成するならば、それらの性質は色にほかならないのだ。この考え方によれば、ある表象の志向的内容は、一群の表象状態の相互関係によって決まることになり、表象システムそれ自体の特徴だけによって決まることになる。そこで、これを**内在主義的な**（internalistic）**内容理論**と呼ぶことにしよう[86]（図５－９）。

しかし、この考え方にはいくつかの問題がある。第一に、この考え方を色以外の事例に適用できるかどうかは疑問だ。たとえば、音の質空間は、大きさ、高さ、音色という３つの次元を持つと言えるかもしれない。しかし、音色がどのような特徴を持つ次元であるかは、明らかではない。音色には無数のバリエーションがあり、それらを相互の類似性に基づいて並べていくことは困難だからだ[87]。匂い、味、身体感覚がどのような構造を持つ質空間を構成するのかは、ほとんど不明だ。また、長さと重さは、どちらも（正の方向にのみ開かれた）一次元の質空間を構成する。したがって、表象相互の関係だけからは、一群の表象が長さを表象しているのか、重さを表象しているのかは、決定できないように思われる。(88) さらに、形のような性質についてどう考えたらよいかも問題だ。色や長さとは異なり、さまざまな形が相互にどのような関係を持つのかは、明らかではないからだ。三角形は、五角形よりも四角形に似ているのだろうか。三角形は、円と楕円のどちらに似ているのだろうか。これらの問いに答えることができなければ、形の質空間を特定することは不可能だ。(89)

第二に、じつは、色についても、志向的内容が表象の相互関係だけによって決定されるのかどうかは疑わしい。表象の相互関係からは、一群の表象の志向的内容が三次元の質空間を構成することはわかるだろう。しかし、どの表象の志向的内容が緑で、どの表象の志向的内容が赤かは、それだけでは決定できない。質空間内のどの質が赤でどの質が緑かを決定するためには、赤は緑よりも目立つといった事実を考慮に入れる必要がある。しかし、表象内容相互の類似性関係だけからは、どの表象の内容がもっとも目立つものかはわからない。ある表象の内容を特定するには、行動とのなんらかの結びつきが必要なのだ。(90)

消費理論

このように、内在主義的な内容理論の適用範囲はかぎられている。そこで、第二の考え方を検討してみよう。第二の考え方は、**ある表象の志向的内容はそれがどのように使用されるかによって決まる**、というものだ。ここでは、このような理論を**消費理論**（consumption theory）と呼ぶことにしよう。

消費理論の利点は、内在主義的な内容理論が直面したいくつかの問題を回避できることだ。第一に、長さと重さの違いは、行動との関係の違いによって説明できる。ある表象が対象の長さを表象しているとすれば、その表象は、対象をつかむ動作の制御などに使用されるはずであり、対象の重さを表象しているとすれば、その表象は、対象を持ち上げる動作の制御などに使用されるはずだからだ。第二に、赤と緑の違いも、表象と行動との関係から説明できる。たとえば、赤は緑よりも目立ち、容易に特定が可能だ。消費理論では、このような違いにもとづいて、赤の表象と緑の表象を区別できるのだ。

しかし、消費理論にも問題がないわけではない。たしかに、使用の違いにもとづいて赤表象と緑表象を区別することは可能かもしれない。しかし、ほとんどの色には、固有の使用法があるようには思えない。ほとんどの色には、相互識別という一般的な使用法しかないからだ。また、表象の使用と呼びうるもののなかには、志向的内容の特定に無関係と思われるものもある。たとえば、わたしと妻が2種類のコーヒーを試飲しているとしよう。われわれは、どちらも両者を識別でき、1番の豆は2番の豆よりも苦みが強いという点でも認識が一致している。それでもなお、わたしは1番が好きだが、妻は2番が好きかもしれない。このとき、1番の味の表象状態と2番の味の表象状態は、わたしと妻において、異なる仕方で使用されていることになる。しかし、だからといって、われわれが異なる味を経験しているとはかぎらないだろう。好き嫌いという使用は、志向的内容の特定には無関係に思えるのだ。[91]

われわれが直面しているのは、つぎのようなジレンマだ。本来的表象の志向的内容を、純粋に内在主義的に特定しようとすれば、赤と緑や長さと重さを区別することが困難になる。本来的表象の志向的内容を使用だけによって特定しようとすれば、多くの色を特定することが困難になったり、同じ志向的内容を持つ表象を個人間で共有することが困難になったりする。

このジレンマを抜け出すには、前節で導入されたオシツオサレツ表象と記述的な表象という区別に、ふたたび目を向ける必要がある。前節で確認したように、オシツオサレツ表象にとって、特定の行動との結びつきは本質的だ。したがって、**オシツオサレツ表象の志向的内容を特定する方法としては、消費理論がふさわしい**はずだ。単純な認知システムを持つ生物において、ある表象が逃避行動を引き起こすならば、その原因にかかわらず、その内容は「捕食者がいる／逃げろ」というものだというのは、自然な解釈だ。

これにたいして、記述的な表象は、特定の行動との結びつきを持たない。したがって、**記述的な表象の内容を特定する方法としては、内在主義的な理論がふさわしい**はずだ。しかし、右で見たように、人間における色知覚表象の内容は、純粋に内在主義的なやり方では決定できない。ここで鍵となるのは、色の相互識別も、広い意味での表象使用の一種だということだ。青表象や黄表象は、個別には特定の行動と結びついているわけではない。しかし、色表象システム全体としては、対象を相互に識別し、分類するという行動と、本質的な関係を持っている。このように考えれば、**内在主義的な内容理論は、消費理論の一特殊形態**だと言うことができるだろう。ある生物が、表象システムにもとづいて対象の詳細な識別を行うときには、その表象システムを構成する個々の表象は、個別的には特定の行動との結びつきを持たないが、それぞれ別の行動と結びつきを持ちうるものである必要がある。このとき、これらの表象は記述的な表象となるのだ。このような見方によれば、オシツオサレツ表象と記述的な表象のあいだには、明確な線引きはないことになる。ある意味では、記述的な表象は、オシツオサレツ表象の特殊事例だからだ。表象がより記述的になるにつれて、表象は特定の使用との結びつきを失い、志向的内容の特定においては、表象相互の関係が重要になるのだ(92)。

このように、**本来的表象の志向的内容を理解するうえでは、消費理論がより本質的な見方だ**。ここで、消費理論は、標準的な自然主義的な志向性理論とは根本的に異なる考え方だという点に注意が必要だ。消費理論においては、ある表象がなにを表すかは、その表象が他の表象や行動とどのような関係を持つかによって決まり、その表象と周囲の事物との共変化関係は本質的でないからだ。

ここから帰結するのは、異なる物理的性質がおなじ志向的内容を持つ表象を引き起こすことは珍しくない、ということだ。たとえば、第3節に出てきた生物O2において、C5は「捕食者がいる／逃げろ」という内容を表しているが、それを引き起こすのは、色の濃い大きい対象と、色の薄い小さい対象だ。消費理論によれば、どちらによってC5が生じた場合でも、その志向的内容は、「捕食者がいる／逃げろ(93)」というものになる。**消費理論によれば、表象の原因は、表象の内容にとって本質的ではない**のだ。

誤表象

ここで、消費理論では**誤表象**をうまく説明できるだろうか、という疑問が生じるかもしれない。多くの人が、誤表象の可能性があることは、表象にとって本質的だと考えている。そして、標準的な志向性理論では、誤表象は簡単に説明できる。ある表象は、それが表象する事物のなんらかの内在的性質を表象するのだから、事物が実際にはその性質を持たないときには誤表象となるのだ。これにたいして、消費理論によれば、本来的表象は、外的事物の内在的性質を表象するわけではない。したがって、この考え方のもとでは、誤表象が存在することを説明できないように思われるのだ。

しかし、消費理論のもとでも、正しい表象と誤った表象を区別することは可能だ。本来的表象が外的な事物の内在的性質を表象しているわけではないとしても、外的な事物の性質を表象しているのだとすれば、ある表象が正しい表象であるときには、**その事物をくりかえし知覚したとき**（事物そのものに変化がなければ）、**表象内容は同一でなければならない**。この条件が満たされない場合には、少なくともどちらか一方は誤表象だということになる。

このような考え方にもとづいて、錯覚が誤表象であることを説明できる。たとえば、まっすぐな棒を水につけると、その棒は曲がって見える。しかし、もし棒そのものが曲がっているのだとすれば、水から出しても、棒は曲がって見えるはずだ。実際にはそうでないことから、水につけたときの知覚経験は誤りだということがわかるのだ。

では、ドレツキ（Dretske 1986）が論じている、つぎのような例はどうだろうか。あるる種のバクテリアは、みずからの体内に、磁力を持つ鉱物からなる磁性体（magnetosome）と呼ばれる器官を持つ。磁性体は、地磁気の向きを検出する。このバクテリアは水中で生活しているが、酸素を嫌うために、なるべく水面から遠ざかろうとする。北半球においては、地磁気のS極の方向と水面の方向がほぼ一致するため、バクテリアは、磁性体が検出した地磁気の向きを手がかりとして、水面から遠ざかることができる。では、磁性体の状態は地磁気の向きを表象しているのだろうか、それとも、水面の方向を表象しているのだろうか。また、このバクテリアを南半球に移せば、地磁気と水面の関係が逆転するために、バクテリアは水面に向かって移動することになる。このとき、バクテリアは誤表象しているのだろうか(94)（図5－10、図5－11）。

この事例では、南半球にいるかぎり、磁性体はつねにおなじ状態となる。したがって、右の条件だけでは、これは誤表象とみなすことはできない。しかし、あるものが誤表象かどうかを判断するさいには、もう1つ重要な条件がある。本来的表象の存在意義は、その表象を持つ生物の生存を助ける仕方で、生物の行動を導くことだ。したがって、ある表象が誤表象であるかどうかを考えるうえでは、**ある状況でその表象が生じた場合と、別の表象が生じた場合とで、どちらが生存の可能性を高めるかという**ことも重要なはずだ。この点では、バクテリアの磁性体は、南半球にいるときでも、水面とは逆の方向を進むべき方向として示すべきだということになる。そうしなければ、酸素にさらされてしまうからだ。もちろ

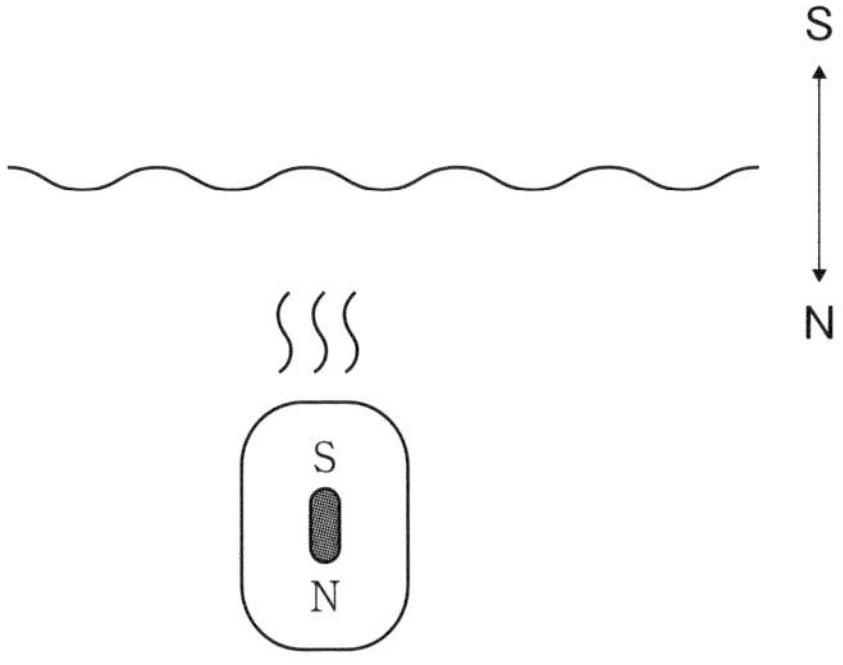

図5-10　北半球における磁性体をもつバクテリア

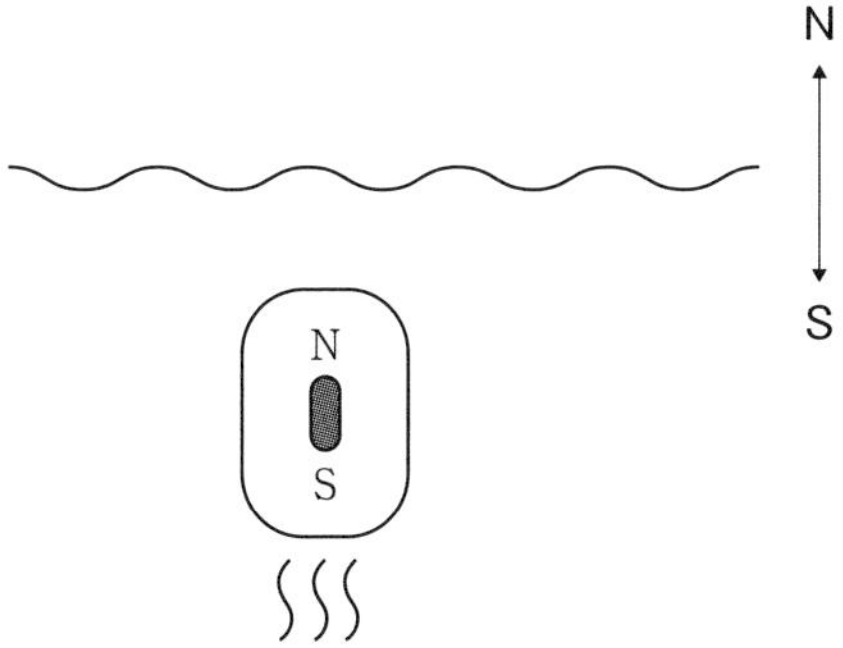

図5-11　南半球における磁性体をもつバクテリア

ん、バクテリアの認知能力がきわめて限られたものであることを考えれば、このバクテリアが、南半球において実際にそのような表象状態を持つことは不可能だろう。しかし、われわれが経験する錯覚について考えてみれば明らかなように、ある表象が正しいかどうかは、その状況で別の表象を形成することが可能かどうかとは、独立に判断されるべきことだ(95)。

もう1つの有名な事例であるカエルの知覚表象（cf. Dennett 1987, Ch.4）についてはどうだろうか。ある種のカエルは、動く黒い点を見ると、それにたいする補食行動をとる。カエルが通常置かれている環境では、動く黒い点であるのはハエなどの小さな生物なので、この行動はカエルの生存を助ける。しかし、カエルの目の前に黒い粘土の小球などを投げても、カエルは同様の補食行動を示す。ここで、カエルの知覚表象の志向的内容は、ハエなのか、それとも動く小さな点なのかという疑問が生じる。また、粘土の小球によって引き起こされた表象は、正しい表象なのか、誤表象なのかという疑問も生じる。

消費理論の立場からは、つぎのような説明を与えることができる。この事例におけるカエルの表象は、オシツオサレツ表象の一種だと考えられる。したがって、この表象の志向的内容は、行動との関係から理解されるべきだ。この表象状態は、補食行動を引き起こすものだから、その内容をあえて日本語で記述すれば、「動く小さな点」ではなく、「食べもの／食べろ」といったものになるだろう。そうだとすれば、それが粘土の小球によって引き起こされたときには、それは誤表象だということになる。粘土の小球を食べることは、カエルの生存に貢献しないからだ。このような状況では、カエルは「食べものではない／食べるな」という表象状態を形成すべきなのだ（あるいはいかなる表象も形成すべきではないのだ）。

以上の考察によれば、ある表象が誤表象であるための基本的な条件は、**より適応的な行動を可能にする別の表象が存在することだ**。そのようなときには、（その状況で別の表象を形成することが可能かどうかにかかわらず）この別の表象こそが、正しい表象なのだ。そのような表象が存在しない場合には、それを誤表象と呼ぶことは不適切だ。たとえば、人間の（肉眼による）視覚経験において、1.01㎜の線分と1.02㎜の線分は、おなじ長さとして表象されるだろう。しかし、両者を区別して表象することは、人間にはそもそも不可能だ。そうだとすれば、この場合には、どちらか一方（あるいは両方）を誤表象と言うことはできないのだ。

＊

この章では、志向性を自然化する方法を検討してきた。標準的な志向性理論は、意識の表象理論の基礎としては、望ましいものではない。その代案となるのは、本来的表象と派生的表象を区別する考え方だ。この区別は、他の表象や行動との関係にもとづいて定義可能だ。また、どのような生物が本来的表象を持ち、その生物のどの内部状態が本来的表象であるかは、その内部状態と行動の関係にもとづいて特定可能だ。さらに、本来的表象の志向的内容は、その表象がどのように使用されるかにもとづいて特定可能だ。**これらはいずれも、表象と行動との因果関係であり、物理主義者が説明に利用できる道具立てだ**。したがって、本章で展開してきた考え方は、標準的な理論とは大きく異なる理論だが、依然として、自然主義的な志向性理論とみなしうる理論なのだ。

中間地点でわれわれが置かれた状況を思い出そう。意識の表象理論は、クオリアにかんする志向説と、自然主義的な志向性理論という2つの要素を持っていた。そして、クオリアにかんする志向説は、意識経験の分析として説得的なものだった。これにたいして、従来の自然主義的な志向性理論は、意識と表象をうまく結びつけることができるものではなかった。**本章の考察からわかったことは、後者には修正の余地があるということだ。**いまわれわれが手にしているのは、**クオリアにかんする志向説と、自然主義的な本来的表象の理論を要素とする、修正版の意識の表象理論**だ。次章では、この新たな武器を手に、表象理論が直面した3つの問題に再挑戦しよう。

第5章のまとめ：

◎表象には、他の表象の存在を前提とするものと、しないものがある。後者、すなわち本来的表象こそが、意識の自然化の鍵となる表象だ。
◎ある生物が本来的表象を持つとき、その生物は、遠位の事物のあり方に応じて行動できる。
◎単純な生物においては、本来的表象は、特定の行動と結びついたオシツオサレツ表象として働く。複雑な生物では、表象システムにおいて、記述的表象と指令的表象が分化する。記述的表象は、特定の行動との結びつきを持たない。
◎本来的表象の志向的内容は、その表象がどのように使用されるかによって決まる。対象の相互識別も、表象使用の一種だ。
◎ある表象が正しい表象か誤表象かは、その表象がくりかえし生じるかどうかと、ある状況で生物の生存可能性をより高める別の表象があるかどうかによって決まる。

第6章　ミニマルな表象理論：意識と表象の本当の関係

現在地点を確認しよう。第3章では、クオリアにかんする志向説を採用すれば、多種多様な意識経験を知覚経験として統一的に理解できることを明らかにした。この分析と、自然主義的な志向性理論を組み合わせた意識の表象理論が、意識を自然化するもっとも有望な戦略だった。しかし、第4章では、意識の表象理論は3つの重大な問題に直面することが明らかになった。それらはいずれも、意識と表象のあいだに残されたギャップに由来する問題だった。

このような議論をふまえて、第5章では、自然主義的な志向性理論について再検討した。そこでわかったことは、共変化理論や目的論的理論のような標準的な志向性理論は、意識を自然化する基礎としては適切なものではないということだった。第5章の後半では、これらに代わる志向性理論の可能性を探った。そこでわかったのは、以下のようなことだ。①物理主義の枠組のもとでも、本来的表象と派生的表象を区別できる。②本来的表象を持つ生物と持たない生物は、行動様式の違いにもとづいて区別できる。③ある生物のどの内部状態が本来的表象であるかは、行動との関係にもとづいて特定できる。④ある本来的表象がなにを表すかは、その表象がどのように使用されるかにもとづいて特定できる。これが、従来の志向性理論に代わる、**物理主義的な本来的志向性の理論**だ。

従来の志向性理論を物理主義的な本来的志向性の理論に置きかえることで、意識の表象理論には、新たな見通しが開ける。この志向性理論のもとでは、意識と表象の関係にかんする新たな見方が可能となるからだ。それは、**本来的表象は意識経験であるという見方**だ。このような考え方を、**ミニマルな表象理論**（minimal representationalism）と呼ぼう。この見方によれば、**本来的表象が意識経験となるためには、さらなる条件は一切必要ない**。この点で、この理論は、意識の表象理論としては、もっとも簡潔な理論だ。それが、この理論をミニマルな表象理論と呼ぶ理由だ（図6-1）。

ミニマルな表象理論の主張は、つぎのように定式化できる。

ミニマルな表象理論：ある表象が本来的表象である⇔その志向的内容は意識経験の内容となる。[96]

ここで、ミニマルな表象理論を採用すべき積極的な理由はあるのか、という疑問を持つ人がいるかもしれない。その理由は以下のようなことだ。第5章で見たように、本来的表象を持つことによって、生物の世界との関わり方は根本的に変化する。ある生物が本来的表象を持つとき、その生物は、遠位の事物にたいして行動できるようになるからだ。本来的表象を持つ生物は、世界を事物の物理的性質にそくして表象するのではなく、みずからの関心に応じて、独自の仕方で分節化する。したがって、**ある生物が本来的表象を持つときには**、**その生物に世界はどのように現れているかを**、**有意味に語ることができる**。これは、その生物の視点について語りうることにほかならない。本来的表象を

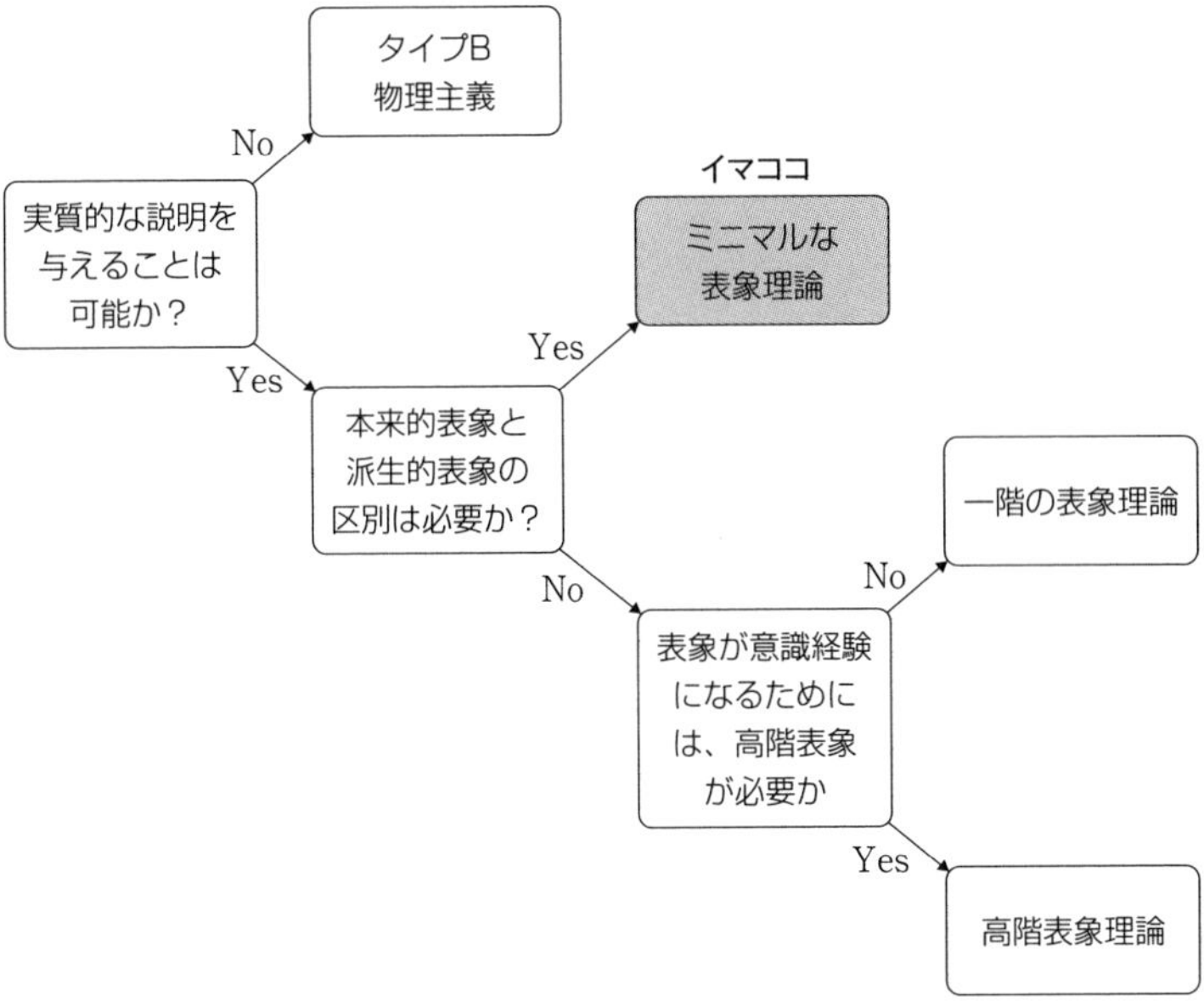

図 6-1　現在地点（第 6 章）

持つかどうかという違いは、世界にたいする視点を持つかどうかの違いであり、すなわち、意識経験を持つかどうかの違いにほかならないのだ[97]。

第4章で問題になったのは、標準的な表象理論においては、ある因果的機能を持つことと意識経験を持つことのあいだに、概念的なつながりが見出せないということだった。ミニマルな表象理論は、このつながりを与えてくれる理論だ。ミニマルな表象理論によれば、**意識経験を持つことは、世界とある特定の仕方で関わることにほかならない。そしてそれは、本来的表象を持つことによって可能になるのだ。**

しかし、さらなる疑問が考えられる。ミニマルな表象理論においては、表象という概念が従来の表象理論とは大きく異なる意味で用いられている。したがって、この理論は、もはや意識の表象理論とは言いがたいのではないか。このような疑問だ。

このような疑問にたいする応答は、以下の通りだ。第5章第4節でも述べたように、分節表象を表象と呼ぶかどうかや、ミニマルな表象理論を表象理論と呼ぶかどうかは、言葉づかいの問題でしかない。重要なのはむしろ、**意識の表象理論には2つの要素があり、そのうち、クオリアにかんする志向説、すなわち、意識経験はすべて知覚経験だという見方には修正の必要がない**、ということだ。意識経験は、紙に書かれた文、あるいは信念や欲求などと同様の表象だという、もう1つの要素にこそ、根本的な修正が必要なのだ。

別の言い方をすれば、**意識のハード・プロブレムが解決不可能に思えたのは、意識経験を再現表象の一種と考えていたからだ**。このように考えるかぎり、なぜある種の表象だけが独特の感じや主観性をそなえるのかという疑問が、不可避的に生じる。そして、この疑問に説得的な解答を与えることは、不可能に思えたのだ。ミニマルな表象理論によれば、この疑問にたいする解答は、**意識経験となる表象とそうでない表象は、そもそも種類が異なる表象だからだ**、ということだ。

しかし、このような単純な理論は、本当に有望なのだろうか。ミニマルな表象理論は、表象理論が直面する3つの問題を解決できるのだろうか。

第1節　ミニマルな表象理論：本来的表象は意識経験である

表象理論が直面する第一の問題は、意識経験である表象を特定するためのなんらかの条件が必要だが、適切な条件を特定することは困難だ、ということだった。この問題にたいするミニマルな表象理論からの答えは単純だ。右でも述べたように、**本来的表象が意識経験となるためには、さらなる条件は必要ない**。

問題は、この単純な理論に反例がないかどうかだ。

まず、われわれの身体の外にある表象、たとえば木の年輪や印刷された文が意識経験ではないことは、本来的表象と派生的表象の区別にもとづいて説明できる。これらはいずれも派生的表象だからだ。[98]

網膜における錐体細胞の活動も排除できる。網膜における錐体細胞の活動と視覚皮質における神経活動のあいだには、重要な違いがあるからだ。たとえば、われわれは、赤い光が見えたらボタンを押すことができる。しかし、おなじ赤い光が見えるときでも、照明条件に応じて、錐体細胞の活動はさまざまに変化する。そして、錐体細胞がある特定の仕方で活動したらボタンを押すということは、われわれには不可能だ。したがって、前章の定義によれば、錐体細胞の活動は本来的表象ではないことになる。このように、錐体細胞の活動が意識経験とならないことも、ミニマルな表象理論で説明可能だ。

盲視、腹側経路損傷、プライミング

ミニマルな表象理論には、より特殊で、そしてより対応が困難な反例がある。その典型は、第2章でも言及した盲視だ。

しかし、盲視は、ミニマルな表象理論にたいする決定的な反例ではない。まず、盲視患者のなかには、光が見えていることは否定するが、光が提示されたときにはなんらかの感じを経験することを認める人もいる。このような報告が正しいとすれば、盲視患者においては、通常の視覚経験よりもはるかに内容が乏しいものであるにせよ、なんらかの意識経験が存在しており、患者はそれにもとづいて行動しているのかもしれない。

ここで参考になるのが、盲人のエコロケーションだ。盲人のなかには、壁に向かって歩くと、壁にぶつかる直前に止まることができる人々がいる。このとき、本人は漠然とした感じを感じるだけで、なぜ目の前に壁があることがわかったのかを説明できない。しかし、現在では、彼らはみずからの足音などの反響音を手がかりとして壁の位置を同定していることが、明らかになっている（cf. Supa, Cotzin and Dallenbach 1944）。盲視患者においても、目への刺激入力が、通常の視知覚とは異なる経路を通って、通常の視覚表象とは異なる（そして通常の視覚表象よりも情報量が乏しい）表象を形成し、それが行動に利用されているのかもしれない。そのような表象を具体的に同定できれば、盲視患者の意識経験も、ミニマルな表象理論のもとで理解可能だろう。

盲視患者のなかには、そのような感じが生じていることを否定する人もいる。しかし、そのような事例にかんしても、表象理論と整合的な解釈は可能だ。そのような盲視患者は、なんらかの意識経験を持つが、意識経験にかんする思考を形成できないために、意識経験の存在を否定していると考えることができるからだ。デネット（Dennett 1991, Ch.11）は、ヒステリー性盲目と盲視の対比を通じて、このような解釈の可能性を示唆している。ヒステリー性盲目患者は、視覚システムにいかなる異常もないにもかかわらず、目が見えないと主張する。しかし、患者の行動を観察すると、本当に目が見えない人よりも高確率でものにぶつかることなどがわかる。このこと自体が、ヒステリー性盲目患者は視覚的な情報を利用していることを示唆している。本当に目が見えないのならば、ものにぶつかる確率は、他の盲人と同程度のはずだからだ。したがって、ヒステリー性盲目のもっとも説得的な解釈は、患者は目が見えるのだが、なんらかの理由でそのことを（場合によっては誠実に）否定している、というものだ。

一切の意識経験を否定する盲視患者にも、同様の解釈が可能かもしれない。網膜から視覚皮質に至る経路が、言語能力や概念能力に関係する領域につながっているとすれば、このような解釈にはそれなりの妥当性があることになる。盲視患者は、視覚皮質の損傷のために、意識経験の内容を概念化できず、それゆえ、経験についての自己知を持つことができないと考えられるからだ。これが事実だとすれば、盲視患者は、なんらかの標準的でない経路を介して、目から得られた情報にもとづいて行動できるが、意識経験があることを否定していることになる。

このような説明にたいしては、ヒステリー性盲目患者の場合には視覚皮質の働きが保持されているのにたいして、盲視患者では視覚皮質に大規模な損傷があるのだから、この類推は不適切なのではないか、という批判があるかもしれない。しかし、一部の盲視患者には意識経験が生じていないことを認めたとしても、ミニマルな表象理論と整合的な説明は可能だ。第2章でも述べたように、盲視患者は、質問者の促しに応じて光の有無や位置を答えることができる。しかし、彼らは、自発的に光に注意を向けたり、光について語ったりすることはできない。また、盲視患者の報告や同定の正解率は、偶然より有意に高いものの、晴眼者の正解率とは大きな隔たりがある。晴眼者であればほぼ100％の正確さで光の有無を判定できる状況でも、盲視患者の正解率は7割程度でしかないのだ。これらの事実は、盲視患者の脳状態は、血糖値がわれわれの行動に変化を与える場合と同様に、**間接的な形で行動に影響するだけ**だということを示唆している。そうだとすれば、盲視患者の脳状態は本来的表象ではないことになり、盲視患者が意識経験を欠くことは、ミニマルな表象理論と整合的だということになる。

　腹側経路損傷患者についてはどうだろうか。近年の神経科学研究では、目から一次視覚野へ送られた情報は、そこで2つに分かれ、一方は側頭葉の下部に、他方は頭頂葉に向かうことが明らかになっている。前者は腹側経路（ventral pathway）、後者は背側経路（dorsal pathway）と呼ばれる。イメージング研究や脳損傷患者の研究によって、腹側経路は対象がなんであるかの同定に関係し、背側経路は対象にたいする行動の制御に関係することが明らかになっている。そして、脳卒中などで腹側経路に損傷が生じた患者は、あるものを見てもそれがなにかを同定することはできないが、それにたいして適切に行動できることが知られている。たとえば、このような患者に、ポストの投函口のような長方形の穴をさまざまに傾けたものを見せると、患者は穴の向きを言語報告したり、身振りで示したりすることはできないが、この穴にハガキ状の木の板を入れるように指示されると、うまく行動できる。

このことは、患者の背側経路には穴の向きを表象する脳状態が存在し、それが実際に患者の行動を制御しているが、そこには意識経験がともなわないことを示していると考えられる（cf. Goodale and Milner 2004）。この例もまた、ミニマルな表象理論にたいする反例のように思われるのだ。

しかし、この例においても、腹側経路損傷患者の行動と意識経験を持つ人の行動には、違いがある。腹側経路損傷患者は、穴に関連する行動を自発的に示すことはできず、板を差し込むように命じられてはじめて、行動の調節が可能になる。この点で、患者の行動可能性は、穴の視覚経験を持つ人の行動可能性とは異なるのだ。したがって、前章の定義に従えば、背側経路の神経活動は、本来的表象状態ではないことになる。腹側経路損傷患者が意識経験を持たないことも、ミニマルな表象理論と整合的に理解可能なのだ[99]。

では、プライミング（priming）はどうだろうか。たとえば、被験者が気づかないくらいの短時間、リンゴの写真を見せたのちに、果物の名前をいくつか挙げるように指示すると、リンゴの写真を見せなかった場合よりも、リンゴを最初に挙げることが多くなる。このような現象はプライミングと呼ばれる。プライミングにおいても、無意識的な表象状態が被験者の行動に影響を与えていると考えられる。これもやはり、意識と表象が乖離する事例のように見えるのだ。

しかし、プライミングにおける無意識的な表象状態と、意識経験である表象状態のあいだには、やはり重大な違いがある。その状態にもとづいてどのような行動が可能になるかという点で、両者には違いがあるからだ。リンゴの意識経験は、リンゴに自発的に手を伸ばしたり、「リンゴがある」と発話したり、そのリンゴについて考えたりすることを可能にする。これにたいして、プライミング実験において、リンゴによって生じた神経活動は、刺激提示の直後になされる課題で、「リンゴ」という語が報告される可能性を高めるにすぎない。このように、プライミングによって生じる神経活動は、リンゴの視覚経験と同様の因果的機能を持たない。この神経活動は、本来的な表象状態ではないのだ。したがって、プライミングもミニマルな表象理論と整合的に理解可能だ。

命題的態度

しかし、ミニマルな表象理論には、もう1つ重大な反例がある。それは命題的態度だ。われわれは、外界の事物を知覚するだけではなく、世界のあり方について思考したり、世界がある状態になることを欲したりする。これらの心的状態、いわゆる命題的態度もまた、本来的志向性を持つ表象状態であるように思われる。命題的態度も、その表象内容に応じてさまざまな行動を可能にするからだ。そうだとすれば、ミニマルな表象理論によれば、命題的態度も意識経験となるはずだ。しかし、実際には、われわれの命題的態度のうち多くのものは、意識経験ではない。たとえば、われわれは、地球は丸いという信念をつねに持っているが、その内容が意識経験に現れることはほとんどない。したがって、ミニマルな表象理論には、命題的態度を排除するためのなんらかの条件が必要なのではないだろうか。

ここで問題となるのは、無意識的な命題的態度だ。第3章で検討したように、意識的な命題的態度は、聴覚イメージ経験を本来とは別の仕方で利用したものとして、表象理論のもとで理解可能だからだ。

この問題を考えるために、まず、無意識的な命題的態度が行動とどのように関係するかを確認しよう。たとえば、わたしがのどの渇きを感じたときには、わたしは「麦茶でも飲むか」と意識的に考え、冷蔵庫から麦茶を取り出して、コップに注ぐ。このとき、わたしの意識的な思考と行動のあいだには、さまざまな無意識的な命題的態度が関与していると考えられる。たとえば、麦茶は冷蔵庫に入っているという信念を持っていなければ、右の意識的思考が生じたとしても、わたしは冷蔵庫には向かわないだろう。

このような図式が一般的に成り立つとすれば、**無意識的な命題的態度とは、本来的表象を持つ生物の認知システムにおいて、本来的表象と行動を媒介するものとして働くもの**だと言うことができる。意識経験と無意識的な命題的態度は、われわれの心のなかで、異なる役割を担っているのだ。

両者の役割の違いは、両者の内容の違いからも見てとることができる。第7章でくわしく論じるように、意識経験が、本質的にいまここにおける世界のあり方を示すものであり、それゆえ、刻一刻と内容を変化させるのにたいして、無意識的な命題的態度の多くは、一定の内容を保ったまま長時間保持される。**無意識的な命題的態度は、それ自体が本来的表象なのではなく、本来的表象と行動を媒介する別種の心的状態なの**だ[100]。

つぎのような考察も、この見方を支持している。第5章第3節の議論を思いだそう。ある内的状態が本来的表象であるのは、それが生じるとき、そしてそのときにのみ可能ななんらかの行動がある場合だった。知覚表象は、この条件を満たしている。たとえば、心理学実験においては、赤い光が見えたとき、そしてそのときにのみボタンを押すというような行動が可能だからだ。意識的な命題的態度も、この条件を満たすことができる。明日雨が降ると意識的に考えているとき、そしてそのときにのみボタンを押すということが可能だからだ。これにたいして、無意識的な命題的態度は、この条件を満たすことができない。冷蔵庫に麦茶があると無意識的に信じているとき、そしてそのときにのみ可能な行動は、存在しないように思われるからだ。命題的態度が行動と直接結びつくには、それが意識的なものにならなければならないのだ。このようなことからも、無意識的な命題的態度は、じつは本来的表象ではないと考えられるのだ。

高次の性質

最後に、もう1つ別の事例についても検討しておこう。われわれは、知覚経験を通じて、事物のさまざまな性質を同定できる。そのなかには、色や形といった、おそらく人間以外の動物でも同定できるものから、ストライクであることや逆転ホームランであることのように、人間でなければ知覚できないものもある。これらはいずれも知覚経験を通じて同定可能であり、そのさいに生じるわれわれの内部状態は、本来的表象と呼ぶにふさわしい仕方で、われわれの行動に影響する。たとえば、あるボールがストライクであることを見てとれば、バッターはそのボールを打ちに行く。これは、本来的表象にふさわしい行動との関係だ。しかし、ボールがストライクであることは、ボールの白さとおなじような仕方で、バッターの知覚経験に現れているのだろうか。

クオリアについて論じられるとき、一般に問題にされるのは、色、音、味、感覚といったものであり、ネコであるという性質やストライクであるという性質のクオリアが問題となることはまれだ。しかし、これら二種類の性質、いわゆる**低次の性質**（low-level properties）と**高次の性質**（high-level properties）のあいだに本質的な違いがあるのだとしたら、その違いがなにに由来するのかを、ミニマルな表象理論で説明する必要が生じるのだ。

高次の性質が知覚経験の内容となるかどうかは、現在さかんに議論されている問題だ。[101] ここでは、考えられる選択肢は、いずれもミニマルな表象理論と整合的だということを確認しておこう。

第一に、高次の性質は、低次の性質とおなじ仕方で知覚経験の内容となるのかもしれない。これが事実だとすれば、低次の性質の表象と高次の性質の表象は、どちらも本来的表象であり、おなじように意識経験となると考えればよいだろう。[102]

第二に、高次の性質は、そもそも知覚経験の内容となることはなく、思考の内容となるだけなのかもしれない。この見方もまた、ミニマルな表象理論と両立可能だ。低次の性質だけが本来的表象の内容となると考えればよいからだ。

ミニマルな表象理論にとって不都合だと考えられるのは、第三の可能性だ。第三の可能性とは、低次の性質と高次の性質は、どちらも知覚経験の内容となるが、意識経験において質的な現れ方をするのは低次の性質だけだ、という場合だ。

しかし、このような可能性も、ミニマルな表象理論と整合的に理解可能だ。ここでヒントになるのは、ドレツキ（Dretske 1995）による2種類の知覚の区別だ。たとえば、テーブルに置いてあるアボカドの色が濃くなったのを見て、アボカドが熟したことを見てとるとき、わたしが直接知覚しているのはアボカドの色だ。しかしわたしは、色の知覚と、アボカドの色と中身の熟成具合の関係にかんする知識から、アボカドが熟したことも、間接的に知覚できる。ドレツキは、後者を**置換知覚**（displaced

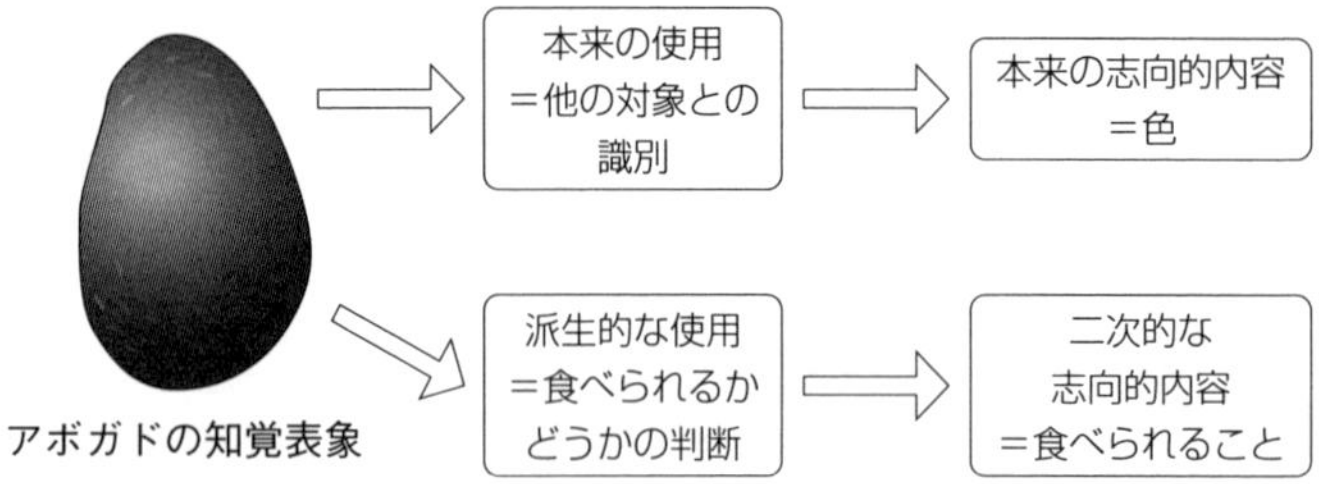

図 6-2　低次の性質の知覚と高次の性質の知覚

perception）と呼ぶ（図６－２）。

置換知覚は、つぎのようなメカニズムにもとづくと考えられる。われわれは、まず低次の性質の本来的表象を形成する。この表象は、その内容に応じた仕方で行動を制御し、その内容は意識経験の内容となる。しかし、われわれは、この表象を本来の使用方法とは異なる仕方で使用することもできる。たとえば、色の知覚表象を、ある対象を他の対象から識別することだけでなく、ある対象が食べるのに適しているかどうかを判断することに用いることができるのだ。このとき、この表象は、本来持っている志向的内容とは別の志向的内容を獲得する。高次の性質は、このような二次的な志向的内容として、知覚経験の志向的内容となるのだ。このように考えれば、意識経験において低次の性質だけが質的な性格を持つことを、ミニマルな表象理論と整合的に理解できる。

　このように、高次の性質をめぐる論争がどのように決着するにせよ、高次の性質の知覚がミニマルな表象理論にたいする重大な反例となることはないだろう。

　以上の考察によれば、ミニマルな表象理論は、さまざまな反例にうまく対処できる。従来の表象理論と異なり、この理論は、意識経験の範囲を不当に狭めることも、不当に広げることもない理論なのだ。(103)

第2節　自然主義的観念論（その1）：物理的性質と経験される性質の関係

つぎに、表象理論が直面する第二の問題について考えてみよう。

第二の問題は、事物の経験される性質と事物の物理的な性質はどのような関係にあるのか、というものだった。この問いにたいして、表象理論の支持者は、両者は同一の性質だと答えようとする。しかし、このような立場をとれば、なぜ意識経験においては事物の物理的性質が特殊な仕方で与えられるのかが問題となり、この問題に答えるために、非物理的な存在者を認めるか、意識経験の実在性を否定するかというジレンマに直面することになったのだ。

経験される性質

この問題にかんしても、本来的志向性と派生的志向性を区別することで、物理主義者には新たな道が開ける。意識の自然化をめぐる従来の議論では、経験される性質を外的事物の物理的性質と同一視できなければ、経験される性質は、経験そのものの非物理的な性質や、経験に現れる非物理的な対象の性質と考えるほかないと考えられていた。しかし、意識経験が本来的表象にほかならないとすれば、このような前提は誤りだということになる。

前章で見たように、本来的表象は、近位の刺激ではなく、遠位の事物にたいして適切に行動することを可能にするものだ。本来的表象は、この目的を果たすために、さまざまな対象を、ある生物の関心に応じて分類する。たとえば、さまざまな対象を、捕食者とそうでないもの、食べられるものと食べられないものに分類するのだ。このとき、本来的表象は、世界をありのままに写し取るわけではない。

経験される性質について考える際には、この点が決定的に重要だ。ミニマルな表象理論によれば、意識経験において見出されるのは、経験主体がどのように世界を分節化するかに応じた、事物の性質だということになる。**経験される性質とは、経験主体の表象システムのあり方に相対的な、外界の事物の性質なのだ。**

これは、経験される性質は通常の意味における関係的な性質だ、という主張ではない。この点に注意が必要だ。多くの経験される性質は、経験の志向的対象がそれ自体として持つ性質として経験されるからだ。外的事物の物理的性質には、（10 cmであるや1 kgであるといった）内在的性質と（xよりも大きいやyの右にあるといった）関係的性質があるが、経験される性質は、そのどちらでもない。**経験される性質は、物理的性質には還元できないものなのだ。**

このような見方によれば、経験はある種の相対性を持つことになる。本来的表象は、世界をある仕方で分節化することを目的とする。しかし、世界そのものには、唯一の正しい分節化の方法があるわけではない。ある分節化が、その生物の生存を助けるのに役立つものであれば、そのかぎりで、それは正しい分節化だ。人間と異なる表象システムを持つ生物の知覚も、それがその生物の生存に貢献するかぎり、それ自体としては正しいものだ。ある生物種がどのような表象システムを持つかと独立に、世界がどのように表象されるべきかを論じることには意味がない。**表象システムに相対的という意味での相対性は、意識経験の本質なのだ**。[104]

経験される性質には、同種の個体間でも相対性が生じうる。たとえば、加齢にともなって水晶体などに色素が沈着するために、若い人と高齢の人では、おなじ光によって生じる錐体細胞の興奮パターンは異なる。このときには、おなじ対象を見たときに生じる視覚皮質の活動は、両者で異なるだろう。このような場合には、同一の物理的対象を見ているにもかかわらず、両者の視覚経験は異なるものであり、かつ、どちらも正しいものでありうるのだ。[105]

一次性質と二次性質

ここで、このような説明はいわゆる**二次性質**（secondary qualities）だけにあてはまるものではないか、という疑問が生じるかもしれない。すでに論じたように、色のような性質にかんしては、それに対応する性質を、対象の物理的性質のなかに見いだすことが困難だ。これにたいして、長さ、重さ、形といった、いわゆる**一次性質**（primary qualities）にかんしては、われわれは対象そのものが持つ物理的性質を経験しているように思われるのだ。

しかし、一次性質にかんしても、じつは事情はおなじであるように思われる。たとえば、われわれがまっすぐな線を見るという知覚経験をするとき、ミクロなレベルで見れば、その直線は細かく湾曲しているかもしれない。しかし、われわれは、それをまっすぐな線として知覚する。形の知覚経験は、物理的な性質である形そのものを表すわけではないのだ。

　このような説明にたいしては、ただちにつぎのような反論が出されるだろう。たとえば、0.45㎜と0.46㎜はおなじ長さとして知覚される。しかし、これは、われわれの知覚の精度には限界があり、われわれはきわめて細かな違いを識別できないという、あたりまえの事実を反映しているにすぎない。このような反論だ。

　これはもっともな反論だ。しかし、長さの知覚は、精度の限界とは別の理由でも、物理的な長さを正確に反映していないと考えられる。一次性質において問題となっているのが、たんなる知覚の精度だとすれば、われわれの知覚に課される制約は、1㎝以下の違いは識別できないというようなものであるはずだ。そうだとすれば、50ｍと55ｍは識別可能なはずだ。しかし、50ｍと50・01ｍはもちろんのこと、50ｍと55ｍさえ、われわれは知覚的には識別できない。われわれは、数十㎝程度の長さは詳細に識別できるが、極端に大きなものの長さや極端に小さいものの長さにかんしては、詳細に識別することはできない。一次性質において問題となっているのは、知覚の精度だけではないのだ[106]。

　では、一次性質と二次性質のあいだには、なぜ根本的な違いがあるように思われるのだろうか。それは、**対象の物理的性質と経験される性質のあいだに構造的な同型性が成り立つかどうかにかんして、両者には違いがあるからだ。**一次性質、たとえば長さについて考えてみよう。さまざまな対象は、物理的性質としてさまざまな長さを持つ。そして、個々の長さは、ごく小さな量から非常に大きな量まで、数直線上の一点に位置づけられる。他方で、経験される性質としての長さもまた、ごく小さな量から非常に大きな量まで、一直線上に配置される。このことが、両者はまさに同一の性質だという印象を生みだすのだ（図6－3）。

これにたいして、二次性質の場合には、物理的性質と経験される性質は、まったく異なる構造を持つ空間内に位置づけられる。たとえば、対象の表面反射特性と色について考えてみよう。対象の表面反射特性は、各波長における反射率の値の組み合わせとして特定される。表面反射特性は、（近似的には）高次元空間におけるある1点として特定されるのだ。これにたいして、前節でも見たように、色は色相、彩度、明度という3つの次元によって定義された色立体のなかの1点として特定される。それゆえに、この場合には両者が同一の性質だとは思えないのだ。しかし、一次性質においても、二次性質においても、物理的性質と経験される性質は単純な対応関係にはない。両者の概念的な区別は、いずれにおいても成立するのだ[107]（図6－4）。

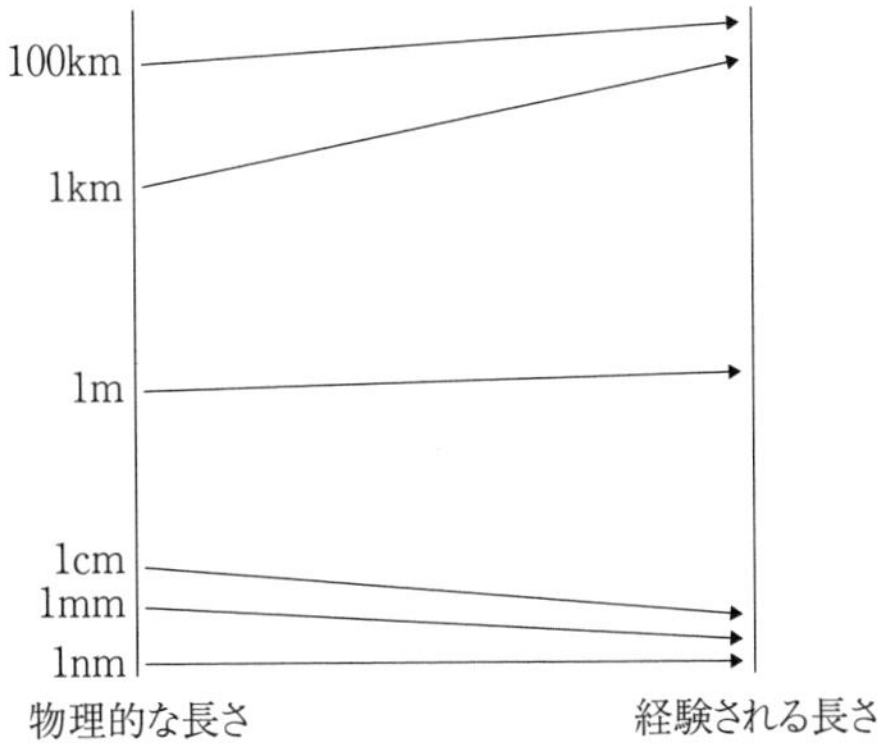

図6-3　物理的性質と経験される性質の関係（一次性質の場合）

物理的世界における経験される性質の身分

ここで、なおも疑問が生じるかもしれない。事物の物理的性質は、知覚的には表象可能でないかもしれないが、思考においては表象可能だ。したがって、物理的性質と経験される性質のあいだに本質的な違いはないのではな

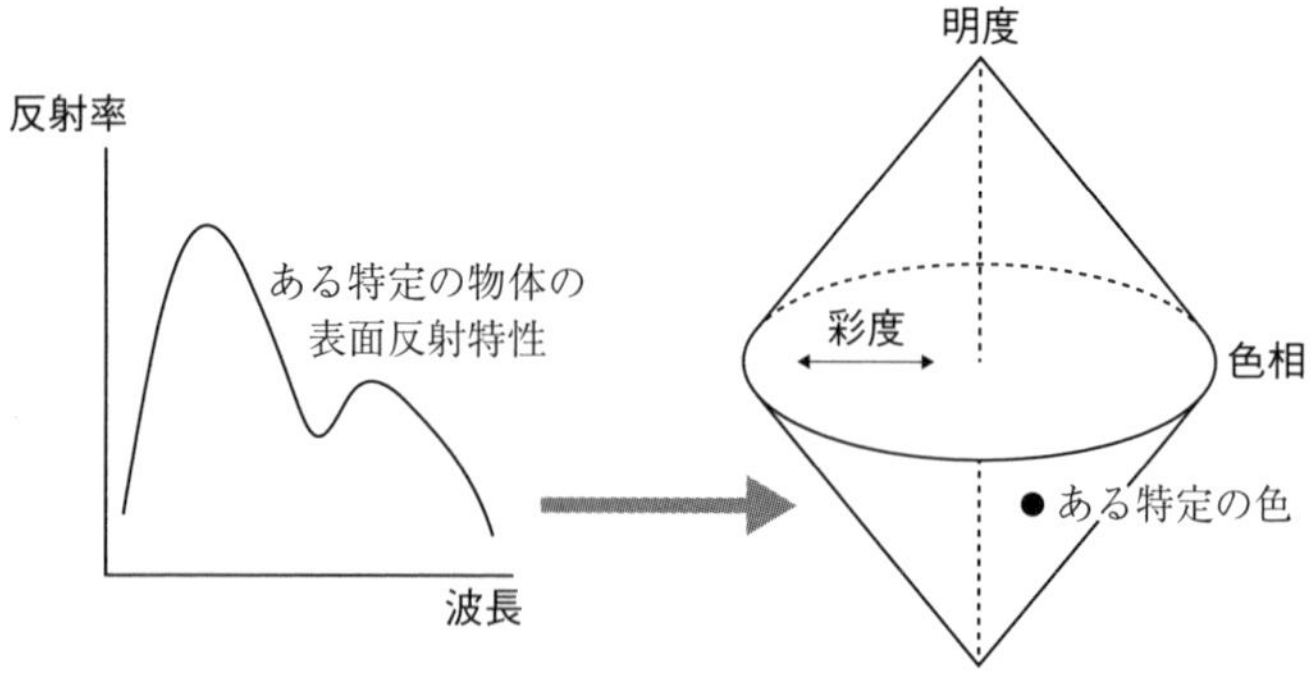

図 6-4　物理的性質と経験される性質の関係（二次性質の場合）

いか。また、外的事物の物理的性質が思考において表象可能だとすれば、それらもまた、認知システムに相対的な性質ということになり、この点でも、物理的な性質と経験される性質の区別は成り立たないのではないか。このような疑問だ。

このような疑問にたいしては、以下のように応答できる。まず、意識の理論としてミニマルな表象理論をとったからといって、われわれは、事物の物理的性質に到達できなくなるわけではない。われわれは、知覚される世界のあり方を説明するためになんらかの性質を措定するという手続きによって、事物の物理的性質に到達できるからだ。経験される性質と物理的性質の違いは、むしろ、経験される性質は、ある生物の知覚表象システムのあり方に完全に制約され、異なる知覚表象システムを持つ生物が同一の性質を表象することはできないものであるのにたいして、物理的性質は、生物の知覚表象システムのあり方にかかわらず表象可能だという点にある。つまり、人間のような知覚表象システムを持つ生物も、人間とはまったく異なる種類の知覚表象システムを持つ生物も、意識経験において与えられるものを超え出て、世界そのもののあり方について探求を進めれば、同一の物理的性質に到達できるのだ。**経験される性質は、あるタイプの知覚表象システムを持つ個体すべてが表象可能だという点で、客観性を持つ。これにたいして、物理的性質は、知覚表象システムの違いにかかわらず表象可能だという点で、より強い客観性を持つのだ。**

両者のあいだには、つぎのような違いもある。物理的性質は因果的な効力を持つ。これにたいして、経験される性質は、それ自体としては因果的効力を持たない。たとえば、赤さは、（文書に使用すれば）人間の注意を引いたり、（壁一面に塗れば）緊張感を高めたりなど、さまざまな因果的効力を持つ。しかし、赤さがこのような因果的効力を持つためには、われわれは、事物の赤さを知覚しなければならない。部屋一面がどぎつい赤色に塗られていたとしても、目をつぶっていれば、われわれはそのことに影響されることはない。これにたいして、熱のような物理的性質は、知覚されるかどうかにかかわらず、われわれに因果的な影響を及ぼす。熱い風呂のなかで眠りこんでも、やはりわれわれはのぼせてしまう。この点で、経験される性質と物理的性質には、決定的な違いがあるのだ。

以上の考察にもとづいて、ミニマルな表象理論は一種の観念論なのではないか、という疑問にも応答できる。ミニマルな表象理論をとったとしても、対象の物理的性質について語ることができなくなるわけではない。ミニマルな表象理論から帰結するのは、**対象の物理的性質は意識経験に直接的に現れることがない**、ということだけだからだ。われわれは、紙に書かれた言葉によって対象の物理的性質を表象できるし、音声イメージなどを用いて、意識的な思考においてそれらを表象することもできる。場合によっては、霧箱を用いて放射線を観察する場合のように、ドレツキのいう置換知覚によって、物理的性質を間接的に知覚することも可能[108]だ。

それでもなお、このような考え方によって経験される性質が自然化されたと言えるのだろうか、という疑問が残るかもしれない。その答えは、イエスでもあり、ノーでもある。物理的世界に属する事物がそれ自体として持つのは、物理的な性質だけだ。しかし、物理的世界のなかには、本来的表象を持つ生物が存在する。そして、ある生物が本来的表象を持つことは、その生物の神経系の構造や行動にもとづいて、物理主義的に理解できる事実だ。そのような生物が、世界をある仕方で分節化し、それにもとづいて行動するとき、その生物は、対象の物理的な性質には還元不可能な性質を経験する。**ここで重要なのは、経験される性質は、なんらかの物理的性質に還元されることによって、物理的世界に位置づけられるのではないということだ。物理的性質を持つ事物からなる環境のなかに本来的表象を持つ生物が存在するという、それ自体としては物理主義的に理解可能な事態が成立することによって、物理的性質に還元不可能な性質が、物理的世界の新たな構成要素となるのだ。**このような考え方を、**自然主義的観念論**と呼んでもよいだろう。

　これまでの議論が正しいとすれば、われわれは、意識の自然化という課題にかんして、理解をあらためる必要がある。これまで、物理主義者の課題は、意識経験にともなうクオリアを、事物のなんらかの物理的性質に還元することだと考えられてきた。しかし、これまでの議論が正しいとすれば、このようなやり方で意識を自然化しようとすることは、根本的に誤った試みだ。**物理主義者がすべきことは、もうすこし広い意味で、物理主義的な世界観のなかに意識経験や経験される性質を位置づける**ことだ。還元的な物理主義によれば、われわれの世界は、事物の内在的で物理的な性質からのみ成り立っている。しかし、これまでの議論が正しいとすれば、物理的な世界には、経験される性質という、物理的性質に還元不可能な性質も含まれるのだ。このような性質の存在を認めることは、物理主義的な世界観の恣意的な拡張ではない。このような性質が存在することは、本来的表象という、それ自体物理主義的に理解可能なものが存在することからの、必然的な帰結だからだ。**意識の自然化における物理主義者の真の課題とは、意識経験を他のものに還元することではなく、意識経験に物理的な世界における独自の身分を与えることなのだ**。これが、経験される性質は自然化されたのかという問いにたいする答えが、イエスでもあり、ノーでもある理由だ。(109)

第3節　自然主義的観念論（その2）：そこにないものが見える理由

意識の表象理論には、もう1つの、そしてもっとも深刻な問題が残されている。それは意識経験の実在性という問題だ。表象理論の支持者は、幻覚経験や錯覚経験には外界に存在しない性質が現れるということを説明する際に、意識経験の実在性を否定することで物理主義を守るか、物理主義を放棄することで意識経験の実在性にかんする直観を守るかという二者択一を迫られたのだ。

ここで問題になっているのは、**意識経験に現れるのが世界そのものだとすれば、なぜわれわれはそこにないものを経験できるのか**ということだ。ここでも、物理的性質と経験される性質の区別が、解決の鍵となる。これまでに論じたように、本来的表象の役割は、物理的な性質を持つ事物からなる世界を、生物自身にとって有益な仕方で分節化することだ。このような見方によれば、経験される性質は、外的な事物の表象システムに相対的な性質であり、この性質は、いかなる物理的性質にも還元できないものだ。

　このような考え方から帰結するのは、**真正な経験と誤った経験に本質的な違いはないということだ。**常識的な見方によれば、赤いリンゴの真正な知覚経験が生じるときには、赤さという性質を持つリンゴが外界に存在しており、われわれの経験には、このリンゴそのものが現れている。これにたいして、幻覚経験の場合には、外界に赤いものは存在しない。この違いが、誤った知覚経験に現れる性質の実在性を説明するにはどうしたらよいかという問題を生み出すのだ。しかし、これまでの議論が正しいとすれば、リンゴが目の前にある場合でも、リンゴそのものが持つのは、表面反射特性のような物理的性質だけだ。**われわれが真正な経験において見いだすものも、事物そのものの性質ではない。**この点で、誤った経験は、特別なものではないのだ。

　誤った経験が起こること自体も、ミニマルな表象理論からの当然の帰結だ。知覚システムが正常なときには、いわゆる赤いものだけが赤く見える。しかし、たとえば、緑のものをしばらく見つめたあとには、知覚システムが正常な状態ではなくなり、通常は白の表象状態を引き起こす対象が、赤の表象状態を引き起こす。生物の知覚システムが進化の産物であることを考えれば、このような事態が生じることに不思議はない。標準的でない環境でも正しい知覚を生みだすためには、複雑な知覚システムが必要であり、それには多大なコストがかかるからだ。生物に利用できる認知的な資源が有限であることを考えれば、絶対に間違えることのない知覚システムを身につけることは、よい戦略ではない。それゆえ、生物の知覚システムにおいては、標準的でない状況では、ある表象状態を生じさせるべき対象が別の表象状態を生じさせることになるのだ。(110)

以上のことから、つぎのように言うことができる。それが真正な経験であれ、誤った経験であれ、そこに現れているものは事物の経験される性質であり、物理的性質ではない。そして、誤った意識経験が可能なのは、そこに現れるのが物理的性質ではなく、経験される性質だからだ。**われわれは、世界のなかにそれ自体として存在するものを経験していないがゆえに、実在しないものを経験できるのだ。**

しかし、経験されるものが事物そのものの性質ではないとすれば、なぜわれわれの経験は世界の経験だと言えるのだろうか。このような疑問が、依然として残るかもしれない。これにたいしては、つぎのように応答できる。

第一に、経験される性質は、物理的性質と無関係なあり方をしているわけではない。**ある状況においてある主体がどのような性質を経験するかは、世界の物理的あり方によって決定される。**あるタイプの表象システムが、世界をどのようなものとして経験するかには、事の真相があり、そして、その真相は、世界の物理的なあり方によって決定されるのだ[111]。

第二に、ある主体が繰り返し経験したり、複数の主体が経験したりできるという意味でも、経験される性質は客観的だ。わたしがテーブルの上の赤いリンゴを見たあと、部屋から出て、また戻ってきたときにも、リンゴは依然として赤く見える。また、わたしが見ていないときに、(正常な色覚を持つ)別の人がおなじリンゴを見れば、やはり赤く見える。おなじタイプの表象システムを持つ個体には、おなじ対象は、いつでも、(一定の範囲内では)どのような状況下でも、おなじように経験される。経験される性質は、表象システムに相対的だが、個々の意識経験からは独立であり、その意味では、客観的な性質にほかならないのだ。

これらの理由から、経験される性質は客観的な存在者であり、われわれの経験は客観的な世界の経験だと言うことができるのだ。

われわれの意識経験は、外的世界にかんする経験であると同時に、ときとして誤りうるものだ。ミニマルな表象理論によれば、このようなあり方が可能であるのは、われわれの意識経験において経験されるものが、事物そのものの性質ではなく、事物の表象システムに相対的な性質だからだ。**意識経験の実在性をめぐる物理主義者のジレンマは、誤った前提にもとづくものだったのだ。**

第4節　ミニマルな表象理論から言えること

本章では、ミニマルな表象理論を採用することで、意識の表象理論が直面する3つの問題を解決できることを明らかにした。しかし、自然主義的な意識の理論が解決すべき問題は、これらの原理的な問題だけではない。序論で見たように、ある意識の理論が説得的なものとなるためには、意識経験にかんするさまざまな問いにたいして、体系的で説得的な解答を与えることができなければならないからだ。ここで問題となるのは、人間以外の動物の意識経験はどのようなものか、人間の意識経験の系統発生的、個体発生的な起源はどのようになっているのか、ロボットは意識を持ちうるのか、といった問いだ。本節では、これらの問題にたいして、ミニマルな表象理論からなにが言えるかを、かんたんに確認しよう。

まず、動物の意識について考えてみよう。ミニマルな表象理論によれば、ある生物が意識経験を持つために必要なのは、本来的表象を持つことだ。そして、ある生物がどのような意識経験を持つかは、その生物の本来的表象がどのような志向的内容を持つかによって決まる。以上の考え方からは、つぎのようなことが帰結する。

第一に、ミニマルな表象理論によれば、言語を持たない動物も意識経験を持ちうる。言語を持たない動物も、感覚器官と行動を仲介する表象システムを持ちうるし、実際に持っていると考えられるからだ。

第二に、ミニマルな表象理論によれば、動物の意識経験がどのようなものかを、人間に入手可能なデータにもとづいて解明することが可能だ。ある生物の意識経験は、その生物の本来的表象がどのような志向的内容を持つかによって決定される。本来的表象の志向的内容は、それがどのように使用されるかや、表象が相互にどのような関係を持つかによって決定される。したがって、ある動物の表象状態がその動物の行動をどう変化させるかを明らかにしたり、その動物が一連の表象の志向的内容にどのような類似性関係を認めるかを調べたりすることを通じて、その動物の意識経験の内容を明らかにできるはずだ。たとえば、コウモリの神経系の構造や、神経系と行動との関係をくわしく知ることができれば、コウモリが世界をどのように表象しているかを明らかにできるだろう（cf. Akins 1993）。

動物の意識について考えるときには、いくつかの点に注意が必要だ。第一に、コウモリの表象システムが人間の表象システムと根本的に異なる構造を持つものだとすれば、このような知識を得たとしても、われわれ人間がコウモリの経験とおなじ内容の経験をすることは不可能だ。コウモリの経験内容を理解するときに人間にできることは、質空間などの道具立てを用いて、その一般的、構造的特徴を言語的、概念的に記述することや、コウモリが経験する性質と物理的性質との対応関係を明らかにすることだけだからだ。

第二の注意点は、動物の意識経験と人間の意識経験の類似性にかんすることだ。前章で見たように、ある生物がどのような意識経験を持つかは、その生物の表象状態の志向的内容がどのような質空間を構成するかということから理解できる。ある動物が色を見ているといえるためには、その動物の知覚表象の志向的内容は、閉じた三次元空間内に位置づけられる必要がある。さらに、その空間の次元のうち2つ（明度と彩度）は、ある一定の範囲内で増減し、もう1つの次元（色相）は、閉じた構造のなかで連続的に変化するという特徴を持っていなければならない。したがって、ハトの識別行動から、ハトの知覚表象によって表象される性質がこのような構造を持つ質空間を構成することが明らかになれば、ハトもわれわれと同様に色という性質を経験していると言えるのだ。

原初的な意識経験

では、どのような生物にまで意識経験を認めることができるだろうか。意識の理論は、この疑問にも答えられなければならない。

ミニマルな表象理論は、この問いにたいしても解答できる。その答えは、**本来的表象を持つ生物だけが意識経験を持つ**というものだ。では、どのような生物が本来的表象を持つのだろうか。第5章で論じたように、本来的表象を持たない生物は、近位刺激をこえた外界のあり方に応じた行動ができない。本来的表象を持つことによって、遠位の事物のあり方に応じた行動が可能になるのだ。では、この特徴は、どのような生物において初めて見いだされるのだろうか。

地球上に実在する生物にかんして言えば、この違いをもたらすのは、神経系の有無だと考えられる。第5章で見たように、本来的表象を持つためには、近位刺激をもとに遠位の事物のあり方を再構成するための内的メカニズムが必要だ。生物の神経系は、まさにこの役割を果たしていると考えられる。[112]

これが事実だとすれば、**意識経験は、きわめて単純な生物にも見いだされる**ことになる。神経系は、プラナリアのような単純な生物も備えている構造だからだ。これは馬鹿げた主張に感じられるかもしれない。しかし、単純な生物も意識経験を持つという主張は、それほど馬鹿げたものではない。

第一に、たとえプラナリアが意識経験を持つとしても、それはきわめて原初的なもの、たとえば、明るい方向と暗い方向を識別するという程度のものだろう。神経系がより複雑になるにつれて、生物の意識経験はより豊かなものになる。[113] ここで主張されていることは、プラナリアが、人間とおなじような意識経験を持つということではないのだ。

第二に、意識経験が自然的な現象だとすれば、比較的単純な生物にその原初的な形態が見いだされるということは、進化的に見ても自然なことだ。類比のために、知性について考えてみよう。人間は、他の動物には見出されないような高度な知性を持つ。しかし、人間の知性は人間において突然に出現したものではない。単純な強化学習のメカニズムは多くの単純な生物に見出されるし、ある種の推論にもとづく行動は、他の哺乳類にも見られる。他個体の心を理解するという、より高度な知的能力にかんしても、人間以外の動物がそのような能力を持つことに、近年さまざまな証拠が示されている。ここからわかることは、人間の知性は、より単純な知性を基礎として、さまざまな能力の積み重ねから成り立っているということだ。意識経験も同様だと考えられる。プラナリアの意識経験と人間の意識経験は大きく異なる。しかし、意識経験であるという点ではどちらも違いはない。**両者の関係は、プラナリアの知性と人間の知性の関係と同様なのだ**。(114)

意識経験の個体発生

意識経験の個体発生にかんしても、同様に考えることができる。人間が意識を持つようになるのは、神経系がある程度発達し、近位の刺激を受けたときに、その刺激にもとづいて、遠位の事物にたいして系統立った仕方で行動できるようになる時点だ。それはおそらく、胎児期の比較的早い時期だろう。ただし、発達の途中で表象システムが複雑化することによって、意識経験が質的に変容することもあるかもしれない。

ここで注意しなければならないのは、人間以外の動物や人間の乳幼児が意識経験を持つとしても、それらは、みずからの意識経験にかんする自己知は持たないだろうということだ。人間以外の動物や人間の乳幼児は、概念的な思考能力を持たず、それゆえ、表象にかんする表象、すなわち高階の表象を形成できないからだ。人間以外の動物や人間の乳幼児は、みずからが意識経験を持つことを自覚できないし、意識経験にかんするエピソード的な記憶を持つこともできない。しかし、だからといって、それらは意識経験を持たないわけではないのだ。

人工物の意識

ロボットなどの人工物が意識を持つ可能性にかんしても、動物の場合と同様に考えることができる。ミニマルな表象理論によれば、ロボットが意識経験を持つために必要なことは、ロボットが本来的表象を持つことだ。本来的表象は、しかるべき仕方で主体の行動を変化させるという因果的機能によって定義される。したがって、本来的表象を持つものに、物理的な組成にかんする制約は存在しないはずだ。人間と異なる物理的組成を持つロボットが意識経験を持つことには、原理的な困難は存在しない。ミニマルな表象理論によれば、**しかるべきメカニズムを与えることによって、意識経験を持つ人工物を作り出すことが可能なのだ。**動物の場合と同様に、この主張も、じつはそれほど不自然なものではない。単純な人工物において実現される意識経験は、きわめて原初的なものだからだ。

本節では、意識の理論が答えるべきいくつかの問いにたいして、ミニマルな表象理論がどう解答できるかを見てきた。そして、ミニマルな表象理論は、これらの問いにたいして、十分に説得的で、首尾一貫した解答を与えてくれることがわかった。ミニマルな表象理論は、意識の理論にまつわる原理的な問題を解決するだけでなく、意識経験にかんして、体系的な理解をもたらしてくれるのだ。(115)

*

本章では、自然主義的な本来的志向性の理論を採用することで、意識と表象の関係にかんして、ミニマルな表象理論という新しい見方が可能になることを明らかにした。ミニマルな表象理論によれば、本来的表象は意識経験にほかならない。本章の第1節では、ミニマルな表象理論には深刻な反例が存在しないことを確認した。第2節では、ミニマルな表象理論によれば、われわれの経験に現れるのは、知覚表象システムに相対的な事物の性質であることと、この性質は、事物の物理的性質に還元不可能だが、それでもなお事物の客観的性質と言いうるものだということを確認した。第3節では、誤った経験が可能であるのは、われわれの意識経験に現れるものは事物の物理的性質ではないからだということを確認した。第4節では、ミニマルな表象理論からは、意識経験をめぐるその他の疑問にたいしても、体系的な解答が可能だということを確認した。ミニマルな表象理論は、意識を自然化し、意識のハード・プロブレムを解決するだけでなく、意識経験のさまざまな本性を明らかにしてくれる理論なのだ。

第6章のまとめ：

◎ここまでの考察によって、序論で言及した、意識の理論が答えるべきさまざまな問いに答えることができる。その答えをまとめておこう。

①意識経験を持つものと持たないものの違いを生み出すものは何か。

→本来的表象を持つかどうか。

②ある主体があるときにある特定の意識経験を持つのはなぜか。
↓ある仕方で行動と結びついた本来的表象を持つから。
③われわれは、動物は意識経験を持ち、植物は意識経験を持たないと考えている。では、魚介類、昆虫、爬虫類、鳥類は、意識経験を持つのだろうか。プランクトンやウイルスなどのより単純な生物はどうだろうか。
↓本来的表象を持つものは、すべて意識経験を持つ。
④われわれは、机やイスなどの無生物は意識経験を持たないと考えている。では、ロボットやコンピュータはどうだろうか。現在あるものよりもはるかに高性能なロボットやコンピュータならば、どうだろうか。
↓本来的表象を持つものは、すべて意識経験を持つ。
⑤人間の受精卵は意識経験を持たないように思われる。では、個体発生のどの段階で、人間は意識経験を持つようになるのだろうか。
↓神経系のなかに本来的表象がそなわったとき。
⑥われわれの遠い祖先である単純なタンパク質は、意識経験を持たなかったはずだ。では、進化のどの段階で、われわれは意識経験を獲得したのだろうか。
↓生物が本来的表象を獲得したとき。

第7章　ギャップを無害化する

　ここまでの考察から、さまざまなことが明らかになった。生物の一部は、本来的表象を持つ。そして、本来的表象を持つことこそが、意識経験を持つことにほかならない。本来的表象は、外的な事物の客観的な性質を表象するが、それらの性質は、事物の物理的性質には還元不可能だ。生物は、本来的表象を持つことによって、世界を独自の仕方で経験するようになるのだ。このように、ミニマルな表象理論は、意識の自然化を可能にするとともに、意識経験の本性について、あらたな理解をもたらしてくれる。これまでの考察の成果をふまえれば、意識のハード・プロブレムにかんする物理主義者の見通しは、けっして絶望的なものではない。

　しかし、われわれにはまだ問題が1つ残されている。それは知識論証にどう応答できるかという問題だ。本章では、この問題の検討を通じて、意識のさらなる本性を明らかにしよう。(116)

第1節　3つの応答の試み

まず、知識論証とはどのようなものだったかを思い出そう。単純化すれば、知識論証は以下のような論証だ。

前提1：メアリーは、赤いものを見る経験にかんするすべての物理的事実を知っている。
前提2：部屋を出て初めて赤いものを見たとき、メアリーは、赤いものを見る経験にかんする新たな知識を得る。
前提3：部屋を出て初めて赤いものを見たとき、メアリーが赤いものを見る経験にかんする新たな知識を得るならば、赤いものを見る経験にかんする非物理的な事実が存在する。
結論：赤いものを見る経験にかんする非物理的な事実が存在する。

しかるべき前提を補えば、この論証を形式的に妥当な論証にすることもできるはずだ。したがって、物理主義者は、前提1から前提3のいずれかを否定することで、知識論証に応答する必要がある。すなわち、物理主義者が採用できる戦略は、メアリーがすべての物理的事実を知っているという前提（前提1）を否定するか、メアリーが部屋を出たときに新たな知識を獲得すること（前提2）を否定するか、新たな知識の獲得から新たな事実の存在が帰結すること（前提3）を否定するかのいずれかだ。

いずれも、物理主義者によって実際に試みられている応答だ。本節では、それらを順に検討しよう。

メアリーはすべてを知らない？

まず、メアリーはすべての物理的事実を知っているという前提（前提1）を否定する応答から検討しよう。

このような応答を試みているのは、ハーマン（Harman 1990）だ。彼の議論はつぎのようなものだ。心にかんする機能主義的理解によれば、赤いものを見る経験の機能は、赤いものによって引き起こされ、「これは赤い」という言語報告を引き起こすというような因果的機能によって定義される。この定義には、赤という概念が不可欠だ。ここで、概念も機能主義に理解できるとすれば、赤概念もまた、それが果たす因果的機能によって定義されることになる。そして、赤概念は、赤いものの知覚にもとづいて対象に適用されることを、その本質的な因果的機能とする。しかし、メアリーは赤いものを見たことがないために、このような機能を実現する脳状態を持っていない。メアリーは、十全な赤概念を持っていないのだ。そうだとすれば、メアリーは、赤いものを見る経験の機能を知ることができないことになる。赤いものを見る経験の機能は、赤概念を用いて定義されるものだからだ。したがって、ハーマンによれば、部屋を出る前のメアリーは赤いものを見る経験にかんする物理的事実をすべて知っているという前提は、偽だということになり、知識の論証は成立しないことになる。

しかし、この応答は説得的ではない。第一に、この議論から言えることは、メアリーは、赤いものを見たことがある人の赤概念と同様の赤概念を持たないということだ。しかし、メアリーは端的に赤概念を持たないわけではない。リンゴや止まれの信号が赤いことや、赤と緑が対象的な色であることは、彼女も伝聞によって知っているからだ。赤経験の機能を定義する際に、これらの知識にもとづく赤概念では不十分だということは、右の議論からは明らかではない。

第二に、ハーマンが赤経験の因果的機能を定義するやり方は不適切だ。一方で、赤さは物体の表面反射特性のようななんらかの物理的性質にほかならないという標準的な物理主義の立場が正しいとすれば、赤いものを見る経験の機能は、その物理的性質によって定義できるはずだ。他方で、これまでの議論が正しいとすれば、赤経験の機能は、事物の物理的性質によってではなく、色表象システムの構造や、赤表象と行動との関係によって定義されることになる。どちらが正しいにせよ、赤経験の機能は、赤経験に言及せずに定義可能だ。そうだとすれば、赤いものを見る経験を持たないことは、赤経験の機能をメアリーが理解する妨げにはならないはずだ。

第三に、ハーマンの応答によれば、赤いものを見るとはいかなることかにかんする知識は、赤いものを見る経験の因果的機能にかんする命題的な知識だということになる。しかし、このような理解は実情に反している。赤いものを見たことがある人であれば誰でも、赤いものを見るとはいかなることかを知っているはずだ。しかし、赤いものを見たことがある人がみな、赤経験の因果的機能を知っているわけではない。そのような知識を持つ人は、むしろまれだろう。メアリーが獲得する知識は、赤経験の因果的機能ではなく、赤経験そのものに関係するものだと考えられるのだ。

これらの理由から、第一の前提を否定する戦略はうまくいかないように思われる。

メアリーは新たな知識を獲得しない？

つぎに、第二の戦略、すなわち、メアリーが新たな知識を獲得するという前提（前提2）を否定する戦略を検討しよう。

この種の戦略として、デネット（Dennett 1991）は、つぎのような議論を展開している。メアリーが部屋を出たときに、周囲の人々がいたずら心を発揮して、リンゴやトマトを緑色に塗り、キュウリやピーマンを赤色に塗ったとしよう。メアリーは、このいたずらにだまされて、緑色に塗られたリンゴやトマトを見て、赤いものを見るとはこのようなことなのかと考えるだろうか。デネットによれば、そのようなことは起こらない。メアリーは、色経験にかんするすべての物理的事実を知っているのだから、視覚経験において赤いものが緑色のものよりも目立つことや、赤いものの視覚経験が（心拍数のわずかな上昇のような）特定の生理的変化を引き起こすことも知っているはずだ。したがって、メアリーは、自分の経験によって生じることと、赤経験について知っていることのあいだに不整合があることに気づき、周囲の人々が彼女をだまそうとしていることがわかるというのだ。デネットによれば、メアリーがこのようないたずらにだまされてしまうだろうとわれわれが考えるのは、メアリーが知ることのできる物理的事実がどれだけ豊かなものであるかを、きちんと想像していないからだ。彼によれば、メアリーが色知覚に関連するすべての物理的事実を本当に知っているとすれば、部屋を出たときに彼女が知ることは、なにもないのだ。

第2章で思考可能性について論じた際に見たように、ある事態が思考可能かどうかを考えるときには、慎重な検討が必要だ。この点にかんしては、デネットの指摘はもっともだ。しかし、メアリーは本当にこのような状況にだまされることはないのだろうか。たとえば、目の前に赤いものと緑のものがあれば、メアリーは、両者の対比によってどちらが赤であるかを知ることができるかもしれない。しかし、無彩色の家具ばかりが置かれた部屋に、緑に塗られたリンゴが1つだけ置かれていたらどうだろうか。このような場合には、メアリーは、対比によってそれが赤経験かどうかを知ることはできないように思われる。

これにたいして、なんらかの生理的変化をもとに、メアリーはそれが赤経験かどうかを知ることができるはずだとデネットは主張するかもしれない。しかし、メアリーは、みずからの身体に生じる生理的変化にかんして、われわれよりも優れた知覚能力を持つわけではない。したがって、すべての色知覚経験には、それによって引き起こされる固有の生理的変化があるとしても、メアリーがそれを同定できるとはかぎらないのだ(117)。

このように、第二の応答もうまくいかないように思われる。

メアリーは新たな事実にかんする知識を獲得しない？（その1）

残された戦略は、前提3を否定する戦略、すなわち、新たな知識の獲得からさらなる事実の存在が帰結することを否定する戦略だ。この種の応答には、さらに2種類のものがある。第一の応答は、メアリーが新たに獲得する知識は事実にかんする知識ではないと考えるもので、第二の応答は、メアリーが新たに獲得する知識は事実にかんする知識だが、新たな事実にかんする知識ではないと考えるものだ。

まず、**メアリーが獲得するのは事実にかんする知識ではない**、という応答を検討しよう。この応答には、さらに2つのバリエーションがある。第一の応答は、メアリーが獲得するのは**技能知**（know how）だというものだ。かつてギルバート・ライル（Ryle 1949）が指摘したように、われわれが知識と呼ぶものには、命題知（know that）と技能知という2種類のものがある。ごく簡単に言えば、地球は丸いという知識のように、その内容を命題として表現できるものが命題知で、自転車の乗り方を知っていると言うときのように、その内容を命題によって表現できないものが技能知だ。一般に、両者は異なる種類の知識だと考えられている。たとえば、カーブを投げるにはボールを離す直前に（右利きなら）手首を時計回りにひねることが必要だと述べることができる人は、カーブを投げることにかんする命題知を有している。実際にカーブを投げることができる人は、カーブを投げることにかんする技能知を有している。しかし、カーブの投げ方を口で説明できても実際に投げられない人は珍しくないし、逆もまた同様だ。一方の知識を持つことは、他方の知識を持つことを含意しないのだ。

ローレンス・ネミロウ（Nemirow 1980; 1990）やデイヴィッド・ルイス（Lewis 1983; 1990）は、この区別にもとづいて、メアリーが部屋を出たときに獲得するのは**意識経験にかんする技能知**だと主張する。彼らによれば、メアリーが部屋から出て、赤いものを初めて見たときに獲得するのは、赤いものを見る意識経験を再認したり、想起したり、想像したりする能力だ。部屋を出る前のメアリーは、赤いものを見る経験を想像しろと言われてもできないし、赤いものを見る経験を初めてしたときにも、それが赤いものを見る経験だと同定できない。これらはすべて、赤いものを実際に見ることによって可能になることだからだ。そして、これらはいずれも、赤いものを見る意識経験にかんする技能知だ。

部屋を出る前のメアリーが有していたのは、意識経験にかんする命題知だけだ。したがって、部屋を出たあとに技能知を獲得することは、議論の前提と矛盾しない。また、これらの技能知そのものは、物理主義的に理解可能なはずだ。それゆえ、メアリーが部屋を出たときに新たな知識を獲得することは、物理主義と整合的に説明が可能だ。このような応答は、**能力仮説**（ability hypothesis）と呼ばれる。

しかし、この応答にも不十分な点がある。第一に、初めて赤いものを見たときに、なぜ問題の技能知が獲得されるのかが説明されていないという点で、彼らの応答は不十分だ[118]。

第二に、われわれがある意識経験を有することによって獲得するのは、このような技能知ではないように思われる。たとえば、典型的な赤色に近いが、それとは微妙に異なる2種類の赤色を見たときに獲得される技能知は、同一の技能知だろう。われわれは、ある特定の色合いの赤色を、それとは微妙に異なる色合いの赤色とは別のものとして再認できないし、その特定の色合いを正確に想起したり、想像したりすることもできないからだ。われわれにできるのは、赤色（あるいは典型的な赤色）の経験として、経験を再認したり想像したりすることだけだ。これにたいして、ある特定の色合いを経験することによって獲得される知識は、まさにその特定の色合いの知覚経験にかんする知識であるはずだ。実際、アール・コニー（Conee 1994）が指摘するように、意識経験にかんする技能知を一切持たないとしても、ある特定の色合いを経験したことがあれば、その経験がどのようなものかを知っている（あるいは一時的に知っていた）と言ってよいように思われる。そうだとすれば、問題の知識は技能知とは異なるものだということになる[119]。

メアリーが獲得する知識は非命題的な知識だという応答のうち、第二のバリエーションは、それは

面識知（knowledge by acquaintance）だというものだ。われわれは、ある人物について、その人がどのような外見で、どのような職業で、どのような性格かといった内容の記述的な知識を持つことができるし、その人に直接会うこと、すなわち面識によって、その人がどのような人かを知ることもできる。そして、ある人物にかんする記述的な知識と面識知は等価なものではない。たとえば、わたしは隣の部屋に住む女性とたまに顔を合わせて挨拶する経験にもとづいて、彼女にかんする面識知を獲得する。他方で、わたしは、ニューヨークに住む注目の若手女性作家について、インターネット上の記事を目にする。ネット上の記事から、わたしは、彼女が小柄で黒髪である、彼女がミッドタウンに住んでいるといった記述的知識を得る。ここで、この作家がたまたまわたしの隣人だったとしても、わたしはそのことに気づかないだろう。記述的知識と面識知が同一対象についてのものだとしても、両者は等価なものではないからだ。

このような区別にもとづいて、メアリーが獲得するのは意識経験にかんする面識知だと考えることができる。面識知と記述的知識は別種の知識なので、メアリーが赤経験にかんする詳細な記述的知識を獲得したとしても、それによって赤経験にかんする面識知を獲得することはできない。面識知を獲得するには、実際にその意識経験を持たなければならないからだ。

しかし、知識論証にたいする物理主義者の応答として考えたとき、この応答には重大な欠点がある。一般に、ある対象にかんする面識知を獲得するためには、われわれはその対象を知覚する必要がある。ある対象にかんする面識知とは、その対象の知覚経験を通じて対象を同定したり再認したりする能力だ。そうだとすると、メアリーが獲得する知識を面識知として理解するためには、意識経験を対象とする内的な知覚能力を想定しなければならなくなる。第2章でも問題になったように、これは物理主義者には受け入れることのできない想定だ。

ここで、面識知にもとづく応答を支持するコニー（Conee 1994）は、外的対象にかんする面識知と経験にかんする面識知には重要な違いがあると主張する。外的対象にかんする面識知はその対象の知覚経験を媒介とするのにたいして、経験にかんする面識知は、ある経験を有すること自体によって得られるというのだ。しかし、このように考えれば、通常の面識知との類比は成りたたないことになり、問題の知識を面識知と呼ぶことの眼目は失われてしまう。

このように、メアリーが獲得するのは経験にかんする面識知だという説明も、説得的ではない[120]。

メアリーは新たな事実にかんする知識を獲得しない？（その2）

つぎに、前提3を否定する戦略のうち、2番目の応答、すなわち、**メアリーはすでに知っている物理的事実を新たな知り方で知るのだ**、という応答を検討しよう。

このような応答を試みているのは、ポール・チャーチランド（Churchland and Churchland 1981; P. M. Churchland 1985; 1989）やテレンス・ホーガン（Horgan 1984b）だ。物理主義が正しいとすれば、意識経験とはなんらかの脳状態にほかならない。このことをふまえて、意識経験であるところの脳状態にかんする2つの知り方が存在することが、知識論証を支える直観の源泉だと彼らは主張する。たとえば、赤いものを見る経験であるところの脳状態Bが生じているとき、一方で、われわれは、脳状態Bという物理的な概念を通じて、脳状態Bが生じているという事実について知ることができる。これは、メアリーが部屋を出る前から持っていた知識だ。他方で、われわれが実際に赤いものを見ているときには、赤いものを見る経験という心的な概念を通じて、脳状態Bが生じているという事実について知ることもできる。このとき、われわれは、「赤いものを見る経験が生じている」という内容の知識を得る。物理主義が正しいとすれば、この知識もまた、脳状態Bが生じているという物理的な事実にかんする知識だ。したがって、メアリーが赤いものを初めて見たときに獲得するのは、すでに知っていた物理的な事実にかんする知識なのだ。

しかし、この応答は、このままではうまくいかない。心的な概念を通じて、ある脳状態が生じているという事実について知ることは、部屋を出る前のメアリーにも可能だからだ。メアリーは、物的な対象が色を持つことも、リンゴや止まれの信号が赤色をしていることも知っている。したがって、ある人がリンゴを見ている様子を白黒テレビで見たときに、メアリーは、その人が赤いものを見る経験を有していることを知ることができるはずだ。メアリーが新たに獲得する知識は、たんに心的な概念によって記述された物理的事実にかんする知識ではないのだ。

ここで、チャーチランドやホーガンは、問題となっている新たな知り方とは、たんなる心的な概念を通じた知り方ではなく、**内観を通じた知り方**だと主張する。実際に赤いものを見る経験を持たなければ、この経験について内観的に知ることはできない。このことが、メアリーが新たに獲得する知識を説明するというのだ。

しかし、第3章第4節の考察が正しいとすれば、通常内観と呼ばれる心的過程は、外界にかんする知覚的信念をもとに、みずからの知覚状態にかんする信念を形成する過程でしかない。これが物理主義者が受け入れることのできる内観の説明だとすれば、内観は、脳状態にかんする特別な知り方と呼べるようなものではないはずだ。このような説明によれば、自分が赤いものを見る経験を有していることを知ることと、他人が赤いものを見る経験を有していることを知ることのあいだには、本質的な違いはないことになるからだ。

したがって、知り方の違いにもとづく応答を説得的なものとするためには、問題の知り方を、たんなる心的な概念を通じた知り方とも、内観を通じた知り方とも違う形で定式化する必要がある。ここで、第2章第3節に登場した**現象的概念**が役に立つように思われる。そこでも論じたように、われわれは、あるものについて2種類の概念を持つことができる。たとえば、ツチブタについて、われわれは、その特徴にもとづく記述的な概念を持つことも、知覚経験にもとづく(「あの動物」という)再認概念を持つことも可能だ。一般に、記述的概念と再認概念は相互に独立であり、一方を持つことなく他方を持つことが可能だ。

われわれは、意識経験にかんしても、記述的概念と、再認概念の一種である現象的概念の両者を持つのだとしよう。そうだとすれば、メアリーは、部屋を出たときに、脳状態にかんする現象的概念を獲得し、脳状態Bが生じているという事実について、現象的概念を通じた知識を獲得することになる。このような説明は、なぜメアリーが部屋を出たのちに新たな知識を獲得するのかを、うまく説明してくれるように思われる。

しかし、第2章でも論じたように、現象的概念を通常の再認概念と考えることはできない。脳状態にかんする通常の意味における再認概念とは、脳状態を観察にもとづいて同定する際に用いられる概念だからだ。しかし、現象的概念を適用するとき、われわれはみずからの脳を観察するわけではない。この点にかんして、この議論を改良できるだろうか。

第3章の考察がその手がかりとなる。志向説によれば、われわれが意識経験において見いだすのは、外界の事物だ。したがって、われわれが意識経験を通じて獲得するのは、外界の事物にかんする再認概念であるはずだ。そうだとすれば、**現象的概念とは、外界の事物にかんする再認概念を、意識経験にかんする再認概念として二次的に利用したものだ**と考えることができる。たとえば、われわれは、赤いリンゴを見ることによって、リンゴの性質である赤さにかんする再認概念（「あの色」）を獲得する。ここで、赤いリンゴが見えるということは、赤いリンゴがあるという内容の意識経験が生じていることにほかならない。このことをふまえれば、赤さの再認概念を、外的事物の性質にかんする再認概念ではなく、意識経験にかんする再認概念（「あの経験」）として用いることが可能になるのだ。

このように考えれば、物理主義と整合的に現象的概念を理解できる。この説明によれば、赤経験の現象的概念を獲得するためには、まず、それに対応する外的な事物（赤さ）にかんする再認概念を獲得する必要がある。そして、外的な事物にかんする再認概念を獲得するには、その事物の知覚経験を有する必要がある。メアリーは、部屋を出て赤いものを初めて見たときに、赤さの再認概念を獲得し、そのことによって、赤経験の現象的概念を獲得する。これによって、メアリーは、脳状態Bが生じているという物理的事実について、「あの経験が生じている」という新たな仕方で知ることができるようになるのだ。

前提3を否定する応答としてもっとも説得的なのは、このような応答だ。しかし、この応答にも問題がないわけではない。現象的概念が再認概念の一種だとすれば、現象的概念によって可能になるのは、あるタイプの意識経験を再認したり、想起したり、想像したりすることだ。能力仮説について検討した際にも論じたように、われわれは、ある特定の色合いを経験したときに、つねにこれらの能力を獲得できるわけではない。しかし、ある特定の色合いの意識経験を、再認したり、想起したり、想像したりすることがすべてできないとしても、実際にその色合いを見たことがある人は、その色合いを見るとはどのようなことかを知っていると言ってよいように思われる。そうだとすれば、現象的概念を構成する一連の能力は、メアリーが獲得する知識の必要条件ではないように思われるのだ。(121)

以上のように、知識論証の3つの前提のいずれかを否定するという戦略は、いずれも成功しないように思われる。

第2節　知覚と思考：ギャップの正体

前節の議論によれば、知識論証のいずれかの前提を否定する戦略は、どれも満足のいくものではない。しかし、物理主義者が知識論証に応答する戦略は、ほかにもある。これまでの応答では、メアリーが部屋を出たときに新たな知識を獲得するとすれば、それは意識経験そのものにかんする知識だということが前提とされていた。じつは、この前提に問題があるのだ。

経験にかんする知識と世界にかんする知識

まず、志向説の基本的な主張に立ちかえろう。志向説によれば、われわれが意識経験において見いだすものは、経験そのものの性質ではなく、経験の志向的対象の性質だ。この洞察にそくして考えれば、**意識経験を持つことでわれわれが得るものは、第一義的には、経験そのものにかんする知識ではなく、世界にかんする知識であるはずだ**。問題の知識は、「赤いものを見るとはこのようなことだ」という、経験そのものについての知識ではなく、「ものが赤いとはこのようなことだ」という、世界についての知識なのだ。

このような主張にたいしては、ただちにつぎのような反論が出されるだろう。リンゴが赤いということは、メアリーも伝聞を通じてすでに知っているはずだ。そうだとすれば、世界にかんしてメアリーが新たに知るべきことなどないのではないか。このような反論だ。

しかし、このような反論は、ある重要な可能性を見落としている。能力仮説を検討する際に確認したように、**命題的な知識だけが知識と呼びうるものではない**ということだ。もっとも、そこで明らかになったように、メアリーが獲得するのは、意識経験にかんする技能知ではない。そうだとすれば、メアリーが獲得するのは、世界がどのようであるかにかんする記述的な知識だが、命題的な知識ではないものだと考えられる。メアリーが獲得するのは、**世界にかんする非命題的な記述的知識**なのだ。

知識論証の根底にある直観とは、意識経験にかんする物理的な知識をどれだけ獲得しても、実際に意識経験を持たなければ知りえないことがある、というものだ。知識論証や、それにたいする標準的な応答においては、実際に意識経験を持たなければ知りえないこととは、意識経験そのものにかんすることだと考えられていた。しかし、志向説の分析をふまえれば、意識経験を持たなければ知りえないことは、世界そのものにかんすることであるはずだ。知識論証を支える直観は、**世界にかんするいかなる命題的な知識も、世界にかんする非命題的な知識とは等価ではない**という事実に由来するものなのだ。

脳状態やそれが実現する機能的状態にかんする知識をどれだけ得たとしても、問題の知識を得ることはできない。前者は経験そのものにかんする知識であるのにたいして、後者は経験の志向的対象にかんする知識だからだ。また、脳状態を観察することや、脳状態にかんする記述を目にすることによっても、問題の知識を得ることはできない。赤いものを見るとはいかなることかにかんする説明は、文字や図でしかなく、（たまたま赤い文字で書かれていないかぎり）赤いものを見る経験を引き起こすものではないからだ。ある経験と、その経験にかんする説明の経験は、経験として等価ではないのだ。さらに、世界にかんする命題的な知識をどれだけ獲得しても、問題の知識を獲得することはできない。意識経験は、世界にかんする非命題的な知識であり、命題的な知識とは異質なものだからだ。

当然のことながら、非命題的な知識は、命題的な知識と密接な関係にある。メアリーは、部屋を出る前にも、リンゴが赤いことを本で読んだり人から教えられたりすることで、「赤」という語を正しく使用することができたはずだ。しかし、ハーマンも論じていたように、彼女は、「赤」という語をみずからの意識経験にもとづいて対象に適用することはできなかった。部屋を出る前のメアリーには、非命題的な知識と命題的な知識の結びつき、言いかえれば、**経験と思考の結びつき**が欠けていたのだ。

このように考えれば、メアリーが部屋を出たときに、経験の（おおまかな）再認や想起にかんする能力を獲得することも理解できる。たとえば、赤いものを見るという経験を想起するには、赤概念を手がかりとして、赤の意識経験を生じさせる必要がある。そのためには、非命題的な赤の意識経験と命題的な赤にかんする思考の結びつきが必要だ。赤の意識経験を実際に持つことで、メアリーの認知システムのなかで、この結びつきが確立されるのだ。

これらの能力は、メアリーが世界にかんする非命題的知識を獲得することによって、副次的に獲得されるものだという点に注意が必要だ。より根本的なのは、世界にかんする非命題的な知識の獲得そのものなのだ。このことは、メアリーが技能知を獲得しない場合でも、彼女はなんらかの新たな知識を獲得すると言いたくなる直観を説明する。また、この説明によれば、問題の知識が直示的概念や再認概念と関連づけて説明されることも理解できる。非命題的な知識と命題的な知識は異質なものであるため、非命題的な知識の内容を命題的に表現しようとすれば、直示的な表現にうったえざるをえないのだ。

以上の応答をまとめれば、つぎのようになる。メアリーが獲得したのは、第一に、世界にかんする非命題的な知識であり、第二に、この非命題的な知識と命題的な知識の結びつきだ。そして、部屋を出たときにメアリーがこれらの知識を獲得することは、表象理論とも整合的に理解可能だ。(122)

知覚と思考

当然のことながら、ここで、非命題的な記述的知識とはどのようなものなのか、そしてそれは命題的な知識とどのように異なるのか、という疑問が生じるだろう。メアリーは、部屋を出る前から、さまざまなものの色にかんする知識を有していた。そして、メアリーが部屋を出たのちに獲得するのは、赤いものにかんする知覚経験だ。したがって、ここで問題となっているのは、知覚と知識の違い、言いかえれば、**知覚と思考の違い**だということになる。

知覚と思考は、どちらも世界がどのようであるかを表す心的状態、すなわち心的表象状態だ。しかし、つぎのような理由から、両者は本質的に異なる心的状態だと考えられる。第一に、乳幼児や人間以外の動物も知覚経験を持ちうるとすれば、思考と異なり、知覚は、言語や概念には依存しないはずだ。第二に、ミュラー＝リヤー錯視のような錯覚経験の内容が、錯視図形にかんする信念（「二本の線分はじつはおなじ長さだ」）によって変化しないことからわかるように、知覚経験は、思考にたいしてある程度の自律性を持っている。(123) このような事実をふまえて、両者の違いは、思考は概念的な志向的内容を持つのにたいして、知覚は非概念的な内容を持つという形で特徴付けられることが一般的だ。しかし、これだけでは疑問は解消しない。これは、両者に名前を与えたにすぎないからだ。概念的な内容と非概念的な内容の本質的な違いは、どこにあるのだろうか。

第一の提案は、**非概念的な内容は概念的な内容よりも詳細だ**というものだ。たとえば、テーブルの上の赤いリンゴを見るとき、わたしは、ある特定の色の知覚経験を持ち、それと同時に、このリンゴは赤いという思考を持つ。このとき、リンゴの色合いが微妙に異なれば、リンゴの知覚経験の内容はそれに応じて変化するが、リンゴにかんする思考の内容は変化しない。このように、色にかんする知覚経験の内容は、色にかんする思考の内容よりも詳細だと考えられる。

たしかに、われわれの知覚と思考には、このような違いがある。しかし、これは表象内容が非概念的であることの必要条件なのだろうか。たとえば、人間よりも貧しい知覚能力しか持たない架空の生物を考えてみよう。この生物は、白黒の視覚システムしか持たず、しかも、色の濃さを50段階でしか識別できないとしよう。この生物がリンゴを目にしたときには、リンゴの色は、たとえばグレー30として知覚される。このとき、この生物がそれなりに豊かな概念能力を持つとすれば、このリンゴはグレー30だという思考を持つことも可能だろう。しかし、このことによって、リンゴの視覚経験とリンゴにかんする思考の区別が失われるようには思えない。このことは、知覚と思考の本質的な違いは、内容の詳細さにあるわけではないことを示唆している(124)。

第二の提案は、**思考には知覚にない体系性がある**というものだ。たとえば、このネコは黒いという思考とこのイヌは白いという思考を持つことができる人は、このネコは白いという思考やこのイヌは黒いという思考も持つことができるはずだ。思考を持つと言えるためには、思考の要素である概念を組み合わせて、多様な思考を形成できなければならないのだ。エヴァンズ（Evans 1982）は、このような要請を一般性制約（generality constraint）と呼んでいる。

しかし、このような一般性は、知覚にも見いだせるように思われる。黒いネコと白いイヌを知覚できる人は、白いネコと黒いイヌも知覚できるからだ。このことには、神経科学的な裏づけもある。われわれの脳において、色、形、動きにかんする情報は、異なる部位において処理されている。黒いネコが右から左に歩いているのを見るときには、異なる場所で生じる色、形、動きに関連する神経活動が、全体として、黒いネコの運動の知覚経験を実現しているのだ。そうだとすれば、ある色の知覚表象が、さまざまな形の知覚表象とともに用いられるのは当然のことだ。したがって、この提案もうまくいかないように思われる。

第三の、より有望な提案は、**知覚経験は本質的に自己中心的な**（egocentric）**表象形式を持つ**、というものだ。

具体的な例で考えてみよう。いま、わたしの前方にはパソコンのモニターが見えている。そして、その背後には部屋の壁が、手前には机やキーボードが見えている。机の左右には本棚が見えている。このように、知覚経験において、世界は、いま自分がいる場所を起点として、そこからの相対的な位置関係によって表象されている。このような表象形式は、自己中心的な表象形式と呼ばれる。これにたいして、たとえば、南山大学名古屋キャンパスは名古屋市の東部にあるという思考は、特定の視点から世界を表象しているわけではない。もちろん、思考のなかには、自己中心的な表象形式の内容を持つものもある。キーボードはモニターよりもわたしの近くにあるという思考は、その一例だ。したがって知覚と思考の違いは、**知覚は無視点的な表象内容を持ちえない**という点にあると考えられる。知覚と思考の本質的な違いは、思考が、自己中心的な表象形式の内容も、そうでない内容も持つことができるのにたいして、知覚は、つねに自己中心的な表象形式の内容を持つという点にあるのだ。[125]

ホセ・ベルミュデスとフィオナ・マクファーソン（Bermúdez and Macpherson 1998）が指摘するように、知覚経験が自己中心的な表象形式を持つことは、知覚経験の役割から必然的に帰結することだ。第5章で見たように、知覚経験の本質的な役割は、われわれが現在の環境にたいして適切に行動することを助けることだ。そうだとすれば、知覚経験の表象内容は、行動を導くという目的にふさわしいものでなければならない。この目的にふさわしい表象内容とは、自己中心的な表象内容だ。たとえば、わたしが南山大学の名古屋キャンパスに行こうとしているとしよう。名古屋キャンパスの場所にかんする無視点的な表象（「名古屋キャンパスに行くには、八事日赤駅から山手グリーンロードを北に進む」）を持つだけでは、わたしはキャンパスにたどり着くことはできない。無視点的な表象に現れるさまざまな対象と、いまわたしの周りにあるさまざまな対象を関係づけることができなければ（「ここが八事日赤駅だ」）、無視点的な表象を行動に利用することはできないからだ。

知覚経験の役割からは、知覚の表象内容が持つ体系性には限界があることも帰結する。知覚経験が、経験主体が現在置かれた環境において行動することを導くものだとすれば、**知覚経験は、本質的に、いま、ここの世界がどのようであるかを表す**ものであり、世界がどのようでないか、世界がどうなっていたか、世界がどうなるか、世界がどのようでありうるか、ものごとが一般的にどのようであるか、といったことを表すものではないはずだ。知覚経験の内容は、いわば、肯定的な単称命題あるいは存在命題のようなものにかぎられるのだ[126]。知覚経験は、その役割の範囲内ではきわめて詳細な内容を持ちうる。しかし、その内容は、否定的な内容、過去形や未来形の内容、様相的な内容、全称的な内容などを構成するという意味での、より強い体系性を持ちえない。**思考にあって知覚にないものは、このような強い体系性だ。**

このことは、知覚と思考の違いとしてしばしば指摘される、もう1つの重要な特徴とも密接に関係する。ティム・クレイン（Crane 1992）は、思考にとっては、一定の推論関係を形成することが本質的だと主張する。たとえば、このネコは黒いという思考を持つことができる人は、このネコは黒いか白いかのいずれかだという思考や、この動物は黒いという思考も持つことができるはずだ。このように、ある思考を持つことは、その思考と論理的、意味論的、認識論的に関連する他の思考を持つことと不可分な関係にある。クレインによれば、思考が推論関係を形成することは、思考が一定の構造を持つことによって可能となる。この構造の構成要素となるのが、概念だ。これにたいして、自己中心的な表象形式を持つ知覚は、一般的な内容や否定的な内容を持つことがない。知覚経験の内容は、一般的な内容や否定的な内容を形成することを可能にするような内的構造を持たないのだ。右で述べたように、知覚の表象内容にも一定の構造はある。しかし、そこには「すべて」や「ない」といった内容を表す要素が現れることはないのだ。**知覚経験が自己中心的な表象内容を持つこと、知覚経験の内容が非概念的であること、知覚経験が推論関係を形成しないことのあいだには、本質的な結びつきがあるのだ**[127]。

非概念的内容を持つ表象と概念的内容を持つ表象の区別は、本来的表象と派生的表象の区別とも本質的な関連を持つ。第5章で見たように、本来的表象は、主体の行動に利用されることを本質とする。本来的表象は、いわば、オンラインで利用されることをその本質としているのだ。そのような役割を果たすためには、本来的表象は、いま、ここの世界のあり方を内容とする表象でなければならない。さまざまな対象がわたしとどのような関係にあるかを教えてくれるものでなければ、表象がわたしの行動を導くことはできないからだ[128]。**本来的表象は、必然的に、自己中心的な表象形式を持つものでなければならず、それゆえ、非概念的な内容を持つ表象でなければならない**。本来的表象が非概念的内容を持つことは、本来的表象の役割からの必然的な帰結なのだ。

知覚は、行動を導くために、いまここの世界のあり方を自己中心的な形式で表象するものであり、それゆえ、その表象内容は非概念的だ。これにたいして、思考は、いまここを超えた世界のあり方を、（必要に応じて）無視点的な仕方で表象するものであり、それゆえ、その内容は概念的だ。これが知覚と思考の本質的な違いだ。[129] 知覚と思考の区別を以上のように特徴づけることによって、知識論証にたいする応答に、実質を与えることができるのだ。

無害なギャップ

知識論証を退けるうえで助けとなる事実が、もう1つある。じつは、知識論証において問題となっているギャップは、物理主義とは本質的に無関係なものだ。チャーチランド（Churchland 1985）が指摘しているように、二元論が正しいとしても、知識論証は成立するからだ。二元論が正しいとすれば、赤いものを見る意識経験は、なんらかの非物理的な存在者によって成り立っていることになる。しかし、これらの非物理的な存在者について、どれだけくわしい知識を得たとしても、やはり、メアリーは、実際に赤いものを見るまでは、赤いものを見るとはいかなることかを理解できないように思われるのだ。[130]

ここからわかることは、意識にかんする2つの問題を区別することが重要だということだ。第一の問題は、意識経験は物理的な存在者かどうかという、存在論的な問題だ。これが、本書がここまで取り組んできた問題だ。これにたいして、知識論証において問題になっているのは、第一の問題にかんする答えがどちらであるとしても、意識経験と意識経験にかんする知識のあいだには、なんらかのギャップが残されるということだ。そうだとすれば、このギャップは、第一の問題とは別の問題だということになる。その問題とは、**一人称的なものと三人称的なもののあいだのギャップ、あるいは、経験と経験にかんする知識のあいだのギャップ**だ。このギャップは、意識経験にかんする存在論的な立場がどのようなものであっても、架橋不可能なものだ。そうだとすれば、このようなギャップが存在することを根拠として物理主義を批判することは、根本的に的外れだ。**これは、そもそも意識の理論が架橋すべきギャップではないのだ。**

しかし、これまでの考察によれば、このギャップは神秘的なものではない。意識経験は、意識経験にかんする記述とも、世界にかんする記述とも、等価ではない。その意味では、意識経験と経験にかんする知識のあいだにはギャップがある。しかし、このギャップは、物理主義的に理解可能なギャップなのだ。

*

意識経験は、世界にかんする知識をもたらす。それは、世界にかんする非命題的な知識であり、意識経験を持つことによってのみ獲得できる知識だ。その意味では、意識経験とそれ以外のもののあいだには、架橋不可能なギャップが存在する。しかし、このギャップは、物理主義的に理解可能なものであり、無害なギャップなのだ。

第7章のまとめ：

◎意識経験は、世界にかんする非命題的な知識だ。

◎その内容は、いま、ここの世界のあり方にかんするものであり、自己中心的な表象形式を持つ。

◎世界にかんする非命題的な知識は、世界にかんする命題的知識とも、意識経験にかんする命題的な知識とも等価ではない。これが、知識論証を支える直観の源泉だ。しかし、これは物理主義的に理解可能なギャップだ。

結論、または間違いさがしのお願い

なぜ彼は間違ったのだろうか？　どこで間違ったのだろうか？　まるでモースの頭の中にすわりこんだ対談者が果てしなくくりかえしでもするように、この質問が彼のなかで鳴りひびき続けた。

コリン・デクスター『キドリントンから消えた娘』大庭忠雄訳（早川書房）

以上がわたしの手札だ。

話がずいぶん長くなってしまったので、最後に、わたしの考えによれば、どのようにして意識が自然化されることになるのかを、簡単にまとめておこう。

◎意識経験はすべて知覚経験だ。そこで経験されるのは、外界にある事物のさまざまな性質だ。

◎意識経験は、文や絵とは本質的に異なる表象だ。意識経験が本来的表象であるのにたいして、文や絵は派生的表象だからだ。

◎本来的表象とは、生物の神経系において、感覚入力と行動出力を媒介する内部状態だ。本来的表象は、さまざまな感覚入力を、生物の生存に役立つ仕方で分類する。本来的表象を持つことによって、生物は、遠位の事物にたいする行動が可能になる。
◎本来的表象によって表象されるのは、事物の物理的性質ではなく、表象システムに相対的な性質だ。経験される性質は、事物の物理的性質に還元不可能だ。
◎経験される性質は、事物の客観的な性質だ。
◎意識経験に現れるのが事物の物理的性質ではないことが、誤った経験が可能な理由だ。
◎意識経験は、非概念的な表象内容を持つ。意識経験は、いま、ここの世界のあり方を、自己中心的な表象形式でつねに表象するという点で、概念的な表象内容を持つ思考と異なる。
◎意識経験は、世界にかんする非命題的な知識だ。この知識は、世界にかんするいかなる命題的な知識とも等価ではない。その意味で、意識経験と、意識経験にかんする知識のあいだには、埋めることのできないギャップがある。[131]

以上の考え方は、物理主義的な意識の理論だ。その理由は以下の通りだ。

◎本来的表象は、その因果的機能によって定義できる。
◎経験される性質そのものは物理的性質に還元できないが、ある特定の経験される性質を内容とする表象を生物が持つことは、その表象と行動の関係にもとづいて、物理主義的に理解できる。
◎本来的表象が非概念的な内容を持つことは、物理主義的に説明可能であり、それゆえ、知覚と思考の違いも物理主義的に理解できる。

以上のように考えることで、この本の冒頭で挙げた4つの問題にも解答できる。問題と解答は以下の通りだ。

①自然科学的な見方によれば、イスも、ネコも、人間も、みな原子の集まりにすぎない。しかし、イスを蹴飛ばしても、イスは痛みを感じないが、ネコや人間を蹴飛ばせば、ネコや人間は痛みを感じる。いずれも原子の集まりでしかない三者のあいだに、なぜこのような違いがあるのだろうか。
↓ネコと人間は本来的表象（とその基盤である神経系）を持つのにたいして、イスは持たないからだ。
②ゾウリムシ、ネコ、人間は、みな生物だ。しかし、ゾウリムシは痛みを感じるようには見えないのにたいして、ネコや人間は痛みを感じる。おなじ生物のあいだに、なぜこのような違いがあるのだろうか。ミミズやカブトムシはどうだろうか。
↓ゾウリムシは神経系を持たないため、本来的表象を持たない。ミミズやカブトムシの神経系に、本来的表象と理解できる内部状態があれば、これらも原初的な意識経験を持つはずだ。
③人間の受精卵は痛みを感じるようには見えないが、赤ちゃんは痛みを感じる。なぜこのような違いがあるのだろうか。生まれるまでのどの段階で、人間は、痛みを感じたり、音を聞いたりできるようになるのだろうか。
↓神経系がある程度発達し、本来的表象として働く内部状態が見られるようになった時点で、胎児は意識経験を持つようになるはずだ。

④わたしが虫歯の痛みを感じているときと、おいしいコーヒーを味わっているときに、わたしのなかで生じていることは、基本的にはどちらの場合も神経細胞の興奮だ。神経細胞が興奮すると、なぜこれらの経験が生じるのだろうか。また、おなじような神経細胞の興奮が、なぜあるときには痛みの経験となり、別の時にはコーヒーの味の経験となるのだろうか。

↓虫歯の痛みの表象として働く神経細胞の活動と、コーヒーの味の表象として働く神経細胞の活動は、行動との関係や、他の表象状態との関係が異なるからだ。

最後に、表題の問いにも答えておこう。

◎ぼくらが原子の集まりなら、なぜ痛みや悲しみを感じるのだろう。

↓原子の集まりのなかには、生物と無生物がある。生物のなかには、神経系を持つものと持たないものがある。神経系を持つものは、世界をある仕方で分節化し、遠位の事物にたいして行動できる。このようなメカニズムを持つ生物は、意識経験を持つ。生物の認知メカニズムが複雑になるにしたがって、生物はさまざまなものを表象できるようになる。この世界で生きていくためには、遠くの事物にたいして適切に対応するだけでなく、みずからの身体の状態にたいして適切に対応することも重要だ。これが、われわれが痛みを感じる理由だ。さらに、状況に適切に対処するためには、自分が置かれた状況を効果的に理解する必要もある。1つのやり方は、身体状態の知覚を通じてそれを知るということだ。これがわれわれの感情の正体だ。たとえば、なにかよくないことが生じたときには、身体状態の知覚を通じて、おとなしくしているべきだということがわかる。これが、われわれが悲しみを感じる理由だ。痛みも悲しみも、世界にかんする経験だ。そしてどちらも、われわれがこの世界を生き抜くために必要なものなのだ。

どうだろうか。以上の議論がすべて正しいとしたら、意識のハード・プロブレムは解決したことになる。もちろん、わたしはモース警部のように自信過剰ではないので、そんなにうまい話があるはずがないと思っている。わたしの目には、これまでの議論はそれなりに筋の通ったもののように見える。しかし、そこにはきっと、致命的な誤りや混乱や飛躍があるのだろう。そして、わたしはいつか、その致命的な誤りを発見して、モース警部のようにショックを受けるのだろう。では、わたしはどこで間違ったのだろうか。

注

（1）したがって、本書で意識経験と呼ぶものは、われわれが日常「意識」あるいは「経験」という言葉で指すものとは、やや異なる。

たとえば、意識という言葉は、覚醒状態を指すものとして用いられることがある。われわれが「彼は意識不明の重体だ」などと言うときには、意識という語をこのような意味で用いている。しかし、このような意味で意識があることは、意識経験を持つことと完全に一致するわけではない。意識経験には、われわれが眠っているあいだに見る夢も含まれるからだ。

また、意識という言葉は、なにかに注意を向けるという意味で用いられることもある。われわれが「肘の動きを意識してバットを振れ」などと言う場合だ。しかし、この指示に従って打者がバットを振るとき、彼の意識経験には、自分の肘の動き以外のことも含まれているはずだ。たとえば、投手の投げたボールが見えていなければ、いくら肘をうまく使っても、ボールを打つことはできないだろう。

意識という言葉は、自己意識（self-consciousness）または反省的意識（reflective consciousness）という意味でも用いられる。われわれが「自分が彼女のことを好きだということを、わたしはこのときはじめて意識した」などと言う場合だ。このような表現が意味しているのは、ただたんにある心的状態を持つことではなく、**自分がある心的状態を持つことを意識している**ということだ。しかし、われわれの意識経験の多くは、このような自覚なしに成り立っているように思われる。たとえば、公園の芝生に寝転がってぼんやりと空を眺めているとき、わたしは、自分が青空の視覚経験を有していることをとくに意識することなしに、青空の意識経験を有しているように思われる。このように、自己意識あるいは反省的意識も、ここで意識経験と呼ぶものとは異なる現象だと考えられる。（ただし、第4章第1節で見るように、この点に異論を唱える人もいる。）

また、経験という言葉も、ここでは通常と異なる意味で用いられている。われわれが「彼は経験豊富だ」と言うときには、人がある特定の種類の状況に置かれたことがあるかどうかが問題になっている。しかし、本書で意識経験と呼ぶものには、めったにない特殊な状況ときわめて平凡な状況のどちらも含まれる。ベッドに寝転がってぼんやりとしているときでも、安全確保のための装備なしに断崖絶壁を登っているときでも、なんらかの意識経験を有しているとことに変わりはない。**生きていて覚醒状態にあるかぎり（そして睡眠中でも夢を見ているときには）、われわれは、つねになんらかの意識経験を有しているのだ。**

（2）意識にかんする心理学研究や神経科学研究は、近年急速に進歩している。意識のハード・プロブレムについて考えるうえでは、それらの成果も無視できない。日本語で読める概説書としては、Gray 2004, Koch 2004, Koch 2012, Ramachandran and Blakeslee 1998, Rose 2006などがある。

（3）ここで、つぎのような疑問を抱く人がいるかもしれない。これらの問いは、脳の働きをくわしく調べることで答えることができるものではないのか。したがって、これらは哲学的な問題ではなく、自然科学的な問題なのではないか。このような疑問だ。

たしかに、ある生物がある意識経験を持つときにどのような脳の活動が生じるのかは、科学的に明らかにされることだ。また、意識経験を持つためにはある特定のメカニズムが必要だとしたときに、個々の生物がそのメカニズムを実際に持っているかどうかも、科学的に明らかにされることだ。しかし、われわれが知りたいのは、**なぜあるメカニズムが意識経験を生じさせるのか**ということだ。ただ脳の働きをくわしく調べるだけでは、この問いには答えられないように思われる。**意識の問題の核心にある問いは、理論的、哲学的な問いなのだ。**（もちろん、科学的な事実が意識の理論に一定の制約を課すことはあるだろう。たとえば、意識経験を持つためにはメカニズムMが必要だという哲学的な理論が提案されたのちに、じつは人間の脳にはMというメカニズムはないということが判明すれば、そのような理論は誤りだということになる。）

（4）これらの2つの問題の区別は、ときとして曖昧になる。たとえばデネットは、意識にかんする著書であるはずの『解明される意識』（Dennett 1991）の後半で、「物語的重心としての自己」という考え方を提案している。しかし、これは意識の理論ではなく、自己にかんする理論であるように思われる。

（5）自由意志の問題において、意識が重要な役割を果たすと考える人々もいる。彼らは、われわれの行動が意識的な心的過程を介さずに生じることこそが、自由意志にたいする重大な脅威となると主張する。たとえばベンジャミン・リベット（Libet 2004）は、われわれが自由に手を動かすとき、手を動かそうという意識的な決定よりも前に、手を動かすための脳の活動が始まることを明らかにし、このような事実は、自由意志にたいする脅威となると主張する。しかし、因果的決定論と自由意志がそもそも両立不可能だとすれば、意識的な決定が因果的に決定された出来事であるかぎり、それが脳の活動に先だって生じるとしても、自由意志の成立は脅かされることになる。自由意志の問題は、きわめて一般的な問題なのだ。

(6) より一般的な問題としての心身問題にかんしては、信原 1999や金杉 2007などを参照。信念や欲求など、命題的態度（propositional attitude）と呼ばれる種類の心的状態にかんしては、機能主義と呼ばれる考え方が有力だ。機能主義によれば、ある心的状態は、感覚入力との関係、行動出力との関係、他の心的状態との関係という三種類の因果関係によって特定される機能的状態であり、この機能的状態は、脳状態によって実現されている。これが正しいとすれば、ある意味では、命題的態度は脳状態にほかならないことになる。第1章第2節でくわしく見るように、このような説明がうまく適用できないように思われることが、意識のハード・プロブレムが心身問題のなかでもとくにやっかいな問題である理由だ。

(7) この本で自然主義と呼ぶのは、存在論、すなわち、この世界にはなにがあるかという問いにかんする1つの立場だ。これにたいして、自然主義という名称は、自然科学で用いられている方法論だけを哲学の方法論として認めるという、哲学的方法論の名称として用いられることもある。この意味での自然主義を受け入れることは、存在論にかんする自然主義を受け入れることを、ただちに意味するわけではない。経験的な探求の結果として、二元論を採用することもありうるからだ（cf. Chalmers 1996, Ch.4）。これにたいして、この本で自然主義と呼ぶのは、いわゆる物理主義、すなわち、ミクロ物理的な存在者のみを基礎的な存在者と考える立場だ。哲学的方法論としての自然主義にかんしては、井頭 2010などを参照。

(8) ミクロなレベルにおける世界のあり方によって世界のあり方が決まるとは、厳密に言えば、どのようなことだろうか。物理主義をめぐる議論においては、付随性（supervenience）という概念によって、この決定関係を定式化することが一般的だ。付随性とは、以下のように定義される関係だ。

付随性：性質Fが性質Gに付随する⇔性質Gにかんして同一だが、性質Fについて異なる2つの個体は存在しない。

付随性概念を用いると、物理主義はつぎのように定式化できる。

物理主義（1′）：物理主義が正しい⇕ミクロ物理的な性質が同一だが、マクロレベルの性質が異なる2つの個体は存在しない。

しかし、この定式化はいくつかの点で不十分だ。第一に、このような定式化では、ある個体の内在的な性質しか扱うことができない。クラスで一番背が高いというような関係的性質を扱うためには、個体にかんして語るだけでは不十分だ。さらに、知的生物が存在する宇宙で唯一の星といった性質を扱うためには、付随性を、世界全体にかんする主張に拡張する必要がある。

第二に、付随性が成り立たない状況が現実に存在しなくても、そのような状況が存在しうるならば、そのことも物理主義にたいする反例となるように思われる。たとえば、ある脳状態にある人は、現実には、みな痛みを感じるとしよう。ここで、おなじ脳状態にあるけれども痛みを感じない人が、現実にはいないとしても、いるかもしれないとしたら、そのこともまた、脳と痛みの関係を物理主義的に理解するうえで、問題となるように思われる。したがって、付随性関係は、実在するもの以外にも成り立つべき関係なのだ。

第三に、物理主義の定式化が必要以上に強いものにならないようにする必要がある。現実世界とミクロ物理的に同一で、現実世界に備わるマクロレベルの性質もすべて備えているが、それに加えて、霊魂のような余計な存在者を含む可能世界があるとしよう。このような可能世界が存在することは、物理主義にたいする反例にはならない。物理主義は、現実世界に存在するものはすべてミクロ物理的なものによって決定されるという主張だからだ。現実世界とは別の世界に、ミクロ物理的な基盤を持たない霊魂が存在するとしても、そのことは、物理主義にたいする反例にはならないのだ。したがって、物理主義を定式化するさいには、現実世界に存在する性質だけに話を限定する必要がある。

これら3点をふまえると、物理主義の定式化は、以下のようなものになる。

物理主義（1″）：物理主義が正しい⇔現実世界とミクロ物理的な性質が同一だが、現実世界に存在する何らかのマクロレベルの性質を欠く可能世界は存在しない。

この定式化が主張しているのは、**現実世界のミクロ物理的なありかたを複製すれば、それは現実世界の端的な複製になる**、ということだ（cf. Jackson 1998）。

ここで、このような定式化を目にして、物理主義が可能世界という様相的な概念によって定義されていることに違和感を抱く人がいるかもしれない。このことは、物理主義が必然的な真理であることを示唆するように思われるからだ。しかし、これは誤解だ（cf. Stoljar 2010, Ch.7）。右の定式化から帰結するのは、「物理主義が正しいとすれば、世界のミクロ物理的なあり方は世界のマクロなあり方を必然的に決定する」ということにすぎない。物理主義が正しいかどうかは、当然のことながら、経験的な探究によって決着がつけられるべき問題だ。

同様に、右の定式化は、われわれは、物理主義が正しいかどうかを、経験的な探求なしにア・プリオリに知ることができるということも意味していない。この定式化から言えるのは、「物理主義が正しいとすれば、われわれが世界を記述する適切な概念を手に入れ、かつ、世界のミクロ物理的なあり方をすべて知ることができれば、ミクロ物理的なあり方とマクロなあり方のあいだに必然的な関係を見いだすことができる」ということだ。しかし、世界を記述する適切な概念を手に入れるには経験的な探求が必要だし、世界のミクロ物理的なあり方を明らかにするためにも、経験的な探求が必要だ。したがって、物理主義の正しさを示すためには、経験的な探究が必要なのだ。

（9）じつは、存在者や自然法則は、ミクロなレベルに進めば必然的により少数になるわけではない。実際、陽子や電子のレベルからクォークのレベルに進むときには、存在者の種類は増加する。したがって、物理主義者がミクロレベルを重視する本質的な動機は、より単純な理論を求めることというよりはむしろ、より広範な現象を統一的に理解しようとすることだと考えられる。

（10）構成による説明においても、多重実現の可能性は成り立つように思われるかもしれない。たとえば、コップの質量という例においても、コップを構成する原子の組み合わせはさまざまでありうるからだ。このような疑問にたいする標準的な応答は、つぎのようなものだ。コップの例で問題となっているのは、あるレベルとよりミクロなレベルの関係だ。これにたいして、実現による説明における多重実現は、あるレベル内における関係だ。複数のマクロ物理的な存在者が、電力を発生させるという因果的機能を持つからだ。実現による説明は、あるレベル内における、一階の性質（first-order property）と二階の性質（second-order property）のあいだの説明関係なのだ。とはいえ、コップの質量という性質もまた、はかりの目盛りをある仕方で変化させるという因果的機能によって定義される性質だと考えれば、コップの例もまた、実現による説明の事例だと考えることができるかもしれない。２つの説明の区別は、それほど絶対的なものではないかもしれないのだ。

(11) 物理主義者が用いることのできる説明は、これら2種類だけだろうか。この点は、それほど明らかではない。たとえば、ある気体の温度を、その気体を構成する分子の運動エネルギーによって説明するという事例を考えてみよう。ここでは、温度という性質の因果的な機能を特定することと、その因果的な機能を実現するミクロ物理的な存在者を特定することに加えて、数学的な道具立てを用いてミクロレベルの現象をマクロレベルで再記述するという作業も、重要な役割を果たしている。このような説明が、構成による説明なのか、実現による説明なのか、どちらでもない第三の説明なのかは、明らかではない。物理主義にきちんとした定式化を与えるためには、物理主義者が用いることのできる説明にはどのようなものがあるのかを明確にする必要がある。

ただし、物理主義者が認めることのできない説明もある。たとえば、ミクロ物理的な存在者がある一定以上の複雑な状態を形成するときには、その総体としてのマクロな現象は、ミクロな要素の総和には還元できない新たな性質や法則を獲得する、という考え方がある。このような考え方は、**創発主義**（emergentism）と呼ばれる。しかし、この立場を物理主義の枠内で整合的に理解することは困難だ。創発主義によれば、たとえば、生物体においては、生物体を構成する原子を支配するミクロ物理的な法則では説明のできない新たな秩序が成立し、生物体を構成する原子は、生物体を構成しない同種の原子とは異なる仕方でふるまうと考えられる。マクロレベルに創発する秩序は、ミクロレベルの存在者のふるまいを変えるのだ。このような現象は、下向き因果（downward causation）と呼ばれる。物理主義者の多くは、下向き因果は問題の多い概念だと考えている。下向き因果は、ミクロレベルの基本法則はつねに一定であるという、物理主義者が通常受け入れている前提に反するからだ。

(12) ここで、説明関係によって物理主義を定式化するのは奇妙ではないか、という疑問が生じるかもしれない。物理主義は、世界にはなにがあるかという問題、すなわち存在論にかんする立場なのにたいして、説明は認識論的な概念だからだ。しかし、説明概念を用いた定式化は、じつは、決定概念を用いた定式化よりも本質的なものだ。その理由はつぎのようなことにある。

注8でくわしく述べたように、物理主義の標準的な定式化では、可能世界という概念が用いられる。しかし、物理主義者にとって、可能性や必然性といったいわゆる様相概念は、額面通りに受け入れることのできるものではない(cf. Horgan 1984a)。物理主義者にとって問題なく存在すると言えるものは、現実世界の物理的な存在者だけだからだ。したがって、物理主義者は、決定概念を用いた定式化を、物理主義的に問題のない概念だけを用いた別の説明によって、読み替えなければならない。ここで用いられるのが、説明概念を用いた定式化だ。マクロな存在者とミクロな存在者とのあいだに必然的な関係が成り立つということを、両者のあいだに説明関係が成立することと読み替えれば、可能世界なるものの存在を仮定することなしに、物理主義を定式化できるのだ。

ここで、物理的なものと物理的でないものの区別と現実世界と可能世界の区別は相互に独立な区別なのだから、可能世界の存在を認めることは、ただちに物理主義に反するわけではないのではないか、と考える人がいるかもしれない。しかし、物理主義者は、可能世界にかんする知識をどのようにして手に入れることができるのかを、物理主義の枠内で説明しなければならない。ここで物理主義者が利用できる説明は、可能世界にかんする知識を思考可能性と結びつけるというものだ。では、思考可能性はどのように定義できるだろうか。ここでもまた、説明概念が必要となる。説明関係が成り立つときには、被説明項であるマクロな存在者の概念と説明項であるミクロ物理的な存在者の概念のあいだには、内容的な連関が成立する。このとき、あるミクロ物理的な事態が成立しながらマクロな事態が成立しないことは、思考不可能となる。このように、可能世界にかんする知識は、最終的には、説明関係によって裏づけられなければならないのだ。

(13) ただし、このように理解された物理主義には、重大な原理的問題が1つある。それは、実現による説明が与えられるものには、因果的な力を認めることができないように思われるということだ。たとえば、電池の持つ因果的な力（電流計の表示を変化させるなど）は、マクロ物理的な存在者（原子の集まり）の力として説明が可能であり、電池であるという性質そのものは、因果的な力を持たないように見えるのだ。これは、実現による説明が与えられるもの一般に成り立つ問題だが、心的な性質を理解するうえでとくに問題となるため、心的因果（mental causation）の問題と呼ばれる。この問題にかんしては、Kim 1998や太田 2010を参照。

(14) 意識のほかには、おなじような問いが生じる現象はあるだろうか。そのような現象として、すくなくとも2つのものが考えられる。

まず、数のような抽象的な存在者を自然科学的な枠組にどのように位置づけるかという問題がある。たとえば、1＋2＝3であるということは、客観的な事実のように思われる。しかし、この数学的な真理は、物理的な世界とどのように関係しているのだろうか。1＋2＝3であるということは、リンゴ1つが入ったカゴにリンゴ2つを加えるとリンゴは3つになるというような、特定の物理的な出来事によっては説明できないように思われる。他方で、数学的真理という抽象的な存在者を想定することは、物理主義とは両立しないように思われる。

第二に、美や善といった価値的性質の位置づけも問題となる。世の中には、客観的に見て美しいと言いたくなるような景色や絵画が存在する。では、ある絵画が美しいということは、物理的な存在者である絵画そのものとどのような関係にあるのだろうか。ここでも、ある絵画の美しさを、キャンバス上の絵の具の配置で説明することはできないように思われる。しかし、物理的な性質と独立に美しさという性質が存在することを認めることは、やはり、物理主義者にとって受け入れがたい。

とはいえ、これらの問題にかんしては、物理主義者が利用できる戦略がないわけではない。数学的な真理にかんしては、たとえば、それはさまざまな物理的存在者に共通の、ある種の抽象的な構造を記述しているのだ、と考えることができるかもしれない。また、美にかんしては、ある絵画が美しいということは、絵画そのものが単独で持つ性質ではなく、鑑賞する人の感動や賞賛を引き起こすという性質、すなわち、観察者依存的な性質として理解することが可能であるかもしれない。これらの戦略が説得的かどうかを判断するには、さらなる考察が必要だ。とはいえ、これらの問題にかんしては、物理主義者の置かれた状況は、絶望的ではないように思われる。数学にかんしてはShapiro 2000、価値的性質にかんしてはHarman 1977などを参照。

(15) 意識経験の独特な感じは、意識経験の現象的特徴（phenomenal character）や質的特徴（qualitative character）などと呼ばれることもある。

(16) クオリアには、どのような種類のものがあるのだろうか。クオリアの典型として挙げられるのは、色、音、味、匂い、痛みといったものだ。そのほかにも、温かさや冷たさ、自分の四肢の状態の感覚、感情などの経験にも、独特の感じを認めることができるだろう。やや微妙なのは、形やさまざまなカテゴリーだ。ある三角形を見る経験には、特定の形のクオリアがともなうのだろうか、それとも三角形一般のクオリアがともなうのだろうか、あるいは両者がともなうのだろうか。また、ネコの視覚経験には、ネコのクオリアがともなうのだろうか。これらの問いに明確な答えを与えることは、困難だ。

他方で、言葉の意味のようなものには、クオリアはともなわないように思われる。ネコという語を見れば、あなたはその意味をただちに理解するだろう。しかし、この意味理解の経験に、ネコの意味クオリアのようなものはともなわないように思われる。ネコという語を見て、あなたは自分の飼いネコを思い浮かべるかもしれないが、別の人は、別のネコを思い浮かべるかもしれない。あるいは、この語を見てもいちいちネコを思い浮かべない人もいるだろう。このように、言葉の意味に固有のクオリアは存在しないと考えられる。（言葉の意味はクオリア的なものではないということは、ヴィトゲンシュタインが『哲学探究』（Wittgenstein 1953）で繰りかえし主張していることだ。）したがって、「意味のクオリア」について論じられるときには、クオリア概念が本来の意味とは異なる意味で用いられていると考えたほうがよいだろう。

(17) ゾンビの思考可能性は、クオリア逆転の思考可能性よりも強い帰結をもたらす。クオリア逆転が思考可能であることから帰結するのは、われわれの脳状態は、われわれが具体的にどのような意識経験を持つかを決定しないということだ。しかし、これが事実だとしても、われわれがある脳状態を持つときには、つねになんらかのクオリアをともなう意識経験が生じると考えることは可能だ。つまり、脳状態はクオリアの種類は決定しないが、クオリアの有無は決定すると考える余地は残されるのだ。これにたいして、ゾンビの思考可能性からは、われわれの脳状態は、クオリアの有無さえ決定しないということが帰結する。クオリアと脳状態の結びつきは、完全に失われてしまうのだ。

（18）ブロック（Block 1995）も、アクセス意識（access consciousness）と現象的意識という語を用いて、同様の区別を行っている。ブロックのいうアクセス意識とは、ある心的状態が推論、行動、発話の制御などに利用されるという因果的機能を持つことによって定義される概念で、チャルマーズの言う心理学的意識に相当するものだ。

（19）チャルマーズによれば、因果性や、「いまここは晴れている」といった指標的（indexical）事実にかんしても、物理的な事実とのあいだに説明上のギャップが生じる。しかし、因果性にかんしては、原因と結果の恒常的連接を超えた因果性そのものの存在を否定するという、ヒューム的な立場をとることも不可能ではない。また、指標的事実にかんしては、第2章第3節でも論じるように、「いま」や「ここ」といった指標詞にかんする文法規則と、指標的事実が語られた文脈を考慮に入れれば、世界の物理的なあり方によって指標的な事実は特定可能だと考えられる。したがって、実質的なハード・プロブレムが存在するのは、意識経験だけだということになる。

（20）いわゆる心身問題にかんしては、歴史的には、物理主義（唯物論）以外にもさまざまな立場がある。しかし、この本では、物理主義以外の可能性は検討しない。意識の問題を考えるうえでは、それらはいずれも魅力的な立場ではないからだ。ここで、ごく簡単に、その他の選択肢とそれぞれの問題点を確認しておこう。

まず、物的なものと心的なものは別個の存在者であり、一方を他方によって説明することはできないと考えるのが、**二元論**（dualism）だ。二元論には、非物理的な実体の存在を認める実体二元論と、非物理的な性質のみの存在を認める性質二元論がある。両者に共通の問題点は、二元論においては心的なものと物的なものの関係が明らかでないということだ。常識的な見方によれば、世界の物的なありかたは心のあり方に影響を及ぼし、心のあり方は世界の物的なあり方に影響を及ぼす。たとえば、激辛カレーを食べれば、強烈な辛さの経験が生じ、強烈な辛さの経験は、発汗や、水の入ったコップに手を伸ばすという行動を引き起こす。二元論者は、このような関係をうまく説明できないように思われる。激辛カレーを食べてコップに手を伸ばすという現象は、味蕾への物理的な刺激がある脳の活動を引き起こし、その脳の活動が身体運動を引き起こすという形で、完全に物理的に理解が可能だ。カレーによって引き起こされた脳の活動と辛さの意識経験が別個の存在者だとすれば、意識経験は、脳状態と同時に身体運動の原因として働いているか、身体運動にはいかなる因果的な影響も持たないかのいずれかになる。これらはいずれも魅力的な仮説とは言いがたい。

第二の立場は、真に存在するものはじつは心的なものだけで、われわれが物体やその性質と考えているものも、じつは心的なものにほかならないという立場だ。このような立場は**観念論**（idealism）と呼ばれる。観念論の問題点は、真に存在するものが心的な存在者だけだとしたら、世界は物的なものから成り立つという前提のもとでわれわれがうまく生きていける理由がうまく説明できないことだ。この事実は、世界は物的なものから成り立つという前提は正しいと考えることによって、もっともうまく説明できるように思われるのだ。

第三の立場は、世界を構成する基本的な存在者は物的でも心的でもなく、物的なものと心的なものは、いずれも、第三の種類の基礎的な存在者によって説明されるという立場だ。この立場は、**中立的一元論**（neutral monism）と呼ばれる。その問題点は、基礎的な存在者がどのようなものであり、そしてそれが物的なものと心的なものをどのように説明するのかということにかんして、現時点では具体的な提案が存在しないことだ。（意識の問題の文脈では、チャルマーズ（Chalmers 1996）が、情報二元論と呼べるような立場を提案している。）

じつは、意識の問題を考えるうえでは、これらの立場には共通の重大な問題点がある。それは、**これらの立場は意識の実質的な説明をもたらさない**ということだ。たとえば、二元論においては、通常、意識経験は端的に存在を認められる。しかし、二種類の実体や性質の存在を認めるとしても、心的なものが説明不可能であるということが、ただちに帰結するわけではない。二元論が主張しているのは、心的なものを物的なものによって説明することはできないということだけであり、心的なものを別の心的なものによって説明する可能性は、残されているはずだからだ。しかし、マクロレベルの心的なものをミクロレベルの心的なものによって説明するというような考えは、意味をなさないように思われる。

物理主義以外の立場でも、心的な現象に説明を与えることは必要だ。しかし、現時点では、いずれの立場からも、有望な説明は提案されていない。したがって、すくなくとも現時点では、これらの立場は、物理主義の代替案として真剣な検討に値するものとは言えないのだ。

(21) もう1つの論証である知識論証にたいしては、必要な道具立てを手に入れたあと、第7章第2節で応答を試みる。

(22) このように、特定の物理的組成を本質とする存在者は、**自然種**（natural kind）と呼ばれる。

(23) チャルマーズは、第一の意味を概念の一次内包（primary intension）と呼び、第二の意味を二次内包（secondary intension）と呼ぶ。チャルマーズの応答のポイントは、われわれがある言明の一次内包を問題にしているのか、あるいは二次内包を問題にしているのかを明確にすれば、一見よい反例となるような事例においても、思考可能性と形而上学的可能性は連動することがわかる、ということだ。

(24) ヴィトゲンシュタイン（Wittgenstein 1977）は、このような関係を色の文法と呼んでいる。意識の問題の文脈では、オーステン・クラーク（Clark 1993）が、クオリア相互の関係はそれらにとって本質的であるという考え方を支持している。

(25) このような批判にたいして、シドニー・シューメイカー（Shoemaker 1975）は、つぎのように反論している。たしかに、人間が現実に経験する色クオリアにはさまざまな非対称性があり、それゆえ、クオリア逆転は思考不可能かもしれない。しかし、そのような非対称性を持たないクオリアを持つ生物は思考可能だ。そして、思考可能性にもとづく論証を成立させるには、このような生物にかんしてクオリア逆転が思考可能であれば十分だ。このような反論だ。

しかし、この反論は説得的ではない。ここで持ち出されているのは、クオリア逆転の思考可能性ではなく、クオリア逆転を思考可能とするようなクオリアの思考可能性だ。しかし、この種の思考可能性からなにが帰結するのかは、明らかではない。これは、たんなる思考可能性ではなく、思考可能性の思考可能性だからだ。つぎのような例を考えてみよう。相対性理論を知るものにとっては、現実世界において、あるものが光より早く移動することは思考不可能だ。では、あるものが光より早く移動することが思考可能であるような世界は思考可能だろうか。このような問いにたいする答えは明らかではない。また、かりにこのような世界が思考可能だとしても、その可能世界における光が、われわれがこの世界で光と呼ぶものと同一であるかどうかは明らかでないし、このような思考可能性が、現実世界における光の本性についてなにを明らかにしてくれるのかも、明らかではない。同様に、シューメイカーが想定している状況が思考可能かどうかは明らかでないし、その思考可能性が、われわれのクオリアにかんしてなにを明らかにするのかも、明らかではないのだ。

(26) 生命にかんしては、実際にこのような事態が生じたと考えられる。19世紀までは、生命を物理主義的に理解することは不可能だと考えられていた。生物の身体が無数の原子によって構成されているということを認めたとしても、それが生命を持つためには、なんらかの非物理的な力が必要だと考えられていたのだ。しかし現在では、生物学者たちは、生命を理解するために非物理的な力を想定する必要はないと考えている。純粋に物理的な生命は、かつては思考不可能であったが、思考可能となったのだ。この背景には、2つの変化があったと考えられる。第一の変化は、生命の本質にかんする理解が変化し、生命そのものが、自己複製や代謝などの因果的機能によって理解されるようになったということだ。第二の変化は、自己複製や代謝といった因果的機能を実現するミクロなレベルのメカニズムが、具体的に明らかになったということだ。現在の文脈で重要なのは、第一の変化だ。

(27) ここでマッギンは、意識の自然化の場合には、まさに第二段階で未知の性質Pを導入する必要があるのだ、と主張するかもしれない。しかし、第二段階で性質Pを導入する必要があるかどうかは、第一段階で意識経験にどのような本質が見いだされるかによるはずだ。ここで、意識経験の本質であるクオリアは通常の物理的存在者によっては説明できないと前提するのは、論点先取にほかならない。

(28) ジェシー・プリンツは、人とその他の動物のあいだにある違いと子供と大人のあいだにある違いは、じつは程度の違いでしかなく、したがって、2種類の認知的閉包には厳密な区別は成り立たないのではないか、という見方を示唆してくれた。これが事実だとすれば、マッギンの議論はさらに説得力を失うことになる。原理的に克服不可能な認知的閉包は存在しない、ということになるからだ。

(29) これにたいして、意識は他の現象と同様のやり方で自然化が可能だと考える物理主義を、チャルマーズは、タイプA物理主義と呼ぶ。

(30) すこし言葉の整理をしておこう。厳密に言えば、以下の議論では、言明(文)や語にかんする話と、思考や概念にかんする話を区別する必要がある。たとえば、「東京は日本の首都だ。」という日本語の文と、“Tokyo is the capital of Japan.”という英語の文は、おなじことを表している。ここで、言語から中立な意味内容を思考と呼ぶとすれば、2つの文は同一の思考を表していることになる。同様に、それぞれの文に含まれる「首都」と“capital”という語は、同一の概念を表している。このような区別をふまえれば、以下の議論は、厳密には、特定の言語における意識に関連する語にかんする話ではなく、概念にかんする話だということになる。以下でときおり言葉遣いがまわりくどくなるのは、このような理由からだ。

(31) 以下の議論でも問題になるように、この言明に説明を与えることができないという言い方は、不正確だ。同一性が成り立つことに、概念内容だけにもとづく説明を与えることはできないが、語の使用規則や言明を使用する状況などを考慮に入れれば、説明は可能だからだ。人物の同一性言明は、端的に説明不可能なわけではないのだ。

(32) ここでロアは、現象的概念は、いかなる性質を介することもなく、内観を通じて意識経験の本質を把握するものだと主張するかもしれない。しかし、このように考えるならば、現象的概念を通常の再認概念と類比的に理解することはできなくなる。また、現象的概念がどのようにしてこの特殊な性格を持つのかを、物理主義の枠内で説明できるかどうかは疑わしい。

(33) タイプB物理主義そのものが失敗に終わるとしても、標準的な物理主義者が、意識の自然化が可能だとしてもなおなんらかのギャップが存在するように感じられるのはなぜかということの説明に、現象的概念を利用することは可能だ。このような可能性は、第7章で検討される。

(34) また、現象的意識にかんしては記述的な概念を形成できないという主張は、端的に偽であるように思われる。われわれは、痛みの経験にかんして、それは通常身体の損傷によって引き起こされるとか、それは不快な経験であるといったことを語りうるからだ。

(35) 注3では、意識の問題は本質的に哲学的な問題だと述べた。本章の議論からわかったことは、哲学的な議論だけによって、意識のハード・プロブレムに否定的な形、すなわち、それは解決不可能だという形で決着をつけることはできないということだ。第3章以降では、意識の自然化を試みるが、そこでは、意識にかんするさまざまな経験的な知見を無視することはできない。意識にかんする哲学的な理論は、経験的な知見と不整合なものであってはならないからだ。この意味では、意識のハード・プロブレムは、安楽椅子的な考察だけで解決できる問題ではない。それでもこれが哲学的な問題だと言いうるのは、以下で見ていくように、これが非常に一般的、抽象的なレベルで解決を与えられるべき問題だからだ。意識の問題は哲学的な問題だが、経験的な探究から切り離された問題ではないのだ。

(36) 志向説にはいくつかのバリエーションがある。重要なのは、以下の3つの区別だ (cf. Kind 2010)。

第一に、**強い志向説**と**弱い志向説**という区別がある。弱い志向説とは、つぎのような考え方だ。

弱い志向説：意識経験のクオリアに違いがあるのは、意識経験の志向的内容に違いがあるとき、そしてそのときだけである。

これにたいして、強い志向説とは、つぎのような考え方だ。

強い志向説：意識経験のクオリアとは、意識経験の志向的内容にほかならない。

弱い志向説は、クオリアと志向的内容はつねに連動して変化するが、両者は別の存在者だという見方とも両立可能だ。これにたいして、強い志向説は、このような見方とは両立不可能だ。

第二に、志向説の適用範囲をある感覚様相内に限定する立場と、そうでない立場という区別がある。後者は、ある感覚様相内におけるクオリアの違い（赤色を見る経験と緑色を見る経験の違い）が志向的内容の違いによって説明できると主張するだけでなく、感覚様相の異なる意識経験の違い（丸いボールを見る経験と丸いボールに触れる経験の違い）も、志向的内容の違いによって説明できると主張する。これにたいして、前者は、第一の主張は認めるが、第二の主張は認めない。

第三に、志向説は意識経験の一部、たとえば知覚経験にのみあてはまると考える限定的な志向説と、すべての意識経験は志向説によって分析可能だと考える無限定な志向説がある。

意識を自然化するためは、**無限定**で、**感覚様相内に限定されない**、**強い志向説をとる必要がある**。これ以外の立場では、意識経験の違いには、志向的内容の違いでは説明できないなんらかの違いがあることになり、その違いを説明するために、非物理的な存在者を導入しなければならなくなるからだ。

(37) 映画『マトリックス』には、つぎのような場面がある。主人公ネオたちが仮想現実であるマトリックス世界で活動しているときに、現実世界でネオの脳に送られる信号が乱れ、その結果、ネオは、仮想現実の世界ではなく、それを成り立たせているデータの流れを目にすることになる。このとき、ネオの意識経験には、表象内容ではなく、表象媒体そのものが現れている。意識経験は透明だという主張は、われわれの意識経験においては、このようなことはけっして生じないという主張だ。

(38) ここで、意識の自然化を否定する人々は、クオリアが意識経験の内在的性質だと考えているわけではなく、むしろ、意識経験に現れる非物理的な存在者またはその性質だと考えているのではないか、という疑問が生じるかもしれない。このような疑問にたいする考察だ。しかし、本章第2節で見るように、このような非物理的存在者を措定する第一の動機は、見かけの性質にかんする考察だ。しかし、本章第2節で見るように、われわれの意識経験には、見かけの性質と呼ぶべきものは現れていない。第4章第3節で見るように、非物理的な存在者を措定する第二の動機は、誤った経験の存在だ。しかし、第6章で明らかになるように、本書が提案する考え方によれば、われわれが実在しないものを経験できるということは、非物理的存在者を措定することなしに説明可能だ。

(39) ここで、高い音であるという性質と、ある周波数で振動するというような物理的性質はどのような関係にあるのか、という疑問を抱く人がいるかもしれない。この問題、すなわち経験される性質と物理的性質の関係という問題は、意識の表象理論にとって重要な問題だ。この問題については、第4章から第6章でくわしく検討する。

(40) 温度の知覚経験が、経験の志向的対象の性質を表象しているのだとすれば、それが正しい知覚経験なのか誤った知覚経験なのかを問うことができるはずだ。この点にかんしてはどう考えればよいのだろうか。一般に、ある対象にかんする知覚経験が真正な知覚経験であるならば、知覚経験が繰り返し生じたとしても、対象そのものに変化がないかぎり、その内容はつねに同一であるはずだ。しかし、この事例においては、一定の間隔でぬるま湯に手をつけることを何度か繰り返すと、ぬるま湯の温度が変化しないとしても、どちらの手の温度知覚も変化していく。したがって、この事例においては、どちらの手の経験も誤った温度知覚経験だと言うべきだろう。

(41) もちろんここには進化的理由がある。痛みを自由に意識の外に追いやる能力は、生存のうえで致命的に不都合なものだからだ。

(42) 痛みの独自性を理解するには、四肢の位置の知覚との比較が参考になる。われわれは、みずからの四肢の位置を、視覚経験を通じて知ることも、身体感覚を通じて知ることもできる。後者は、自分だけに可能な知り方だ。しかし、そのような知り方が存在するからといって、そこで非物理的なものを経験していることになるわけではない。痛み経験が四肢の位置の知覚と異なるのは、四肢の位置の視覚経験を通じた知り方に相当するものが存在しない点だ。それゆえに、痛みのクオリアは、私秘的で、非物理的であるように思えるのだ。

(43) もちろん、このように考えることですべての問題が解決するわけではない。残像経験が生じるときには、ピンク色であるという性質を持つものは外界に存在しないからだ。この問題については、第4章から第6章でくわしく論じる。

(44) イメージにかんする古典的研究（Perky 1910）によれば、白いスクリーンを見ながらある色をイメージするように被験者に命じ、スクリーンに実際にかすかにその色の光を投影したとき、被験者は、投影された色を実際に見ていることに気づかなかったという。このような実験結果は、知覚経験とイメージ経験が本質的には同種の経験であることを示唆している。

(45) 哲学や心理学の議論では、われわれの意識経験の内容は、感覚（sensation）と知覚（perception）に分けられることがある。大雑把に言えば、感覚とは経験に現れる感じそのものであり、知覚とは感覚を通じて知られる世界のあり方だ。しかし、志向説の分析が正しいとすれば、われわれの意識経験の内容は、世界がどのようであるかということに尽きることになる。**意識経験は、感覚と知覚という二重性を持たないのだ。**この点もまた、従来の考え方をあらためるべき点だ。この点にかんして、高村 2013は、二重性を認める立場からセンス・データ論を擁護するという、非常に興味深い議論を展開している。

(46) もちろん、多くの人は、視角という言葉を聞いたこともないだろう。しかし、視角にかんする知識の有無にかかわらず、近くの木は遠くの木よりも大きく見える。そうだとすれば、知覚経験の内容は、思考の内容とは異なる仕方で表象されていることになる。この点については、第7章でくわしく論じる。

(47) 第二の説明によれば、志向説にたいする批判者は、知覚主体からの距離の違いという志向的対象の性質を、経験そのものの性質と混同していることになる。この誤解の背景には、意識経験の内容は二次元的でなければならないという暗黙の前提があるように思われる。この前提は、網膜や脳の一次視覚野が二次元的な構造を持つという事実に由来するのかもしれない。しかし、表象媒体の性質は、表象内容を決定しない。たとえば、ある三次元の物体想定することには、なんの問題もないことがわかる。

の形状を方程式で記述したとき、紙に書かれた方程式は、二次元的な広がりしか持たない。しかし、だからといって、表象内容である物体の形状が二次元だということにはならない。われわれは、二次元的な構造を持つ表象によって、三次元、あるいはより高次元の構造を持つ事物を表象できるのだ。表象にかんするこの基本的な事実をふまえれば、意識経験の表象媒体が二次元的な構造しか持たないとしても、意識経験の内容が三次元的な構造を持つと想定することには、なんの問題もないことがわかる。

(48) 志向説を支持する人のなかには、意識経験には、対象そのものが持つ内在的な性質と、対象が経験主体との関係において持つ関係的な性質の両者が表象されていると考える人もいる(cf. Tye 2000, Ch.4; Noe 2004; Prinz 2012)。コインの例で言えば、コインの視覚経験には、コインの内在的な性質である円形であるという性質と、関係的な性質である斜め上から見ると楕円形に見えるという性質の両者が現れているというのだ。しかし、このような説明はうまくいかないように思われる。かりに視覚経験に二重性があるとしても、そこに現れているのは、形にかんする性質であるはずだ。しかし、斜め上から見ると楕円形に見えるという性質は、コインの性質だが、傾向性の一種であり、形にかんする性質ではない。意識経験に現れるのは、このような性質ではないはずなのだ。また、われわれの意識経験は、彼らが想定するような二重性をそもそも持たないように思われる。コインの視覚経験には、円形にせよ楕円形にせよ、一種類の形しか現れていないのだ。われわれの知覚経験には見かけの形のようなものは現れていないということは、『知覚の現象学』(Merleau-Ponty 1945) で、メルロ＝ポンティがくりかえし指摘していることだ。

(49) ここで、近くで生じている比較的小さな音を聞く方が、遠くで生じている大きな音を聞くよりも不快ではないか、そしてそのことは、前者の方が見かけの音の大きさが大きいことを示しているのではないか、と考える人がいるかもしれない。しかし、前者が後者よりも不快であることを説明するのに、見かけの音の大きさなるものを想定する必要はない。不快度は、音そのものの大きさと音源からの距離という2つの性質の組み合わせによって決定されると考えればよいからだ。不快度が一次元的に変化するからといって、不快度を決定する要因も一次元的に変化するとはかぎらないのだ。(たとえば、夏の不快さは、気温と湿度という2つの要因によって決定される。)

(50) どちらの説明が適切だろうか。プリンツは、つぎのような経験を教えてくれた。あるとき、暗い部屋でビデオを見ているとき、ビデオの映像が不鮮明だったため、彼はいらいらしていた。ところが、たまたまグラス越しに画面を見たところ、じつは映像そのものは鮮明なことがわかった。彼は、ぼやけた映像を見ていたのではなく、はっきりした映像をぼやけた視力で見ていたのだ。このような事例は、2種類の経験には内観的な違いがないことを示唆している。

(51) さらに別の反例として、直立して(正方形を45度回転した)ひし形を見たときの視覚経験と、頭を45度傾けて正方形を見たときの視覚経験の違いは、志向的内容の違いによっては説明できないと言われることがある(cf. Tye 2003)。知覚経験の対象である図形は同一で、網膜像も同一だが、2つの視覚経験は、なんらかの点で異なるように思われるからだ。

しかし、この違いも、志向説の枠組で説明可能だ。われわれの知覚経験において、世界は、みずからを起点として上下左右という方向を持って表象されている。そして、その方向は、網膜像や頭の向きではなく、身体の向きによって決定されていると考えられる。そうだとすれば、前者においてはひし形が、後者においては正方形が(どちらも正しい経験として)表象されることになる。これらの経験の違いもまた、志向的内容の違いなのだ。

(52) 感覚器官と感覚様相のあいだに直接的な関係はないという事実は、人間以外の生物の意識経験について考えるさいにも、重要な意味を持つ。感覚器官のあり方は、外界をどのように表象するかということと密接に関連し、その制約となる。たとえば、人間が異なる波長に反応する数種類の錐体細胞を持たなければ、視覚入力から物体の表面反射特性についてのくわしい情報を引き出すことは不可能であり、それゆえ、物体の色を表象することは不可能だろう。しかし、たとえば、ハトが5種類の錐体細胞を持つからといって、ハトが人間とはまったく異なる「色」知覚経験を持つとはかぎらない。第6章でくわしく論じるように、ハトの視覚経験のあり方を決定するのは、ハトの表象システムにおいて、最終的に外界がどのように表象されるかだからだ。ハトにおいて、物体表面の性質が、人間の脳における色表象システムとおなじような構造を持つ表象システムによって表象されていることがわかれば、ハトも人間とおなじような色を見ていることになる。動物の意識経験のありかたを探求するうえで、動物の感覚器官にかんする知識は、じつは本質的ではないのだ。

(53) このような見方にたいしては、つぎのように反論する人がいるかもしれない。対象の性質のなかには、複数の感覚様相のもとで知覚されるものがある。たとえば、対象の表面のきめは、視覚経験によっても、触覚経験によっても知覚されうる。しかし、ざらざらしたきめの視覚経験と触覚経験は、異なったあり方をしているように思われる。この違いを説明するためには、やはり、感覚様相の違いを経験の内在的性質の違いとして理解する必要があるのではないか。このような反論だ。

しかし、このような事例にも、志向説にもとづく説明は可能だ。ざらざらしたきめにかんする視覚経験には、通常、表面の形や色にかんする内容がともない、触覚経験には、通常、対象の固さや温度にかんする内容がともなう。感覚様相の違いは、これらの付加的な要素の違いとして説明できるのだ。そして、本文中の事例と同様に、これらの付加的な内容がまったくともなわないときには、ざらざらしたきめの視覚経験と触覚経験になおもなんらかの違いがあることは、もはや自明ではない。

(54) ここで、つぎのような疑問が生じるかもしれない。前節で確認したように、意識の自然化には強い志向説が正しいことを示すことが必要だ。しかし、これまでに検討してきた事例はすべて、弱い志向説にたいする反例でしかない。それゆえ、これらを退けることができたとしても、強い志向説の正しさは示されないのではないか。このような疑問だ。これはもっともな疑問だが、本章の議論を無意味にするものではない。それは以下のような理由による。

第一に、本章の議論が正しいとすれば、意識経験に経験そのものの内在的性質が現れるという分析は不適切だ。したがって、強い志向説の代替案となりうるのは、意識経験に経験の内在的性質が現れると考える立場ではなく、意識経験に現れるものはセンス・データのような非物理的な存在者だと考える立場だということになる。本章の議論からは、意識経験の分析においてどのような立場が有望で、どのような立場が有望でないかということかんして、一定の結論が得られるのだ。

第二に、本章のおもな目的は、意識の自然化を可能にする道筋を明らかにすることであり、物理主義に反する意識理論の誤りを示すことではない。したがって、強い志向説が整合的な立場だということを示すことができれば、他の可能性を排除できないとしても、主要な目標は達成されることになる。

(55) ここで、第4章第1節で紹介するグローバル・ワークスペース理論を持ち出せば、このアイデアを物理主義と両立できるのではないか、と考える人がいるかもしれない。しかし、ここで問題となっているのは、意識的な心的状態のなかで、注意の対象であるものとそうでないものを区別することであるのにたいして、グローバル・ワークスペース理論は、意識的な心的状態と無意識的な心的状態を区別するための理論だ。したがって、グローバル・ワークスペースという考え方を持ち出すだけでは、注意は説明できない。

(56) フランシス・クリックとクリストフ・コッホ（Crick and Koch 1990）は、特定の神経細胞群が40 Hzで共振することによって統びつけが実現されていると主張する。しかし、なぜ共振によって統びつけが実現されるのかは不明だ。プリンツ（Prinz 2012, Ch.1）が指摘するように、複数の対象を同時に見ているような状況では、共振だけでは、それぞれの対象にかんする統びつけを説明できないからだ。

(57) ただし、このような説明はおそらく極端すぎる。複数物体追跡（multiple object tracking）と呼ばれる心理学実験などによって、われわれは複数の対象に同時に注意を向けることができることが知られているからだ（Pylyshyn and Strom 1988）。また、不注意盲や変化盲にかんしては、別の説明も可能だ。たとえば、視覚経験そのものは豊かなのだが、その変化を検出するためには、しかるべき部位に注意を向ける必要があるのかもしれない。あるいは、視覚経験そのものは豊かだが、その豊かさは、その意識経験が生じているあいだしか持続しないのかもしれない。いずれの説明が正しいのかを決定することは、じつはきわめて困難だ。この点については、鈴木 2014を参照。

(58) ここで、過去の出来事を想起するイメージ経験はそうではないのでは、と考える人がいるかもしれない。しかし、昨日飲んだコーヒーのイメージ経験と、これから飲もうとしているコーヒーのイメージ経験は、内観的にはまったく同一であるように思われる。それが過去の想起であったり、未来の想像であったりするのは、意識経験の内容によってではなく、その経験が置かれた文脈や、その経験の用いられ方によるのだ。

(59) 逆に言えば、なんらかの形で表象が相互に利用可能であれば、空間的に分離した複数の部分からなる主体が統一的な意識経験を持つことも、原理的には可能だ。

(60) ここで、知覚と思考はどう異なるのか、という疑問を抱く人もいるだろう。標準的な解答は、両者の志向的内容は異なる、すなわち、知覚は非概念的な内容を持ち、思考は概念的な内容を持つ、というものだ。このような説明にたいしては、志向的内容が概念的あるいは非概念的であるとはどのようなことか、という疑問がただちに生じるだろう。この点は第7章でくわしく論じるので、ここでは、両者は別種の表象だということを前提として議論を進めよう。

(61) ここで、高階思考理論の支持者は、高階の思考を持つためには、比較的原初的な概念を持つだけで十分であり、言語はかならずしも必要ないと主張するかもしれない。しかし、高階の思考がしかるべき役割を果たすためには、高階の思考は、さまざまな知覚表象を識別できるものでなければならない。たとえば、赤いリンゴの知覚表象にともなう二階の思考と、黄色いバナナの知覚表象にともなう二階の思考は、異なる思考でなければならないはずだ。われわれの色知覚経験がきめ細かなものだということを考えれば、原初的な概念を持つだけでは、ここで必要とされる詳細さを持つ高階の思考は形成できないように思われる。これにたいして、高階思考理論の支持者は、「わたしはこの知覚表象を有している」というような内容の思考があれば十分だ、と主張するかもしれない。しかし、みずからの心的状態に直示的概念を適用するという考え方は、うまくいかないように思われる。第2章第3節で論じたように、直示的概念を適用するには、その対象を知覚することが必要だからだ。

(62) ドレツキ (Dretske 1995, Ch.4) も指摘しているように、高階思考説の問題点は、意識概念の多義性に由来すると考えられる。なんらかの意識経験を持つとき、われわれは外的な事物を意識し、われわれの知覚状態は意識的となる。しかし、このとき、われわれはみずからの心的状態を意識するとはかぎらない。高階思考説は、心的状態が意識的であることと、わたしが外的な事物を意識することと、わたしがみずからの心的状態を意識することの三者は、すべて同一の事態だと考えているように思われる。これは事実ではないのだ。

(63) ここでクオリアが抽象的だというのは、赤いものが目の前にないときにも赤のクオリアは生じうるという意味で、クオリアは外界の事物そのものではないということだ。

(64) エヴァンズ (Evans 1982) やドレツキ (Dretske 1995) にも、同様の考え方が見られる。また、信原 (1999; 2002) も、言語報告可能な表象状態だけが意識経験となるという立場を支持している。言語報告可能なものは思考の内容にほかならないとすれば、信原の理論も、タイの理論とほぼ同様の理論だということになる。

(65) じつは、一階の思考を形成する能力があるものにとって、高階の思考を形成することは、それほど困難ではない。そこでさらに必要とされるのは、「わたし」、「知覚」といったいくつかの概念と、より多くの認知的資源（ワーキング・メモリの容量など）だけだからだ。
(66) 近年の神経科学研究によれば、脳内には、ある情報を数秒間程度の比較的短い期間保持する機能を担う部位があることが知られている。この部位はワーキング・メモリと呼ばれ、人間の脳では、背外側前頭前野がその役割を果たすと考えられている。現在では、この部位がグローバル・ワークスペースだという見方が有力だ。
注意が向けられた中間レベルの表象（物体の性質にかんする表象）（attended intermediate-level representations）だけが意識経験となるというプリンツのＡＩＲ理論（Prinz 2012）も、概念能力を前提としない一階の表象理論だ。プリンツは注意をワーキング・メモリとの関連によって分析しているので、彼の理論は、グローバル・ワークスペース理論に近いものと言えるだろう。
(67) ある表象が具体的にどの物理的性質を表象しているのかは、表象と物理的性質の共変化（covariation）によって決まるという見方が一般的だ。この点については、第5章第1節でくわしく論じる。
(68) 意識の表象理論を論じる文脈で、この問題が明示的に論じられることはまれだ。しかし、ウィリアム・シーガー（Seager 1999, Ch.7）も指摘しているように、これは、表象理論にとってきわめて重大な問題だ。
(69) この問題は、第3章で言及した強い志向説と弱い志向説の区別とも密接に関係している。本文で論じたように、経験される性質が物理的性質にほかならないことを、提示様式の違いによって説明しようとすれば、提示様式の担い手となる非物理的な存在者が必要となる。これは、経験にセンス・データなどが現れることを認める、非物理主義的な弱い志向説にほかならない。したがって、ここで物理主義者が直面しているジレンマは、つぎのようにも定式化できる。非物理主義的な弱い志向説をとれば、経験される性質と物理的性質の関係をうまく説明できる。その代償は、物理主義を断念することだ。これにたいして、強い志向説をとれば、物理主義を維持できる。その代償は、意識経験である表象の独自性を説明なしに認めるか、現象的意識の実在性を否定するかという選択を強いられるということだ。
(70) これは、**錯覚からの論証**（the argument from illusion）とよばれる有名な論証だ。この論証では、まず、本文のような議論によって、錯覚経験や幻覚経験には非物理的な存在者が現れているということが主張される。つぎに、真正な知覚経験と錯覚経験や幻覚経験は主観的に識別不可能だということから、われわれの経験にはつねに非物理的な存在者が現れているということが主張される。

この論証にたいして、真正な知覚経験と錯覚や幻覚にはなんらかの主観的な違いがあり、それゆえ、このような論証は成り立たないのではないか、と反論する人もいる。しかし、真正な知覚経験と幻覚経験や錯覚経験のあいだに明確な主観的な違いが存在するという主張は、疑わしい。たとえば、シャルル・ボネ症候群と呼ばれる脳の異常が原因でさまざまな幻覚を経験する患者は、幻覚の内容が現実的である場合には、それを真正な知覚と間違えることがあるという（cf. Sacks 2012, Ch.1）。このことは、真正な知覚と錯覚や幻覚は、主観的には識別不可能だということを示唆している。（真正な知覚経験と幻覚や錯覚は心理学的に異なるカテゴリーに属すると考える、いわゆる選言説（disjunctivism）の支持者のなかには、主観的な側面以外に両者の違いを見いだす人もいる。このような立場が正しいとしても、錯覚からの論証がただちに退けられるわけではない。ここで問題とされているのは、両者のあいだの主観的な違いだからだ。）

（71） 志向性の自然化にかんする概説としては、Cummins 1989やSterelny 1991を参照。また、戸田山 2014は、目的論的な理論の立場から、志向性の自然化を試みている。

（72） これにたいして、共変化理論を支持するタイ（Tye 1995）は、共変化関係に「理想的な条件のもとで」という条件を加えることで、選言問題の解決を試みている。タイによれば、本文の例においてキツネがいるときにイヌを表すとされる表象が生じてしまうのは、このような状況では、草むらのせいで対象が見えにくいという点で条件が最適でないからであり、理想的な条件下では、表象と表象される対象のあいだには完全な対応関係が成立する。本文の例において、イヌを表すとされる表象と理想的な条件のもとで共変するのはイヌだけなのだ。

しかし、この応答にも問題がある。「理想的な条件」を物理主義の枠内でどのように具体的に定式化すべきかが問題となるからだ。たとえば、イヌ表象にとっての理想的な条件とは、イヌが実際に存在するとき、そしてそのときにのみ表象が生じることを可能にする条件だ。しかし、このような定式化は、問題の表象がイヌを表す表象だということを前提としているため、論点先取となってしまう。理想的な条件を循環的ではないやり方で定式化できないかぎり、共変化理論は、自然主義的な志向性理論として満足できるものにはなりえないのだ。

（73） 実際には、ミリカンは、表象の機能をもうすこし複雑なやり方で定義している。ミリカンの定義によれば、ある表象状態Rがなにを表すかは、それを利用するシステムである消費システムがその機能を果たすためには、どのような事態が成り立っていなければならないかによって決定される。たとえば、われわれのある知覚表象がイヌを表すことは、この表象を利用する消費システムである認知システムがわれわれの生存を助けるという機能を果たすためには、目の前にイヌがいなければならないということによって説明される。ミリカンのこのような定義には、共変化理論、目的論、（第4節で論じる）消費理論という3つの理論すべてが含まれている。

(74) 目的論的な志向性理論によれば、生物は、実際に自然選択の過程を経ることによって、目的論的な機能を獲得する。しかし、この考えは、じつは標準的な物理主義と整合的ではないように思われる。第1章で検討したように、物理主義にしたがえば、2つの世界のあり方がミクロ物理的に同一ならば、他のいかなる点でも両者は異ならないはずだからだ。たしかに、進化論において自然選択の歴史は重要な役割を果たす。たとえば、人間のように複雑で高度な知性を持つ生物が存在するのは、しかるべき進化の歴史を経てきたからだ。しかし、人間と同様の知性を持つ存在者を自然選択によらずに作り出すことは、不可能なわけではない。進化論において自然選択の歴史が重要なのは、人間のような複雑な機能を持つ存在者が人為的な手段によらずに生まれるためには、自然選択だけが**現実に利用可能な原因**だからだ。自然選択の歴史は、ある機能を生みだす原因としては重要だが、生物に特別な性質を付与するわけではないのだ。

(75) サールは、人間の脳状態はその化学的性質ゆえに本来的志向性を獲得するが、具体的にどのようにして獲得するのかは、われわれには理解できないと主張する。彼のこのような立場は、物理主義とは言いがたいものだ。しかし、本来的志向性と派生的志向性を区別する人は、このような立場をとらなければならないわけではない。

(76) デネット（Dennett 1987）らは、本来的志向性と派生的志向性を区別することを批判する。彼らがこの区別を批判する理由は、この区別を物理主義的に理解することはできないと考えているからだと思われる。

(77) この問題を考えるうえで大きなヒントになるのは、仮想的な機械における心の進化について論じた、ヴァレンティノ・ブライテンベルクの著作（Braitenberg 1984）だ。

(78) もちろん、実際の生物の知覚システムにおいては、より複雑な情報処理が必要になる。われわれのまわりにある対象の大きさは一定ではないため、われわれは、対象の大きさと距離を同時に同定しなければならないからだ。

そのためには、たとえば左右の目への入力を比較するというような作業が必要となる。人間の視覚システムにおいて、実際にどのような情報処理が行われているかにかんしては、デイヴィッド・マーの著作（Marr 1982）で詳細に考察されている。

(79) エゴン・ブランズウィック（Brunswik 1952）は、近位の刺激から遠位の事物を再構成することが表象の本質的な役割だと考える見方を、レンズモデルと呼んでいる。遠位の事物、近位の刺激、表象の三者は、対象、レンズ、像と類比的な関係にあるからだ。しかし、以下でくわしく論じるように、本章で提案されている考え方は、通常のレンズモデルとは、ある点で決定的に異なる。通常のレンズモデルにおいては、表象は、近位刺激をもとに、遠位の事物そのもののあり方を再現すると考えられている。しかし、本章の考え方によれば、本来的表象は世界を独自の仕方で分節化する。この考え方が正しいとすれば、レンズモデルは、本来的表象の本質を、一面では正しく捉えているが、他面では捉え損ねていることになる。

(80) ドレツキ（Dretske 1995）は、つぎのような事例との類比によって、ここで問題になっている違いを説明している。自動車に速度計を備えつけるには、そのもとになる情報が必要だ。たとえば、時間あたりのタイヤの回転数と、タイヤのサイズがわかれば、そこから速度が計算できる。ここで、通常の自動車においては、速度計の針が表す情報（すなわち速度）は運転手に利用可能だが、そのもとになる情報（タイヤの回転数）は利用不可能だ。このように、複雑なシステムにおいては、内部状態がさまざまな情報を担うとしても、それらがすべておなじ仕方で利用されるわけではない。自動車において、タイヤの回転数にかんする情報を担う内部状態は、速度の表象（速度計の針の表示）が成立するための因果的な必要条件だが、速度計の針とおなじ意味で表象として働くわけではないのだ。生物の認知システム内部にある本来的表象の場合には、それを利用するのは、運転手ではなく生物そのものだ。しかし、同様の対比は、生物においても成り立つのだ。

(81) ミリカン自身は、本来的表象と派生的表象の区別を否定する。しかし、オシツオサレツ表象は、原初的な本来的表象にほかならないように思われる。なお、ミリカンも示唆しているように、知覚と行動の密接な関係を強調する点で、ジェームズ・ギブソンのアフォーダンス概念（cf. Gibson 1979）は、オシツオサレツ表象と類似した概念だ。ただし、ギブソン自身は、知覚の理解に表象概念を持ち込むことを強く批判している。

(82) オシツオサレツ表象と記述的表象の区別をふまえれば、人間における色知覚経験と痛みの経験は、別種の表象状態なのかもしれない。本文で述べたように、赤の知覚経験は特定の行動と結びついていないが、(激しい)痛みの経験は、痛みの原因から身を引き離すというような行動と不可分であるように思われるからだ。痛みの経験は色の知覚経験よりも生物の生存に直結する経験で、進化的にもより原初的なものだということを考えれば、このような違いがあることは、それほど不思議ではない。

(83) ここで、痛みの経験には本節の説明がうまくあてはまらないのではないか、という疑問が生じるかもしれない。痛みの経験を持つことによって、われわれはみずからの身体に生じた損傷に対処するのであり、みずからの身体から離れたところにある対象に対処するわけではないからだ。この疑問にたいしては、2つのことを指摘できる。第一に、生物がこの世界で生きていくためには、捕食者や獲物に適切に対応するだけでなく、みずからの身体に生じたことに適切に対応することも重要だ。したがって、生物がみずからの身体状態にかんする情報処理を行うことは、きわめて自然なことだ。第二に、以下で論じるように、本来的表象は、遠位の事物にたいする行動を可能にすると同時に、世界をみずからの関心に応じて分節化するという役割も担う。この点では、痛みの表象状態も、遠位の事物の色や形の表象状態と同様の性格を持つ。その意味では、痛みや身体感覚の表象状態は、本来的表象が持つ2つの基本的特徴のうち、1つだけを持つ、やや特殊な表象だと言うことができるかもしれない。

(84) 生物は、知覚において世界をありのままに写し取るのではなく、みずからの関心に応じて分節化するのだという発想は、ヤーコプ・フォン・ユクスキュル(Uexküll 1934)やフリードリッヒ・フォン・ハイエク(Hayek 1952)の著作にも見ることができる。ユクスキュルによる環境(Umgebung)と環世界(Umwelt)の区別や、ハイエクによる物理的秩序と感覚秩序(sensory order)の区別は、第6章第2節で論じる、事物の物理的性質と経験される性質の区別と類似した発想だ。また、ハイエクは、感覚秩序は感覚相互の関係によって特定されると論じている。これは、以下で論じる内在主義的な内容理論に通じる考え方だ。

(85) この考え方は、ネルソン・グッドマン(Goodman 1977)に由来し、クラーク(Clark 1993)がくわしく展開している。ローゼンサール(Rosenthal 2005)も同様の考え方を支持している。

(86) 思考やその構成要素である概念にかんしては、内在主義的な内容理論を支持する人がいる。概念にかんする内在主義的な内容理論は、概念役割意味論（conceptual role semantics）や機能役割意味論（functional role semantics）と呼ばれる。くわしくはHarman 1982やCrane 2001などを参照。

(87) クラーク（Clark 1993）は、音は3つの空間座標と大きさ、高さからなる五次元の質空間を持つと主張するが、これは説得的ではない。空間座標は質空間とは無関係であるはずだし、音色がどのように扱われるのかも明らかでないからだ。

(88) 長さの知覚経験と重さの知覚経験は、どちらも抽象的な量を表象しているのではないか、と考える人がいるかもしれない。しかし、長さの経験と重さの経験には明らかに主観的な違いがあるし、1mの知覚経験は何kgの知覚経験に対応するのかというような疑問には、答えようがないように思われる。

(89) クラーク（Clark 1993）によれば、3つの性質の類似性を比較することをくりかえせば、原理的には質空間の構造を特定できるという。問題は、すべての経験される性質で、この戦略が実行可能かどうかだ。

(90) ここで、内在主義的な内容理論にたいするより根本的な批判として、つぎのような批判があるかもしれない。内在主義的な内容理論にたいしては、すでに有力な批判が存在する。たとえば、ヒラリー・パトナム（Putnam 1981）は、任意の形式的なシステムを充足するモデルはつねに複数存在するという数学的証明に依拠して、内在主義的な内容理論は不可能だと論じている。したがって、内在主義は見込がないのではないか。このような批判だ。しかし、このような批判は、ここで検討している内在主義的な内容理論にはあてはまらない。パトナムの批判は、表象の意味論的な値、すなわち、フレーゲのいう意味（Bedeutung, reference）にかんするものだ。ある表象システムが、その外部に存在するなんらかの存在者を意味論的な値としてとるとき、その表象システムの内在主義的な特徴づけからは、意味論的な値は一義的に決定されないというのだ。これにたいして、本来的表象が分節表象だとすれば、本来的表象は、いわば意義（Sinn, sense）だけを持つことになる。そうだとすれば、パトナムの議論は、本来的表象にはあてはまらないことになるのだ。

(91) プリンツによれば、類似の事例として、つぎのようなものもある。青から緑へと徐々に変化する色合いのなかで、青と緑の境界線をどこに引くかということにかんして、人々のあいだには個人差がありうる。しかし、だからといって、われわれが経験している色そのものに違いがあるとはかぎらない。この例においても、青に分類されるか緑に分類されるかということは、ある表象状態の内容を決定するうえでは、本質的でないように思われるのだ。

(92) では、純粋に記述的な表象は存在するだろうか。概念的な思考や紙に書かれた文が、その例かもしれない。「テーブルの上にリンゴがある」という思考と、この思考の主体の行動との関係は、主体が持つその他の信念や欲求などに応じて無限に変化し、この思考と本質的な関係を持つ行動は、存在しないように思われるからだ。

(93) 以上の説明によれば、赤表象と緑表象を区別し、それぞれを特定することが可能になる。しかし、色の表象と匂いの表象のような、異なる種類の性質は、どのように区別されるのだろうか。2つの説明が考えられる。第一に、クラーク (Clark 1993) が提案しているように、ある性質と、別の種類のさまざまな性質の類似性を比較したときには、どの性質とも同じくらい類似していないと判断されるかもしれない。甘い匂いは、赤とも緑とも黒とも、同じくらい類似していないかもしれないのだ。このような判断が下されるときには、前者は後者と別の質空間に属する性質だということになる。第二に、消費理論と内在主義理論を入れ子状にした考え方によれば、ある表象が色表象であるのか匂い表象であるのかということは、その表象を含む表象システム全体と行動の関係によって特定され、それが具体的にどのような性質を表象するのかは、表象システム内部で内在主義的に特定されると考えることも可能だ。

(94) 第3節のはじめで検討した分類によれば、このバクテリアは、第4のグループではなく、第3のグループに属する存在者であるようにも見える。そうだとすれば、このバクテリアの内部状態は、そもそも本来的表象ではないことになる。しかし、以下では議論のために、このバクテリアの内部状態が本来的表象だということは前提として話を進めよう。

(95) ドレツキ自身の解答も同様だ。彼によれば、磁性体の状態が何を表象するかは、その目的論的な機能によって決まる。この場合の目的論的機能は、バクテリアの生存を助けるようにその運動を導くことだ。したがって、その表象内容は「こっちが進むべき方向だ／こっちに進め」というものであり、それゆえ、これは誤表象なのだ。

(96) ここで、本来的表象の志向的内容はすべて意識経験となるのか、という疑問が生じるかもしれない。意識経験となるのは、記述的な本来的表象の内容だけなのではないかとも考えられるからだ。しかし、第5章第4節で見たように、記述的な本来的表象にとっても、なんらかの行動との結びつきは不可欠だ。記述的な本来的表象は、オシツオサレツ表象の一変種にほかならないのだ。したがって、意識経験との関係を考えるうえで、両者を区別すべき理由はないと考えられる。

ただし、指令的な本来的表象の志向的内容が意識経験となることはないと考えられる。指令的な本来的表象は、いまここの世界のあり方を表すものではないからだ。この点を考慮すれば、より正確な定式化は以下のようになる。

ミニマルな表象理論（2）：ある表象がオシツオサレツ表象または記述的な本来的表象である⇔その志向的内容は意識経験の内容となる

このことは、記述的な本来的表象と指令的な本来的表象のあいだには、本質的な違いがあることを示唆している。指令的な本来的表象は、本来的表象というよりも、表象を消費するメカニズムの一部と考えられるべきものなのかもしれない。

(97) ここで疑問が生じるかもしれない。本文の議論では、視点という言葉が多義的に用いられているのではないか。意識の問題という文脈においては、視点は現象的意識と密接な関係にある。視点を持つということは、現象的な意識経験を持つことにほかならないのだ。しかし、現在問題になっているのは、世界を独自の仕方で分節化し、表象するという意味での視点だ。この意味での視点は、現象的意識の主体という意味での視点とは、別の事柄ではないだろうか。このような疑問だ。

このような疑問にたいする答えは、両者はじつは同一の事柄なのだというのが本書の提案だ、ということだ。もし両者が別の事柄なのだとすれば、現象的意識の主体という意味での視点を持つための条件は、別に存在するはずだ。しかし、これまで見てきたところによれば、グローバル・ワークスペースとの関係、推論システムとの関係、高階思考の成立といった条件は、いずれもその条件としては、適切なものではなかった。分節表象を持つことこそがその条件にほかならないというのが、本書の提案なのだ。

(98) 文や絵が行動に利用されるときには、われわれは、それらを知覚する必要がある。つまり、それらが利用されるときには、表象媒体の性質が本来的表象の表象内容となる。この点を考慮に入れれば、前章における派生的表象の定義は、つぎのように改良できる。

派生的表象（2）：表象Rは派生的表象である⇔表象Rは、あるシステムSの本来的表象R'に表象されることを介して、システムSの行動に利用される。

(99) 腹側経路損傷患者のなかには、住み慣れた自分の家では、他人に促されることなしに自発的に行動できる人もいるという。この場合には、当て推量で行動してもだいたいうまくいくということを、患者本人がそれまでの経験から知っているため、なにも見えなくても当て推量で行動するよう、いわば自分自身を促しているのだと考えられる。

(100) 意識経験と無意識的な命題的態度の関係は、コネクショニズムの人工神経ネットワークモデルを用いるとうまく説明できる。コネクショニズムのネットワークにおいては、表象とみなしうるものが2つある。1つは入力層や出力層におけるニューロンの発火パターンで、もう1つはニューロン間の結合であるシナプスの重みづけのパターンだ。意識経験と無意識的な命題的態度の役割の違いをふまえれば、意識経験である表象は前者に、無意識的な命題的態度である表象は後者に相当すると考えられる。両者には重要な違いがある。入力層や出力層では、個々のニューロンあるいは一群のニューロンが、それぞれ別個の表象として働くのにたいして、シナプスの重みづけパターンにおいては、パターン全体が、一群の命題的態度を実現するものとして働くのだ（cf. 信原 2000）。これが正しい見方だとすれば、シナプスの重みづけパターンを一群の命題的態度として記述するのは適切か、ということが問題になる。この点にかんして、チャーチランド（Churchland 1981）は、いくつかの理由から、このような記述は不正確であり、われわれは、神経科学の知見にもとづく別の記述を採用すべきだと主張している。

(101) この問題については、鈴木 2014でくわしく論じている。

(102) これが事実だとすれば、低次の性質がより原初的であるように思われるのは、低次の性質の表象は高次の性質の表象よりも因果系列の上流に位置し、前者なしに後者が生じることはあっても、前者なしに後者が生じることはないからだということによって説明できるだろう。

(103) 意識のハード・プロブレムの背景には、心にかんする2つの見方がある。1つの見方は、心的なものの本質を、主体の経験に現れることや、一人称的な視点から理解されることと考える見方だ。この見方によれば、知覚や感覚が心的状態の典型だ。もう1つの見方は、心的なものを、主体の行動を生みだす内部状態として理解する見方だ。この見方のもとでは、主体の経験に現れることは、心的なものの二次的な特徴だということになる。この見方によれば、信念や欲求が心的なものの典型だ。2つの見方は、どちらも心についての見方だが、その観点は根本的に異なる。

デカルトをはじめとする過去の哲学者は、第一の見方をとっていた。これにたいして、現代の心の哲学や心理学は、第二の見方を暗黙の前提としてきた。しかし、ひとたび第二の見方をとれば、そのような心概念のもとで意識経験をどのように理解できるかが問題となる。意識のハード・プロブレムの根底にあるのは、おそらくこの2つの見方のあいだの緊張関係だ。

ここでわれわれに必要なのは、心にかんする第一の見方、すなわち、意識経験を心的なものの本質とする見方に立ちかえることだ。たとえば、メルロ＝ポンティ（Merleau-Ponty 1945）の現象学的な知覚理論や、エドワード・リード（Reed 1997）の心理学史研究は、そのような方向を目指した仕事と言えるだろう。彼らによれば、現代の哲学や心理学では、行動を説明するための理論的措定物として、三人称的で因果的な心概念が導入され、それによって、経験という現象が理解しがたいものになっていったのだ。

彼らの分析が正しいとすれば、意識の自然化のために必要な作業は、**伝統的な心概念を自然化したうえで、そこに立ちかえること**だ。そして、これまでに論じてきたことによれば、**伝統的な心概念は、本来的表象として物理主義的に理解可能だ**。ミニマルな表象理論は、2つの心概念を結びつけることを可能にするものなのだ。

(104) 重要なのは、感覚器官ではなく表象システムだという点に注意が必要だ。意識経験の内容を決定するのは、感覚器官のあり方ではなく、本来的表象のあり方だからだ。

(105) このような事例は、対象の物理的性質と経験される色の対応関係が個人間で異なることを示しているだけで、両者が経験することのできる色のバリエーションに違いがあるということを意味するわけではない。現実に見られる個人間の相対性の多くは、このようなものだと考えられる。一群の表象の内容が構成する質空間の構造が異なるときには、より根本的な相対性が生じることになるが、同一の生物種においては、そのようなことはほとんど生じないように思われる。（その候補として考えられるのは、たとえば皮質性の色盲だ。）

これらの中間に位置するのが、質空間の構造は変化しないが、その詳細さに違いがある場合だ。たとえば、ソムリエや調香師の質空間は、われわれの質空間と基本的な構造が同一だとしても、はるかに多くの性質を含むように思われる。では、一般人とソムリエが同じワインを飲んだときの味覚経験は、両者で同一なのだろうか。これは非常に難しい問題だ。両者の経験は、味覚経験ではあるが同一の経験ではないと言うべきであるように思われるが、現時点では、わたしは明確な解答を持ちあわせてはいない。

(106) 経験される距離は、物理的な量ではなく運動を単位とするという考え方は、心理学においても、ギブソン（Gibson 1979）のアフォーダンス理論や、ギブソンに影響を受けたデニス・プロフィットの研究（Proffitt et al. 2003）などに見られる。

(107) ここで、第4章第2節で見たように、物体の表面反射特性ではなく、反射率の三つ組に着目すれば、二次性質における物理的性質と経験される性質の関係は違ったものになるのではないか、という疑問を持つ人がいるかもしれない。実際、さまざまな物体にかんする反射率の三つ組は、(0,0,0) から (1,1,1) のあいだの値をとるため、これらは三次元の閉じた空間を構成する。この空間は、表面反射特性が構成する空間と異なり、色立体と同型的であるように思われる。一方で、このことは、一次性質と二次性質に本質的な違いはないということを、本文の議論とは逆の仕方で示していると言える。しかし、他方で、反射率の三つ組が構成する空間と、色の質空間のあいだには、物理的な長さと経験される長さのあいだに見られるような違いがなおも見出される。反射率の三つ組としては類似した2つの物体が、非常に異なる色として経験されたり、その逆の事態が生じたりするからだ。その意味では、やはり2つの空間を同一の空間とみなすことはできないのだ。

(108) 外界の事物そのもの性質が経験に現れることを否定するという点では、わたしの立場は、カントの立場と似たものに見えるかもしれない。しかし、意識経験（知覚）と思考を区別し、思考においては対象そのものが持つ物理的性質に到達できると考える点で、わたしの立場は、カントの立場とは決定的に異なる。**われわれは、物自体を知覚することはできないが、思考することはできる**のだ。

(109) 経験される性質を、物理的な性質とならぶ世界の構成要素として認めることができれば、顕在的世界像（manifest image）と科学的世界像（scientific image）の関係はどのようなものかという、ウィルフリッド・セラーズ（Sellars 1962）が提起した問いにたいしても、答えることができるかもしれない。**科学的世界像は、世界を事物の物理的な性質にもとづいて記述したものであるのにたいして、顕在的な世界像は、世界を経験される性質にもとづいて記述したものなのだ。**

(110) モハン・マッセン（Matthen 1988）は、認知的な資源が有限であることが原因で生じる誤知覚を、**正常な誤知覚**（normal misperception）と呼んでいる。正常な誤知覚は、その名が示すとおり、有限な生物においては不可避の現象だ。

(111) 別の言い方をすれば、ある状況である主体がどのような意識経験を持つかにかんする事実は、ミクロ物理的な事実に付随するということだ。

(112) 神経系は、具体的にはどの程度複雑である必要があるだろうか。たとえば、感覚器官の神経細胞と運動出力を決定する神経細胞が直結された、2層からなる神経系でも十分だろうか。ブライテンベルク（Braitenberg 1984）によれば、そのような単純な内的メカニズムによっても、光に向かって移動したり、光から遠ざかるように移動したりすることが可能だ。このような議論が正しいとすれば、3層からなる標準的な人工神経ネットワークのような構造は、本来的表象を持つための必要条件ではないことになる。ただし、2層のネットワークと3層のネットワークでは計算能力に違いがあるため、前者の認知能力は、後者と比べてかぎられたものにとどまるだろう。

(113) 他方で、複雑な認知メカニズムのなかには、本来的表象として機能しない内部状態も数多く存在する。網膜像などを見ればわかるように、ある情報を担う内部状態が、より遠位の事物にかんする情報や、より高次の性質にかんする情報を引き出すためだけに用いられ、それ自体としては行動に使用されないこともしばしばあるからだ。

(114) 意識経験がこのレベルで生じるものでないとすれば、より高等な生物だけが持つなんらかの特徴が、意識経験を生みだすことになる。しかし、第4章第1節でも見たように、それがどのような特徴であり、どのようにして意識経験を生みだすのかにかんしては、具体的で説得的な提案は存在しない。

(115) 結局のところ、ミニマルな表象理論は、そのほかの意識の理論と、どの程度異なるのだろうか。この問題を評価するには、2つの観点がある。その理論によれば、どのような生物が意識を持つことになり、どのような内部状態が意識経験だということになるかという観点、すなわち、理論の外延という観点と、その理論によれば、なぜある生物が意識経験を持ち、ある内部状態は意識経験となるのかという観点、すなわち、理論の内包という観点だ。

理論の外延という観点から見たとき、ミニマルな表象理論による線引きは、他の理論による線引きと一致するかもしれない。たとえば、遠位の事物にたいして行動するためには、ある情報がグローバル・ワークスペースに届けられる必要があるとすれば、ミニマルな表象理論による線引きと、グローバル・ワークスペース理論による線引きは、一致することになる。外延の観点からは、ミニマルな表象理論は、その他の意識の理論と両立可能だ。

しかし、たとえ両者の外延が一致するとしても、線引きの理由は異なりうる。グローバル・ワークスペース理論によれば、意識経験を持つものと持たないものの線引きの理由はグローバル・ワークスペースを持つかどうかだが、ミニマルな表象理論によれば、線引きの理由は本来的表象を持つかどうかだ。ミニマルな表象理論によれば、グローバル・ワークスペースを持つかどうかは、線引きの本質的な理由ではないのだ。

このように、ミニマルな表象理論は、その他の意識の理論と外延にかんしては一致するかもしれないが、そうだとしても、理論の実質は異なるのだ。

(116) 知識論証にかんする詳細な検討としては、山口2013などを参照。

(117) この点で、「すべての物理的事実」という表現には曖昧さがある。そこには、視覚のメカニズムにかんする事実だけでなく、現在の自分自身の身体状態にかんする事実など、われわれが通常知らない事実も含まれるとすれば、デネットが想像するような事態は可能かもしれない。しかし、知識論証では、メアリーが有している知識にはそのようなものは含まれないと考えるのが自然だろう。

(118) 以下でも見るように、ここで具体的な説明として考えられるのは、たとえば現象的概念の獲得による説明だ。赤経験を持つことで、赤経験の現象的概念を獲得し、その概念を用いて、赤経験であるところの脳状態を再認したり分類したりすることが可能になるというのだ。

(119) コニーは、さらに、過去に経験したことのないある特定の色合いを想像する技能知は、他の色合いを経験することによっても獲得可能だが、このような技能知を獲得しても、問題の色合いを実際に知覚したり想像したりしたことがなければ、その色合いを見る経験がどのようなものかを知っているとは言えないため、技能知の獲得は問題の知識の獲得を含意しないと批判している。

(120) 次節で論じるように、メアリーが獲得するのは、経験そのものにかんする知識ではなく、経験される事物にかんする知識だ。したがって、面識知にうったえる応答の根本的な問題点は、メアリーが獲得する面識知を、意識経験そのものにかんする面識知だと考えていることだ。

(121) ここで、直示的概念に訴える戦略は有望だろうか。本文で再認概念について論じたのと同様の仕方で、直示的概念としての現象的概念について論じることも可能だろう。直示的概念としての現象的概念は、外的な事物にかんする直示的概念を、意識経験にかんする直示的概念として二次的に利用したものだ。このように考えれば、メアリーが獲得するのは、意識経験である脳状態が生じているという物理的事実にかんする、「この経験が生じている」という直示的な知り方による知識だということになる。この知識は意識経験そのものが生じているときにのみ成り立つものなので、再認概念としての現象的概念が直面する問題点を回避できる。しかし他方で、この応答によれば、メアリーは問題の知識をその意識経験が生じているときにしか持ちえないことになる。この点で、この応答も、満足のいくものではない。

(122) 以上のような応答によれば、人間以外の動物の意識経験を理解することが困難な理由も説明できる。ネーゲルが主張するように、コウモリにかんしてどれだけ詳細な物理的記述を得たとしても、われわれは、コウモリであるとはいかなることかを知りえないように思われる。本節の応答によれば、ここで問題となっているのは、コウモリが持つ、世界にかんする非命題的な知識だということになる。コウモリにかんする詳細な物理的な記述を得れば、われわれは、コウモリが持つ表象の因果的機能や、その志向的内容が構成する質空間の構造について知ることができる。しかし、そのことによって、コウモリが持つのと同様の、世界にかんする非命題的な知識を持つことができるわけではない。コウモリにかんする詳細な命題的知識を得ても、コウモリとおなじように世界を表象できるわけではないのだ。**コウモリの意識経験を理解することが不可能であるように思われるのは、われわれはコウモリのように世界を表象できないからだ。**これは、物理主義的に理解可能な限界だ。

(123) 知覚経験の内容が思考の内容にたいしてどの程度の自律性を持つかにかんしては、現在も活発な議論が続いている（cf. Stokes 2013）。

(124) 知覚の内容が非概念的であることを否定する人々は、しばしば、内容の詳細さにもとづく議論にたいして、思考も知覚と同等の詳細な内容を持ちうると主張する（cf. McDowell 1994）。しかし、内容の詳細さにもとづく議論の問題点は、むしろ、詳細さは内容が非概念的であることの必要条件ではないという点にあるのだ。

(125) ここで自己中心的でない表象形式と呼ぶものを他者中心的な（allocentric）表象形式と呼ぶのは、この言葉の本来の意味からすれば、ややミスリーディングだ。マー（Marr 1982）によれば、人間の視覚システムにおいて、$2\frac{1}{2}$次元の表象内容を持つ初期過程では、知覚主体を取り巻くさまざまな物体の表面は、自己中心的な空間における平面の配置として表象される。これにたいして、三次元の表象内容を持つより後の過程では、物体は、それ自体を起点とした座標系を用いて表象される。マーは、これを他者中心的な表象形式と呼ぶ。これにたいして、思考は、思考の主体以外のなにかを起点とした座標系を持つわけではなく、**端的に無視点的な仕方で世界を表象する**のだ。

(126) 知覚経験に個物が現れることを否定すれば、知覚経験の内容は、単称命題ではなく存在命題のようなものだということになる。

(127) ここで、絵の志向的内容も非概念的であるはずだが、ネコの絵によって、ネコは4本の脚を持つという一般的な事実を表象することもできるのではないか、と考える人がいるかもしれない。しかし、そこに1匹のネコが描かれているとすれば、その絵は、そのネコがどのような品種でどのような姿勢をしているかも表しているはずだ。そうだとすれば、その絵は、やはりある特定のネコがある特定の姿勢をしているという具体的な事実の表象だということになる。これにたいして、われわれは、それらの要素をすべて無視して、この絵を、ネコは4本の脚を持つという一般的な事実の表象として用いることもできるのではないか、と考える人がいるかもしれない。しかし、このときには、この絵は、「ネコは4本の脚を持つ」という文と同様の表象として使用されていることになる。このことが示しているのは、非概念的内容を持つ表象も一般的な事実を表象できるということではなく、あるものが概念的内容を持つ表象となるか、非概念的内容を持つ表象となるかは、それがどのように使用されるか次第だ、ということなのだ。

(128) 正確に言えば、現在の環境にたいして適切に行動するためには、一般的な内容を持つ表象が不要なわけではない。われわれは、現在の世界のあり方と、世界にかんする一般的な事実を、それぞれ別の仕方で表象する必要があるのだ。注100でも注で論じたように、これは、外界からの刺激によって生じる知覚状態と、知覚状態と行動出力を媒介する神経ネットワークの構造という2種類の表象状態として実現されていると考えられる。

(129) ミリカン（Millikan 1989）も、人間の命題的態度と人間以外の動物の心的表象の違いとして、これらの点を挙げている。

(130) これにたいして、二元論の支持者は、心的なものは一人称的にしか知りえないのだと主張するかもしれない。しかし、心的な実体や性質が存在するということから、そのようなことが自動的に帰結するわけではない。その理由を具体的に示せなければ、このような応答はアドホックだ。

(131) わたしの理論には、中核をなす要素が3つある。

①意識経験はすべて知覚経験だ。
②本来的表象はすべて意識経験だ。
③本来的表象は物理的性質に還元不可能な性質を表象する。

これら3つの主張のあいだには、必然的な関係があるわけではないように思われる。強い志向説の支持者は、①を受け入れるが、通常は②や③を受け入れない。①と②を受け入れる人のなかには、③を退ける人もいる（ドレツキがそうかもしれない）。わたし自身の評価としては、これら3つの要素のうち、もっとも異論の余地を残しているのは②だ。しかし、たとえ②が退けられるとしても、①や③は、意識経験の本性を理解するうえで、重要な手がかりとなるはずだ。

用語解説

意識のイージー・プロブレム easy problem of consciousness（第1章第2節）
意識経験と脳状態の相関を明らかにするという問題。意識経験を持つものはどのような認知メカニズムを持つか、ある意識経験を持つものはどのような脳状態を持つかなどを、具体的に特定することが課題。意識をめぐる問題としては、解決が比較的容易だと考えられている。

意識のハード・プロブレム hard problem of consciousness（第1章第2節）
意識経験と脳状態の関係の内実を明らかにするという問題。たんに意識経験と脳状態の相関を明らかにするのではなく、相関が成り立つ理由を明らかにすることが求められるため、イージー・プロブレムよりも解答がはるかに困難だと考えられている。

意識の表象理論 representational theory of consciousness（第3章第1節）
意識の志向性概念による分析と、自然主義的な志向性理論を組み合わせることで、意識を自然化しようという考え方。具体的には、クオリアにかんする志向説と、志向性にかんする共変化理論や目的論的理論を組み合わせることで、意識を自然化することを目指す。

一階の表象理論 first-order representationalism（第4章第1節）
ある表象が意識経験となるためには、その表象が一定の条件を満たす必要はあるが、高階の表象は必要ないという考え方。具体的には、ある表象の内容が推論システムやグローバル・ワークスペースへの入力となることなどが条件とされる。

共変化理論 covariation theory（第5章第1節）
自然主義的な志向性理論の一種で、ある表象はそれと共変化する事物を表象するとされる。

現象的概念 phenomenal concepts（第2章第3節）
一人称的な視点から意識経験に適用される概念。直示的概念や再認概念の一種と考えられることが多い。

クオリア qualia（第1章第2節）
意識経験にともなう独特の感じ。赤い色の赤さや痛みの痛さなどがその典型。クオリアを自然化することが、意識の問題における最大の難問である。

高階思考説 higher-order thought theory（第4章第1節）
自然主義的な意識の理論の一種で、ある表象が意識経験となるためには、その表象についての思考、すなわち高階の思考がともなう必要があるという考え方。

志向説 intentionalism（第3章第1節）
意識経験にともなうクオリアは、経験の志向的対象の性質だという考え方。この考え方を採用することで、クオリアの自然化が可能になると考えられる。

自然主義 naturalism（第1章第1節）
世界にある事物はすべて自然科学的な枠組のもとで理解できるという考え方。本書では、物理主義と同義に用いられている。

思考可能性論証 conceivability argument（第2章第3節）
あることが思考可能であるならば、それが形而上学的にも可能であるという原則を採用することによって、ゾンビの思考可能性から、意識の自然化は不可能だという結論を導く論証。

消費理論 consumption theory（第5章第4節）
表象の志向的内容にかんする理論。ある表象の志向的内容は、その表象がどのように使用されるかによって決定されるという考え方。

新神秘主義 new mysterianism（第2章第2節）
意識は自然的な現象だとしても、なぜ意識が自然的な現象であるのかを人間が理解することは不可能だという立場。マッギンの認知的閉包理論がその具体例。

タイプB物理主義 type-B physicalism（第2章第3節）
意識に構成による説明や実現による説明を与えることなしに、意識は自然的な現象だと考える立場。

知識論証 knowledge argument（第7章）
意識の自然化は不可能であるという結論を導く論証の1つ。意識経験にかんする知識は、物理的な事実にかんする知識につきるものではないということから、意識経験は物理的な現象ではないという結論を導く。

派生的志向性 derived intentionality（第5章第2節）
他のなんらかの表象の存在を前提としてはじめて成り立つ志向性。紙に書かれた文や絵が持つ志向性が、その具体例。本書では、派生的志向性を持つ表象を派生的表象と呼んでいる。

物理主義 physicalism（第1章第1節）

この世界に存在するものは、すべて自然科学的な枠組のもとで理解できるという考え方。具体的には、すべての現象に、構成にもとづく説明または実現にもとづく説明のいずれかを与えることができると考える。

本来的志向性 intrinsic intentionality（第5章第2節）

他の何らかの表象の存在を前提とすることなしに成立する志向性。意識経験が持つ志向性は、このタイプの志向性だと考えられる。本書では、本来的志向性を持つ表象を、本来的表象と呼んでいる。

ミニマルな表象理論 minimal representationalism（第6章）

意識の表象理論の一種。本来的表象はすべて意識経験であるという考え方。本書が支持する立場。

目的論的な志向性理論 teleological theory of intentionality（第5章第1節）

表象の志向的内容は、その表象が生物の生存を助けるためにはどのような条件を満たしている必要があるかによって決まる、という立場。

参照文献

Akins, K. 1993. "What is it like to be Boring and Myopic?," in Bo Dahlbom (ed.), *Dennett and His Critics*. Oxford: Blackwell.

Armstrong, D. 1968. *A Materialist Theory of The Mind*. London: Routledge.（D・M・アームストロング『心の唯物論』鈴木登訳、一九九六年）

Baars, B. 1988. *A Cognitive Theory of Consciousness*. Cambridge: Cambridge University Press.

Baars, B. 1997. *In the Theater of Consciousness: The Workspace of the Mind*. Oxford: Oxford University Press.（バーナード・バース『脳と意識のワークスペース』苧阪直行監訳、協同出版、二〇〇六年）

Bach-y-Rita, P., and Kercel, S. 2003. "Sensory Substitution and the Human-machine Interface," *Trends in Cognitive Sciences*. 7 (12): 541–546.

Bermúdez, J., and Macpherson, F. 1998. "Nonconceptual Content and the Nature of Perceptual Experience," *Electric Journal of Analytic Philosophy*, 6.

Block, N. 1995. "On a Confusion about a Function of Consciousness," *Behavioral and Brain Sciences*, 18: 227–287.

Block, N. 1996. "Mental Paint and Mental Latex," *Philosophical Issues*, 7: 19–49.

Braitenberg, V. 1984. *Vehicles: Experiments in Synthetic Psychology*. Cambridge, MA: MIT Press.（ヴァレンティノ・ブライテンベルク『模型は心を持ちうるか——人工知能・認知科学・脳生理学の焦点——』加地大介訳、哲学書房、一九八七年）

Brunswik, E. 1952. *The Conceptual Framework of Psychology*. Chicago: University of Chicago Press.

Carrasco, M., Ling, S., and Read, S. 2004. "Attention Alters Appearance," *Nature Neuroscience*, 7: 308–313.

Carruthers, P. 1998. "Natural Theories of Consciousness," *European Journal of Philosophy*, 6: 203–222.

Carruthers, P. 2000. *Phenomenal Consciousness*. Cambridge: Cambridge University Press.

Chabris, C., and and Simons, D. 2009. *The Invisible Gorilla and How Our Intuitions Deceive Us*. New York:

Broadway.（クリストファー・チャブリス、ダニエル・シモンズ『錯覚の科学』木村博江訳、文藝春秋、二〇一一年）

Chalmers, D. 1996. *The Conscious Mind: In Search of a Fundamental Theory*. Oxford: Oxford University Press.（デイヴィッド・J・チャーマーズ『意識する心――脳と精神の根本理論を求めて――』林一訳、白揚社、二〇〇一年）

Chalmers, D. 2002. "Does Conceivability Entail Possibility?," in T. S. Gendler and J. Hawthrone (eds.), *Conceivability and Possibility*. Oxford: Oxford University Press.

Churchland, P. M. 1981. "Eliminative Materialism and the Propositional Attitudes," *The Journal of Philosophy*, 78: 67–90.（ポール・M・チャーチランド「消去的唯物論と命題的態度」関森隆史訳、信原幸弘編『シリーズ心の哲学Ⅲ翻訳篇』勁草書房、二〇〇四年）

Churchland, P. M. 1985. "Reduction, Qualia, and the Direct Introspection of Brain States," *The Journal of Philosophy*, 82: 8–28.

Churchland, P. M. 1989. "Knowing Qualia: A Reply to Jackson," in P. M. Churchland, *A Neurocomputational Perspective: The Nature of Mind and the Structure of Science*. Cambridge, MA: MIT Press.

Churchland, P. M., and Churchland, P. S. 1981. "Functionalism, Qualia, and Intentionality," *Philosophical Topics*, 12: 121–145.

Clark, A. 1993. *Sensory Qualities*. Oxford: Oxford University Press.

Conee, E. 1994. "Phenomenal Knowledge," *Australasian Journal of Philosophy*, 72(2): 136–150.

Cornelius, R. 1996. *The Science of Emotion: Research and Tradition in the Psychology of Emotions*. New Jersey: Prentice-Hall.（ランドルフ・コーネリアス『感情の科学――心理学は感情をどこまで理解できたか――』斉藤勇監訳、誠信書房、一九九九年）

Crane, T. 1992. "The Nonconceptual Content of Experience," in T. Crane (ed.), *The Contents of Experience*. Cambridge: Cambridge University Press.

Crane, T. 2001. *Elements of Mind; An Introduction to the Philosophy of Mind*, Oxford: Oxford University Press.（ティム・クレイン『心の哲学——心を形づくるもの——』植原亮訳、勁草書房、二〇一〇年）

Crane, T., and Mellor, D. 1990. "There is no Question of Physicalism," *Mind*, 99: 185–206.

Crick, F., and Koch, C. 1990. "Towards a Neurobiological Theory of Consciousness," *Seminars in the Neurosciences*, 2: 263–275.

Cummins, R. 1989. *Meaning and Mental Representation*. Cambridge, MA: MIT Press.

Damasio, A. 1994. *Descartes Error: Emotion, Reason, and the Human Brain*. New York: Putnam.（アントニオ・ダマシオ『デカルトの誤り——情動、理性、人間の脳——』田中三彦訳、筑摩書房、二〇一〇年）

Davidson. D. 1987. "Knowing One's Own Mind," *The Proceedings and Addresses of the American Philosophical Association*, 60: 441–458.（ドナルド・デイヴィドソン「自分自身の心を知ること」『主観的、間主観的、客観的』清塚邦彦、柏端達也、篠原成彦訳、春秋社、二〇〇七年）

Dennett, D. 1987. *The Intentional Stance*. Cambridge, MA: MIT Press.（ダニエル・C・デネット『「志向姿勢」の哲学——人は人の行動を読めるのか？——』若島正、河田学訳、白揚社、一九九六年）

Dennett, D. 1991. *Consciousness Explained*. Boston: Little Brown.（ダニエル・C・デネット『解明される意識』山口泰司訳、青土社、一九九七年）

Dretske, F. 1986. "Misrepresentation," in R. Bogdan (ed.), *Belief: Form, Content, and Function*. Oxford: Clarendon Press.

Dretske, F. 1995. *Naturalizing the Mind*. Cambridge, MA: MIT Press.（フレッド・ドレツキ『心を自然化する』鈴木貴之訳、勁草書房、二〇〇七年）

Evans, G. 1982. *The Varieties of Reference*. Oxford: Oxford University Press.

Fodor, J. 1990. *A Theory of Content and other Essays*. Cambridge, MA: MIT Press.

Gibson, J. 1979. *The Ecological Approach to Visual Perception*. Boston: Houghton Mifflin.（J・J・ギブソン『生態学的視覚論——ヒトの知覚世界を探る——』古崎敬、古崎愛子、辻敬一郎、村瀬旻訳、サイエンス社、一九八六

年）
Goodale, M., and Milner, D. 2004. *Sight Unseen: An Exploration of Conscious and Unconscious Vision*. Oxford: Oxford University Press.（メルヴィン・グッデイル、デイヴィッド・ミルナー『もうひとつの視覚――〈見えない視覚〉はどのように発見されたか――』鈴木光太郎、工藤信雄訳、新曜社、二〇〇八年）
Goodman, N. 1977. *Structure of Appearance*（3rd ed.）, Boston: Reidel.
Gray, J. 2004. *Consciousness: Creeping up on the Hard Problem*. Oxford: Oxford University Press.（ジェフリー・グレイ『意識――難問ににじり寄る――』辻平治郎訳、北大路書房、二〇一四年）
Harman, G. 1977. *The Nature of Morality: An Introduction to Ethics*. Oxford: Oxford University Press.（ギルバート・ハーマン『哲学的倫理学叙説――道徳の〝本性〟の〝自然〟主義的解明――』大庭健、宇佐見公生訳、産業図書、一九八八年）
Harman, G. 1982. "Conceptual Role Semantics," *Notre Dame Journal of Formal Logic*, 23（2）: 242–256.
Harman, G. 1990. "The Intrinsic Quality of Experience," *Philosophical Perspectives*, 4: 31–52.（ギルバート・ハーマン「経験の内在的質」鈴木貴之訳、信原幸弘編『シリーズ心の哲学Ⅲ翻訳篇』勁草書房、二〇〇四年）
Hawthorne, J. 2002, "Advice for Physicalists," *Philosophical Studies*, 108: 17–52.
Hayek, F. 1952. *The Sensory Order: An Inquiry into the Foundations of Theoretical Psychology*, Chicago: University of Chicago Press.（フリードリッヒ・フォン・ハイエク『ハイエク全集Ⅰ－４感覚秩序』穐山貞登訳、春秋社、二〇〇八年）
Horgan, T. 1984a. "Supervenience and Cosmic Hermeneutics", *Southern Journal of Philosophy*, 22: 19–38.
Horgan, T. 1984b. "Jackson on Physical Information and Qualia," *Philosophical Quarterly*, 34: 147–152.
Jackson, F. 1982. "Epiphenomenal Qualia", *Philosophical Studies*, 32: 127–136.
Jackson, F. 1986. "What Mary didn't Know", *The Journal of Philosophy*, 83: 291–295.
Jackson, F. 1998. *From Metaphysics to Ethics: A Defence of Conceptual Analysis*. Oxford: Oxford University Press.
James, W. 1884. "What is an Emotion?", *Mind*, 9: 188–205.

Kim, J. 1998. *Mind in a Physical World: An Essay on the Mind-Body Problem and Mental Causation*. Cambridge, MA: MIT Press.（ジェグォン・キム『物理世界のなかの心――心身問題と心的因果――』太田雅子訳、勁草書房、二〇〇六年）

Kind, A. 2010. "Transparency and Representationalist Theories of Consciousness," *Philosophy Compass*, 5(10): 902–913.

Koch, C. 2004. *The Quest for Consciousness: A Neurobiological Approach*. Englewood: Roberts and Company Publishers.（クリストフ・コッホ『意識の探求――神経科学からのアプローチ――（上）・（下）』土屋尚嗣、金井良太訳、岩波書店、二〇〇六年）

Koch, C. 2012. *Consciousness: Confessions of a Romantic Reductionist*. Cambridge, MA: MIT Press.（クリストフ・コッホ『意識をめぐる冒険』土屋尚嗣、小畑史哉訳、岩波書店、二〇一四年）

Levine, J. 1983. "Materialism and Qualia: The Explanatory Gap," *Pacific Philosophical Quarterly*, 64: 354–361.

Lewis, D. 1983. "Postscript to 'Mad Pain and Martian Pain'," in D. Lewis, *Philosophical Papers vol.1*. Cambridge: Cambridge University Press.

Lewis, D. 1990. "What Experience Teaches," in W. Lycan (ed.), *Mind and Cognition: A Reader*. Oxford: Blackwell.

Libet, B. (2004). *Mind Time: The Temporal Factor in Consciousness*. Cambridge, MA: Harvard University Press.（ベンジャミン・リベット『マインド・タイム――脳と意識の時間――』下條信輔訳、岩波書店、二〇〇五年）

Loar, B. 1997. "Phenomenal States (Revised Edition)", in N. Block, O. Flanagan, and G. Güzeldere (eds.), *The Nature of Consciousness: Philosophical Debates*. Cambridge, MA: MIT Press.

Lycan, W. G. 1996. *Consciousness and Experience*. Cambridge, MA: MIT Press.

Marr, D. 1982. *Vision*. Cambridge, MA: MIT Press.（デビッド・マー『ビジョン――視覚の計算理論と脳内表現――』乾敏郎、安藤広志訳、産業図書、一九八七年）

Matthen, M. 1988. "Biological Functions and Perceptual Content," *The Journal of Philosophy*, 85: 5–27.

McDowell, J. 1994. *Mind and World*. Cambridge MA: Harvard University Press.（ジョン・マクダウェル『心と世界』

神崎繁、河田健太郎、荒畑靖宏、村井忠康訳、勁草書房、二〇一二年）
McGinn, C. 1989. "Can We Solve the Mind-Body Problem?," *Mind*, 98: 349–366.
McGinn, C. 1999. *The Mysterious Flame*, New York: Basic Books.（コリン・マッギン『意識の〈神秘〉は解明できるか』石川幹人、五十嵐靖博訳、青土社、二〇〇一年）
Merleau-Ponty. M. 1945. *Phénoménologie de la Perception*. Paris: Gallimard.（モーリス・メルロ＝ポンティ『知覚の現象学１』竹内芳郎、小木貞孝訳、みすず書房、一九六七年、『知覚の現象学２』竹内芳郎、木田元、宮本忠雄訳、みすず書房、一九七四年）
Millikan, R. 1989. "Biosemantics," *The Journal of Philosophy*, 86: 281–297.
Millikan, R. 1995. "Pushmi-Pullyu Representations," *Philosophical Perspectives*, 9: 185–200.
Nagel, T. 1974,"What Is It Like to Be a Bat?," *Philosophical Review*, 83: 435–450.（トマス・ネーゲル「コウモリであるとはどのようなことか」『コウモリであるとはどのようなことか』永井均訳、勁草書房、一九八九年）
Nemirow, L. 1980. "Review of Nagel's *Mortal Questions*," *Philosophical Review*, 89: 473–477.
Nemirow, L. 1990. "Physicalism and the Cognitive Role of Acquaintance," in W. Lycan (ed.), *Mind and Cognition: A Reader*. Oxford: Blackwell.
Noe, A. 2004. *Action in Perception*. Cambridge MA: MIT Press.（アルヴァ・ノエ『行為のなかの知覚』門脇俊介、石原孝二監訳、春秋社、二〇一〇年）
Papineau, D. 1998. "Mind the Gap," *Philosophical Perspectives*, 12: 373–388.
Papineau, D. 2002. *Thinking about Consciousness*. Oxford: Clarendon Press.
Peacocke, C. 1983. *Sense and Content: Experience, Thought and Their Relations*. Oxford: Oxford University Press.
Perky, C. 1910. "An Experimental Study of Imagination," *American Journal of Psychology*, 21(3): 422–452.
Perry, J. 2001. *Knowledge, Possibility, and Consciousness*. Cambridge, MA: MIT Press.
Prinz, J. 2012. *The Conscious Brain: How Attention Engenders Experience*. Oxford: Oxford University Press.
Proffitt, D., Stefanucci, J., Banton, T., and Epstein, W. 2003, "The Role of Effort in Perceiving Distance,"

Psychological Science, 14(2): 106–112.

Putnam, H. 1981. *Reason, Truth, and History*. Cambridge: Cambridge University Press.（ヒラリー・パトナム『理性・真理・歴史――内在的実在論の展開――』野本和幸、中川大、三上勝生、金子洋之訳、法政大学出版局、一九九四年）

Pylyshyn, Z., and Strom, R. 1988. "Tracking Multiple Independent Targets: Evidence for a Parallel Tracking Mechanism," *Spatial Vision*, 3(3): 179–197.

Ramachandran, V., and Blakeslee, S. 1998, *Phantoms in the Brain: Probing the Mysteries of the Human Mind*, New York: Harper Collins.（V・S・ラマチャンドラン、サンドラ・ブレイクスリー『脳のなかの幽霊』山下篤子訳、角川書店、二〇一一年）

Reed, E. 1997. *From Soul to Mind: The Emergence of Psychology, from Erasmus Darwin to William James*. New Haven: Yale University Press.（エドワード・S・リード『魂から心へ――心理学の誕生――』村田純一、鈴木貴之、染谷昌義訳、青土社、二〇〇〇年）

Rose, D. 2006. *Consciousness: Philosophical, Psychological, and Neural Theories*. Oxford: Oxford University Press.（デイヴィッド・ローズ『意識の脳内表現――心理学と哲学からのアプローチ――』苧阪直行訳、培風館、二〇〇八年）

Rosenthal, D. 1986. "Two Concepts of Consciousness," *Philosophical Studies*, 49: 329–59.

Rosenthal, D. 1991. "The Independence of Consciousness and Sensory Quality," *Philosophical Issues*, 1: 15–36.

Rosenthal, D. 2005. *Consciousness and Mind*. Oxford: Oxford University Press.

Rosenthal, D. 2010. "How to Think about Mental Qualities," *Philosophical Issues*, 20: 368–393.

Ryle, G. 1949. *The Concept of Mind*. London: Hutchinson.（ギルバート・ライル『心の概念』坂本百大、井上治子、服部裕幸訳、みすず書房、一九八七年）

Sacks, O. 1995. *An Anthropologist on Mars: Seven Paradoxical Tales*. New York: Alfred Knopf.（オリバー・サックス『火星の人類学者――脳神経科医と7人の奇妙な患者――』吉田利子訳、早川書房、二〇〇一年）

Sacks, O. 2012. *Hallucinations*. New York: Alfred Knopf.（オリヴァー・サックス『見てしまう人びと——幻覚の脳科学』大田直子訳，早川書房，二〇一四年）

Seager, W. 1999. *Theories of Consciousness: An Introduction and Assessment*, London: Routledge.

Searle, J. 1992. *The Rediscovery of the Mind*. Cambridge, MA: MIT Press.（ジョン・R・サール『ディスカバー・マインド！——哲学の挑戦——』宮原勇訳，筑摩書房，二〇〇八年）

Sellars, W. 1962. "Philosophy and the Scientific Image of Man," in R. Colodny (ed.), *Frontiers of Science and Philosophy*. Pittsburgh: University of Pittsburgh Press.

Shapiro, S. 2000. *Thinking about Mathematics: The Philosophy of Mathematics*. Oxford: Oxford University Press.（スチュワート・シャピロ『数学を哲学する』金子洋之訳，筑摩書房，二〇一二年）

Shoemaker, S. 1975. "Functionalism and Qualia," *Philosophical Studies*, 27: 291–315.

Stalnaker, R. 2002. "What is it like to be a Zombie?," in T. S. Gendler and J. Hawthrone (eds.), 2002, *Conceivability and Possibility*, Oxford: Oxford University Press.

Sterelny, K. 1991. *The Representational Theory of Mind: An Introduction*. Oxford: Blackwell.

Stokes, D. 2013. "Cognitive Penetrability of Perception," *Philosophy Compass*, 8(7): 646–663.

Stoljar, D. 2010. *Physicalism*, London: Routledge.

Supa, M., Cotzin, M., and Dallenbach, K. 1944. "Facial Vision: The Perception of Obstacles by the Blind," *The American Journal of Psychology*, 60: 502–553.

Tye, M. 1995. *Ten Problems of Consciousness: A Represental Theory of the Phenomenal Mind*. Cambridge, MA: MIT Press.

Tye, M. 2000. *Consciousness, Color, and Content*. Cambridge, MA: MIT Press.

Tye, M. 2003. "Blurry Images, Double Vision, and Other Oddities: New Problems for Representationalism?," in Q. Smith and A. Jokic (eds.), *Consiousness: New Philosophical Perspectives*. Oxford: Clarendon Press.

Uexküll, J. 1934. *Streifzüge durch die Umwelten von Tieren und Menschen*. Berlin: Springer.（ヤーコプ・フォン・

ユクスキュル『生物から見た世界』日高敏隆、羽田節子訳、岩波書店、二〇〇五年)
Wittgenstein, L. 1953. *Philosophische Untersuchungen*, Oxford: Wiley-Blackwell.(ルートヴィヒ・ヴィトゲンシュタイン『哲学探究』丘沢静也訳、岩波書店、二〇一三年)
Wittgenstein, L. 1977. *Remarks on Colour*. Oxford: Blackwell.(ルートヴィヒ・ウィトゲンシュタイン『色彩について』中村昇、瀬嶋貞徳訳、新書館、一九九七年)

井頭昌彦『多元的自然主義の可能性――哲学と科学の連続性をどうとらえるか――』新曜社、二〇一〇年
太田雅子『心のありか――心身問題の哲学入門――』勁草書房、二〇一〇年
金杉武司『心の哲学入門』勁草書房、二〇〇七年
鈴木貴之「われわれは何を経験しているのか――知覚と思考、概念、意識研究の方法論」信原幸弘・太田紘史(編)『シリーズ新・心の哲学Ⅱ意識篇』勁草書房、二〇一四年
高村夏輝『ラッセルの哲学[1903-1918]――センスデータ論の破壊と再生――』勁草書房、二〇一三年
戸田山和久『哲学入門』筑摩書房、二〇一四年
信原幸弘『心の現代哲学』勁草書房、一九九九年
信原幸弘『考える脳・考えない脳――心と知識の哲学――』講談社、二〇〇〇年
信原幸弘『意識の哲学――クオリア序説――』岩波書店、二〇〇二年
山口尚『クオリアの哲学と知識論証――メアリーが知ったこと――』春秋社、二〇一二年

あとがき

冒頭のエピグラフを見て、なんて自信過剰なやつだと思ったアナタ、ちゃんと最後まで読んでくれましたか？　そういう意図じゃないってことがわかったでしょう？

それはともかく、博士論文をもとにして、意識の問題にかんする中級入門書のようなものを書いてみないかと、勁草書房の土井さんに言われたのは、２００６年の３月だ。その話が実現するまでに、なぜこんなに時間がかかってしまったかと言えば、たんにわたしの事務処理能力が低いからだ。わたしは、大学の業務をこなしながら、依頼された論文を書いたりして、さらにそのうえで本を書くだけの能力を持ちあわせていない。それをわからずに、安易に依頼を受けてしまったことで、土井さんには大変なご迷惑をおかけすることになってしまった。まずは深くお詫び申し上げたい。

さて、この本にはいくつかの源泉がある。全体のベースとなっているのは、つぎの論文だ。

「クオリアと意識のハード・プロブレム」信原幸弘編『シリーズ心の哲学Ｉ人間篇』勁草書房、

二〇〇四年

この論文は、わたしの博士論文のダイジェストでもある。下記の博士論文では、この論文の注29でほのめかしたことをくわしく論じた。

「表象理論にもとづく現象的意識の自然化」東京大学大学院総合文化研究科博士論文、二〇〇五年

そのほかに、つぎの2本の論文の内容も、この本の一部に利用されている。

「意識のハード・プロブレムと思考可能性論法」『哲学』第五五号、日本哲学会、二〇〇四年

「われわれは何を経験しているのか――知覚と思考、概念、意識研究の方法論――」信原幸弘・太田紘史（編）『シリーズ新・心の哲学Ⅱ意識篇』勁草書房、二〇一四年

この本は、以下の研究費による研究活動の成果でもある。

科学研究費補助金（特別奨励研究）「哲学的自然主義の可能性と限界」（二〇〇五年四月〜二〇〇六年三月）

科学研究費補助金（若手（B））「神経哲学的な研究手法による意識の表象理論の妥当性の検討」（二〇一〇年四月〜二〇一三年三月）

この本が完成するまでの過程では、多くの方々にお世話になった。まず、編集面では、勁草書房の山田政弘さんにお世話になった。山田さんには、急なお話にもかかわらず、編集のお仕事を引き受けていただいたうえに、最後までいろいろとわがままを聞いていただいた。また、土井美智子さんには、執筆のお話しをいただいて以来、たびたび進捗具合を気にかけていただいた。今回はご事情で実際に編集を担当していただくことはできなかったが、事実上は土井さんがもう一人の編集者だ。山田さん、土井さん、編集のお仕事どうもありがとうございました。

東京大学の信原幸弘先生には、心の哲学がなんなのかもよく知らないままに大学院に進学して以来、長年指導していただいた。わたしの書くものが多少なりともまともに見えるとしたら、それは信原先生によるご指導のおかげだ。（「ここでこのような疑問が生じるかもしれない」という内容の多くは、信原先生のコメントに由来するものだったりする。）信原先生、長年のご指導どうもありがとうございました。

東京大学の村田純一先生と野矢茂樹先生にも、大学院時代に長期間にわたって指導していただくとともに、博士論文の草稿にはいろいろと貴重なコメントをいただいた。お二人には、博士論文の審査員もつとめていただいた。村田先生、野矢先生、どうもありがとうございました。

おなじく東京大学の故門脇俊介先生にも、博士論文の審査員をつとめていただいただけでなく、学部2年生のときにゼミに参加させていただいたときから、さまざまな形でお世話になった。近年はご著書も送っていただき、はやくこちらの成果もお見せしなければと考えていたのだが、わたしの怠慢のせいで間に合わなかった。これは今回もっとも残念なことだ。門脇先生、どうもありがとうございました。

大学院単位取得退学後には、日本学術振興会の特別研究員として、当時首都大学東京にいらっしゃった丹治信春先生に受け入れ教員となっていただいた。幸か不幸か、特別研究員は1年間で終了してしまったが、この期間に博論を完成させることができた。丹治先生、どうもありがとうございました。

この本を実際に執筆したのは大学院の博士課程を出てからだが、そのもとになる考えの多くは、大学院時代の勉強会での議論から生まれたものだ。とくに、金杉武司さん、塩野直之さん、染谷昌義さん、高村夏輝さん、原塑さん、法野谷俊哉さんとの議論には、さまざまな刺激を受けてきた。みなさん、どうもありがとうございました。

いつまでたっても本が書けないわたしが、なぜ最終的にこの本を書き終えられたかといえば、勤務先の南山大学から、2011年9月から2013年3月まで、在外研究の機会をいただいたからだ。その際には、所属する人類文化学科の先生方には、いろいろとお世話になった。とくに、おなじ哲学教員の服部裕幸先生、横山輝雄先生、谷口佳津宏先生、坂下浩司先生には、いろいろとお世話になった。みなさん、どうもありがとうございました。

この期間、わたしはニューヨーク市立大学（CUNY）大学院センターで客員研究員をしていた。同時期におなじ場所に滞在していた藤川直也さんには、草稿全体に目を通していただき、数多くのコメントをいただいた。また、せっかくなので、本書の草稿を英語にして、CUNYでの受け入れ教員となっていただいたジェシー・プリンツさんにも読んでいただいた（そんなことをしているから、余計時間がかかってしまうのだが）。ジェシーからも、有益なコメントを数多くいただいた。彼の名前が注にたびたび出てくるのは、このような理由からだ。CUNYの大学院生のアドリアナ・レネロさんからも、英語版の草稿にいろいろとコメントをいただいた。博論をこの本にバージョンアップするうえでは、3人のコメントがかなり反映されている。藤川さん、ジェシー、アドリアナ、どうもありがとうございました。

最後に、哲学研究などというヤクザな生き方を可能にしてくれている人たちにも感謝したい。わたしの生き方にまったく口を出さない両親（それでいいのか？）、わたしの代わりに堅気な人生を送って、両親を安心させてくれている弟、気分転換相手であり、マトモな社会生活を送るために必要なことをいろいろ教えてくれる妻の4人だ。みなさん、どうもありがとう。オレはこれからもテキトーに生きていくけどね。

ここまでこの本を読んでくださったみなさんも、長時間おつきあいいただき、どうもありがとうございました。つぎは10年近くもかからないよう、がんばります。では、また。

事項索引

ア　行

カ　行

サ　行

タ　行

ナ　行

ハ　行

マ　行

ラ　行

ワ　行

人名索引

マ　行

マー（Marr, D.　248, 259
マクファーソン（MacPherson, F.）　210
マッギン（McGinn, C.）　43, 44, 45, 46, 57, 235
マッセン（Matthen, M.）　256
ミリカン（Millikan, R.）　138, 246–248, 260
メルロ＝ポンティ（Merleau-Ponty, M.）　240, 254

ヤ　行

ユクスキュル（Uexküll, J.）　249

ラ　行

ライル（Ryle, G.）　197
リード（Reed, E.）　254
リベット（Libet, B.）　224
ルイス（Lewis, D.）　197
レヴィン（Levine, J.）　27
ロア（Loar, B.）　52, 236
ローゼンサール（Rosenthal, D.）　104, 117, 249

【著者略歴】

鈴木　貴之（すずき　たかゆき）

1973 年、神奈川県生まれ。2003 年、東京大学大学院総合文化研究科博士課程単位取得退学。博士（学術）。南山大学人文学部准教授などを経て、現在、東京大学大学院総合文化研究科准教授。著書に『脳神経科学リテラシー』（共著、勁草書房、2010 年）、『シリーズ新・心の哲学Ⅱ　意識篇』（共著、勁草書房、2014 年）など、訳書にF・ドレツキ『心を自然化する』（勁草書房、2007 年）など。

ぼくらが原子の集まりなら、
なぜ痛みや悲しみを感じるのだろう

2015年１月20日　第１版第１刷発行
2017年９月20日　第１版第２刷発行

著　者　鈴《すず》木《き》貴《たか》之《ゆき》

発行者　井　村　寿　人

発行所　株式会社　勁《けい》草《そう》書　房

112-0005　東京都文京区水道2-1-1　振替　00150-2-175253
（編集）電話　03-3815-5277／FAX　03-3814-6968
（営業）電話　03-3814-6861／FAX　03-3814-6854
本文組版　プログレス・日本フィニッシュ・松岳社

©SUZUKI Takayuki　2015

ISBN978-4-326-15434-0　Printed in Japan

JCOPY　＜㈳出版者著作権管理機構 委託出版物＞
本書の無断複写は著作権法上での例外を除き禁じられています。
複写される場合は、そのつど事前に、㈳出版者著作権管理機構
（電話 03-3513-6969、FAX 03-3513-6979、e-mail: info@jcopy.or.jp）
の許諾を得てください。

＊落丁本・乱丁本はお取替いたします。

http://www.keisoshobo.co.jp

信原幸弘編　シリーズ心の哲学　全3巻　四六判　各二八〇〇円
Ⅰ人間篇／Ⅱロボット篇／Ⅲ翻訳篇

信原幸弘・太田紘史編　新・シリーズ心の哲学　全3巻　四六判　二八〇〇円〜
Ⅰ認知篇／Ⅱ意識篇／Ⅲ情動篇

信原幸弘　心の現代哲学　四六判　二七〇〇円

金杉武司　心の哲学入門　四六判　二〇〇〇円

金杉武司　解釈主義の心の哲学　A5判　四二〇〇円

フレッド・ドレツキ　心を自然化する　鈴木貴之訳　三一〇〇円

ティム・クレイン　心の哲学　植原亮訳　三二〇〇円

＊表示価格は二〇一七年九月現在。消費税は含まれておりません。